法眼宗在龙岩的中兴

法眼宗思想传承与当代文化建设学术研讨会论文集

杨曾文 主编

图书在版编目（CIP）数据

法眼宗在龙岩的中兴：法眼宗思想传承与当代文化建设学术研讨会论文集／杨曾文主编．—北京：中国社会科学出版社，2017.10

ISBN 978-7-5203-0760-4

Ⅰ.①法…　Ⅱ.①杨…　Ⅲ.①法眼宗—学术会议—文集
Ⅳ.①B946.5-53

中国版本图书馆CIP数据核字（2017）第174285号

出 版 人　赵剑英
责任编辑　韩国茹
责任校对　陈　晨
责任印制　张雪娇

出　　版　中国社会科学出版社
社　　址　北京鼓楼西大街甲158号
邮　　编　100720
网　　址　http：//www.csspw.cn
发 行 部　010-84083685
门 市 部　010-84029450
经　　销　新华书店及其他书店

印刷装订　环球东方（北京）印务有限公司
版　　次　2017年10月第1版
印　　次　2017年10月第1次印刷

开　　本　710×1000　1/16
印　　张　15.5
插　　页　6
字　　数　254千字
定　　价　98.00元

▲ 与会人员合影

▲ 杨曾文研究员在学术研讨会开幕式上致辞

▲ 学诚法师在学术研讨会开幕式上致辞

▲ 中国社会科学院世界宗教研究所书记曹中建在学术研讨会开幕式上致辞

▲ 净因法师在学术研讨会上发表演讲

▲ 谢重光教授在学术研讨会上发表演讲

▲ 光胜法师在学术研讨会上发表演讲

▲黄夏年编审在学术研讨会上发表演讲

▲董群教授在学术研讨会上发表演讲

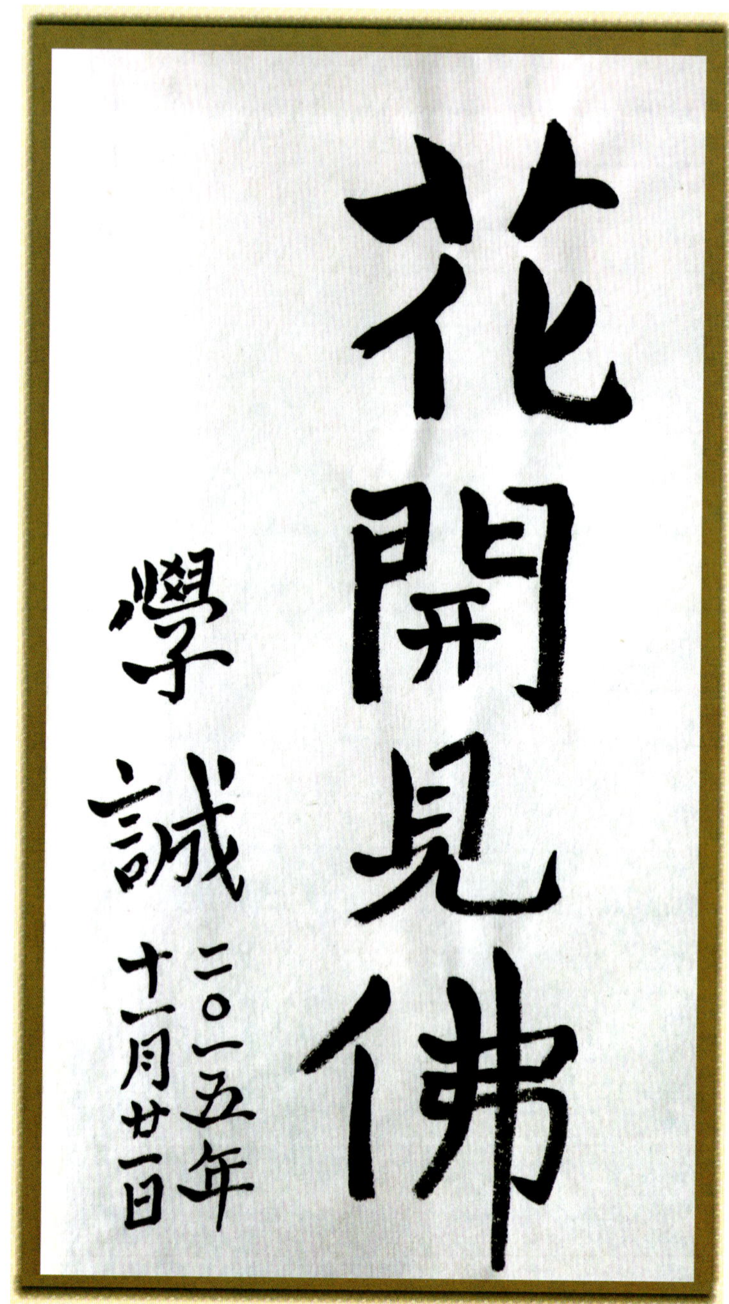

▲ 学诚法师题字

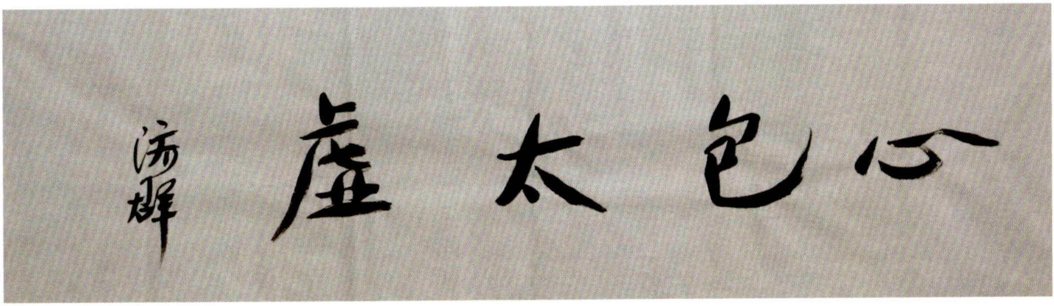

▲ 济群法师题字

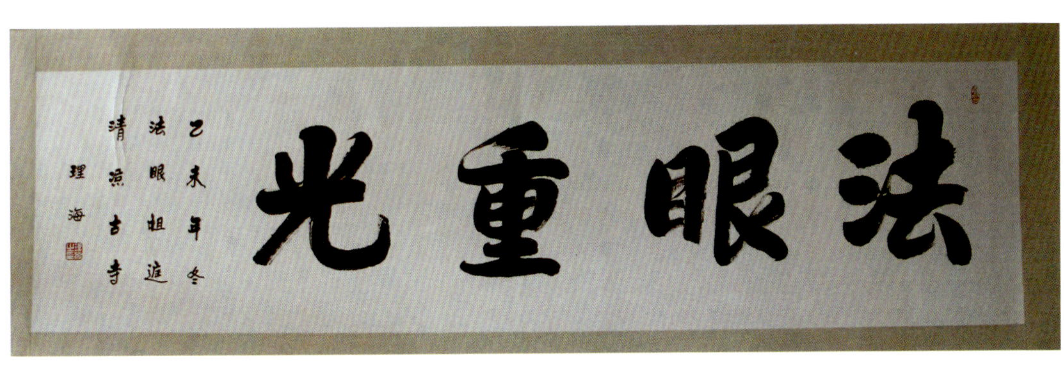

▲ 理海法师题字

▲ 研讨会碑志（正面，立于龙岩天宫山圆通寺）

▲ 研讨会碑志（背面，立于龙岩天宫山圆通寺）

法眼宗论文集编纂委员会

序

梁建勇

我是谁？

我从哪里来？

到哪里去？

人生的价值和意义是什么？

……

这是几千年来人类一直在思考的问题。

这个千古之问，也催生了佛教和灿若星河的佛教文化。

2014 年 3 月 27 日习近平总书记在巴黎联合国教科文组织总部上的演讲中说道：“佛教产生于古代印度，但传入中国后，经过长期演化，佛教同中国儒家文化和道家文化融合发展，最终形成了具有中国特色的佛教文化，给中国人的宗教信仰、哲学观念、文学艺术、礼仪习俗等留下了深刻影响。”

禅学的渊源在印度，禅学的繁兴在中国。禅，是中国佛教文化思想的心要。形成于中国文化土壤之中的禅宗，既吸收、融化、承载了中国文化的丰富养分，又对中国社会历史和思想文化的发展产生了极其广泛而深远的影响。千百年来，禅宗所坚持的基本思想观点、所持有的人生基本态度以及对生命自由境界的追求和超越，已深深嵌入中国民众的思维模式和生活方式之中。中国禅作为中国佛教和中国文化的重要组成部分，正受到人们越来越多的关注。禅文化中所蕴含的慈悲、包容、自省、忏悔、中道、圆融、和合、共生，对弘扬时代精神，促进社会主义和谐社会建设具有非常积极的意义。

“菩提本无树，明镜亦非台，本来无一物，何处惹尘埃。”六祖慧能，是唐代著名的佛教改革者，禅宗实际上的创始人，中国历史上屈指可数的伟大思想家，被西方人称作“东方耶稣”。慧能所创立的禅法，几乎成了汉传佛教的代名词，汉传佛教，其特质在禅。唐五代至宋，是中国禅宗传播发展的重要阶段。随着沩仰、临济、曹洞、云门、法眼等禅宗“五家”的出现，禅宗影响推展到了大江南北。法眼宗，曾经是禅宗法系里最具影响的宗派之一。

福建对于禅宗的发展而言，堪称有福之地。禅宗丛林清规的制定者为福建僧人百丈怀海禅师。福建与禅宗五家的渊源更为密切，沩仰宗开创者灵祐禅师与曹洞宗开创者之一本寂禅师均为福建人，临济宗开创者义玄禅师为闽人黄檗希运禅师的高足。福建闽侯的雪峰崇圣禅寺更是云门、法眼两宗的祖庭。云门创始人文偃禅师和法眼创始人文益禅师均拜在雪峰义存禅师门下。

由于工作的关系，几年前本人曾数次前往地处福州闽侯的雪峰寺，对曾经在江南盛极一时而后又沉寂多年的禅宗法眼宗与福建的渊源甚是好奇。2014 年到龙岩工作后，一个偶然的机会，在新罗区天宫山，我发现失嗣几个世纪的法眼宗法脉在这里得到很好的传承，真是既意外又惊喜。经过新罗区相关部门和有关专家的考证我们获知，法眼宗法脉之所以在新罗得以延续和中兴，缘于近代禅门泰斗虚云禅师于 20 世纪 40 年代的接续遥嗣。

据《虚云和尚年谱法汇增订本》记述：“癸酉春，有明湛禅者，由长汀到南华，谓在长汀创建八宝山，志欲绍法眼一宗，不知所由，恳授其法眼源流……”净慧主编的《虚云和尚全集》也记述：“法眼失嗣已久，八宝山青持大师，请虚老续法眼源流。良庆禅师为第七代，虚云应继为法眼第八代。”本湛青持英年早逝后，虚云禅师代本湛传法于龙岩连城中华山性海寺的慧瑛和尚。慧瑛圆寂之后，本焕大和尚亲自登山为新罗区天宫山的光胜法师接法第十一代法眼宗。正可谓：法流东南，光耀新罗。

2015 年 11 月 28 日，“法眼宗思想传承与当代文化建设学术研讨会”在龙岩市新罗区举行，全国政协常委、中国佛教协会会长学诚法师以及来自全国各地的高僧大德和研究佛学的专家学者汇聚一堂，共同推动法眼宗思想传承与当代文化建设之研究，堪称中国佛教界的一大盛事。龙岩市和新罗区将此次学术研讨会的论文结集出版，对于进一步挖掘佛教在促进经

济发展和社会和谐中的有利因素，发挥法眼宗思想在当代文化建设中的作用，具有十分深远的意义。

习近平总书记在2016年4月召开的全国宗教工作会议上强调，新形势下，我们要坚持和发展中国特色社会主义宗教理论。法眼宗兴兴衰衰的历程，非常值得我们去研究探索，历史是需要重新解释的，否则它只是一堆碎屑。后人读史学禅，必然带着自己的现实困惑，因此客观上已在重构历史和心中的禅堂，从这个意义上，当我们谈佛说禅时，其实也在探索自我、研究我们与周围世界的关系。从这个角度观察这一批学者和有识之士探索法眼宗历史和理论的研究成果，可谓洞若观火。

“法眼宗思想传承与当代文化建设”学术研讨会论文集的出版，对于进一步加深对禅宗基本知识以及禅宗的历史演变、理论体系和发展现状的了解，无疑大有裨益。

是为序。

2016年5月

目　录

绍继宗风，共创中国佛教之未来

——法眼宗思想智慧的现代启示

学诚法师

（全国政协常委、中国佛教协会会长）

尊敬的雷春美部长、曹中建书记、各位领导、各位专家学者、各位法师：

大家上午好！在福建省委统战部的关心与支持下，由龙岩市委统战部、中国社会科学院世界宗教研究所共同主办的“法眼宗思想传承与当代文化建设”学术研讨会，在龙岩隆重召开了。在此，我谨代表中国佛教协会与福建省佛教协会对本次研讨会的举办表示热烈的祝贺！对前来参加研讨会的各位法师以及关心和支持佛教文化建设的各位学者、专家表示衷心的感谢！

福建与法眼宗宿有深缘。文益禅师参福建漳浦罗汉桂琛禅师得法。近代以来，虚云老和尚兼承法眼宗脉，其后传人多在闽西弘法修身。今天，我们在龙岩市探讨法眼宗的思想传承和对当代文化建设的价值，很有意义。

作为禅宗最后兴起的宗派，法眼宗对当时禅门出现的流弊进行深入反省，为适应当时人们的根基，对修学方式进行自觉调整，法眼宗学修思想至今仍然对我们有着重要的启示。

一　藉教明心、见行合一的修行宗风

法眼禅师的《宗门十规论》针砭时弊，指出当时禅门存在的十大流弊。永明延寿禅师在《宗镜录》中也多次提到，由于当时禅徒素质的低下和缺少多闻，致使僧团弊害丛生。由于具量善知识和弟子的难得难求，而且禅宗在诉诸顿悟之外，少有基于教律的渐修次第，造成大多数参禅人求上不得，就下不甘，以致禅门流弊丛生。

针对这些问题，法眼宗祖师援教入禅，强调闻思经教和渐次修学的重要意义，以纠正重顿悟而轻经教的不良倾向。

法眼宗门的另一个重要特点，是见行合一的修行态度。针对当时禅宗妄谈玄空的实际情况，延寿禅师认为佛法的理论必须落实到具体的修行实践当中。根据《自行录》的记载，延寿禅师自己的百八件事，基本都是丛林里基础的修行内容，如拜佛、念佛、绕佛、读诵经典、持咒、供养、发愿、忏悔、回向、为众服务等，强调的正是在日常“有为修行”之上的勇猛精进。也正因为对务实修行的重视，延寿禅师主动探讨禅净融通，启明清禅净合流之先，开创了佛教实修的新时代，可谓悲心切切，功德巍巍。

法眼宗的祖师们顺应众生根基的变化，开展出来的藉教悟宗、见行合一的次第教育，对完善当今的僧团教育、建设学修一体、渐次升进的学修体系具有重要价值，值得充分借鉴。通过经论的闻思，帮助初入僧团的僧人建立起佛法的正知见，策发起住持佛教、利益众生的大愿心。僧团里要形成浓厚的对经论的读诵、闻思、研讨、交流之风气，以适应现代人偏于理性和思辨的根基。

同时，佛法的知见还要落实到具体的宗教修持上，利生的广大行愿也要体现在实际的做事当中，否则执理废事，谈空说有，却与内心实际状态不相干。道业、学业和事业，每一件都是可以具体计量的。只有在这些实际的人和事上才能磨炼和成就我们内心的佛法。

在由浅入深的次第修学过程中，不同根器、不同程度的出家人都可以找到各自佛法修行的立足点，各在自己的缘起点上向上努力而互不为碍。等有了一定的基础之后，再根据不同的根器和条件，选择在某个方向上一门深入，则不论参禅学教，皆可有成。

二　融通诸宗的包容胸襟

法眼一系，贵在融通。文益禅师在《宗门十规论》中认为，其他禅宗门派“虽差别于仪规”，但无碍于融会。延寿禅师的《宗镜录》更是将

各宗经论汇归一心，融通一乘。法眼宗的大师们在教证两方面打破各宗派的界限，超越名言的施设，融合禅、净、戒、教，促成佛教整体的健康发展，展现了圆融的智慧和宽阔的胸襟。

在当今这样一个开放和交流对话的时代，我们更需要继承这种智慧和胸襟，从更高的起点和更广阔的视野去对待教内的不同宗派，乃至于不同语系的佛教。具有一定的扎实修行基础的学僧们，可根据自己的特长兴趣以及因缘条件，深入修学某一宗派，逐渐振兴包括禅宗在内的各宗法脉，在交相辉映中共同阐明佛法的殊胜，汇归一佛乘。只有在这样充满生命力的佛教新格局下，佛教才能具有强大的影响力，广泛地度化不同根器的众生。

这种圆融精神的发扬，不仅有助于中国佛教自身的振兴，也将使中国佛教在面对西方文明时，以其强大的包容性和含融性，跨越时空地域，超越种族性别，在多元文化的世界中将佛法的智慧贡献于全人类。

三　人间佛教的济世情怀

法眼宗的祖师从理论和实践两方面，高扬菩提心行，探讨佛法的社会作用，论述佛法与国治的关系，致力于将佛法服务于现实社会。

延寿禅师在其《万善同归集》中例举了三十余种具体修行，力阐行事之重要，突出菩提心的意义，而且在以悟心明理为重的《宗镜录》中两百多次提到菩提心，并引《华严》《唯识》等诸经论阐明菩提心的重要。

延寿禅师又进一步论证修行佛法于国于家之作用，指出佛法不仅是性灵之学，也是治国平天下之要道。

法眼宗的祖师们学问渊博，法眼文益、永明延寿禅师，他们的道德文章为当时士大夫所敬慕。他们对佛教文化的有意识的保存、创作和弘扬，使得士大夫的诗文典章中亦多借鉴佛法之观念，对宋明理学亦有重要的影响，为佛教文化的弘扬发挥了重要作用。

法眼宗祖师对菩提善行的倡导，对佛教文化的弘扬，将佛法作用于治国安邦的人间佛教理念，对中国佛教的社会化和国际化都具有重要的参考价值。当前社会民众对佛教的了解仍然不足，我们应以踏实的精神持之以恒地普及佛法，以现代人易于接受的方式，服务于现实人生。

因此，中国佛教应学习继承法眼宗祖师们的思想智慧，以学修一体、见行合一、次第渐进的修学体系培养佛教人才，以圆融开放的心态促成佛教的繁荣，并以慈悲宏博的人间佛教思想为社会繁荣与发展，为实现中华民族伟大复兴的中国梦做出自己的努力！

在“法眼宗思想传承与当代文化建设”学术研讨会上的致辞

温锡浩

（龙岩市政协主席）

尊敬的全国政协常委委员、中国佛教协会会长学诚法师，尊敬的省委常委、统战部雷春美部长，各位高僧大德、各位专家学者，来宾们、朋友们：

大家好！今天，闽西灵山生辉，秀水增色，首届“法眼宗思想传承与当代文化建设”学术研讨会在我市举行，来自全国各地的高僧大德和佛学界的专家学者汇聚一堂，共同推动法眼宗思想传承与当代文化建设之研究。在此，受福建省副省长、龙岩市委书记梁建勇，龙岩市长池秋娜的委托，谨对本次研讨会的召开表示热烈的祝贺！向前来参与研讨会的各位来宾表示诚挚的欢迎！向长期以来关心支持龙岩发展的各位领导、来宾、朋友们表示衷心的感谢！

龙岩自古以来，物华天宝，人杰地灵，文化灿烂，是全国著名革命老区，是享誉海内外的客家祖地和著名侨区，是福建重要的矿区、林区和新兴旅游区；也是国家园林城市、国家森林城市、全国生态文明建设试点地区、全国首批创建生态文明典范城市；还是全国科技进步市、国家知识产权试点城市、国家可持续发展实验区、国家级公共服务标准试点单位，荣获全国文明城市提名城市。特别是2014年12月“新古田会议”在龙岩召开，古田会议精神更是让闽西这片红色热土为世人所熟知和称颂。当前，龙岩全市上下正在深入学习贯彻党的十八大和十八届三中、四中、五中全会精神，深入学习贯彻习近平总书记系列重要讲话精神和来闽来岩重要讲话精神，认真学习省委九届十五次全会和市委四届九次全会精神，坚持“四个全面”的战略布局，坚持创新、协调、绿色、开放、共享的发展理念，坚持发展第一要务，认真落实中央支持福建加快发展、支持原中央苏区振兴发展的一系列决策部署，乘“新古田会议”的东风，振红土地雄风，谋跨越式发展，为加快建设机制活、产业优、百姓富、生态美的新龙岩而努力奋斗。

在佛教史上，作为禅宗花开五叶之一的法眼宗七代而中绝，幸有近代闽西长汀本湛法师诚请著名高僧虚云法师承嗣法眼宗脉，才使得此法脉中绝而复振。于后，本湛传连城慧瑛法师，慧瑛传新罗光胜法师，三代传人均在闽西弘法修身，龙岩遂成为当代法眼宗的传承重镇。

法眼宗，作为中国优秀传统文化禅宗文化的重要组成部分，对中国历代的哲学、政治、伦理、文学、艺术等各方面都产生过积极影响，法眼宗所提倡的修善、平等、求智等理念，以及“对病施药，相身裁衣”“理事不二，贵在圆融”等宗风非常符合现时代和众生修证的需求，对于个人文明、社会文明和生态文明建设，都具有启迪和借鉴意义。

在党的十八大上，中央提出了建设社会主义文化强国的宏伟目标。2014 年 3 月，习近平主席在联合国教科文组织总部的演讲中指出，实现中国梦，是物质文明和精神文明均衡发展、相互促进的结果。没有文明的继承和发展，没有文化的弘扬和繁荣，就没有中国梦的实现。海纳百川，有容乃大。文明是包容的。每一种文明都延续着一个国家和民族的精神血脉，既需要薪火相传、代代守护，更需要与时俱进、勇于创新。

我们相信，通过举办这次“法眼宗思想传承与当代文化建设”学术研讨会，继承和弘扬法眼宗的宗风及其思想精华，对于进一步挖掘佛教在促进经济发展和社会和谐中的有利因素，发挥法眼宗思想在当代文化建设中的重要作用，对于打造佛教传统文化这张龙岩城市新名片，更好地推动龙岩文化兴市，建设文化强市，有着积极的意义。让我们共同努力，让跨越时空、超越国度、富有永恒魅力、具有当代价值的禅宗文化，更好地为促进经济发展、社会和谐、文化繁荣服务，在实现中华民族伟大复兴的中国梦中发挥积极作用。

最后，祝本次研讨会取得圆满成功！祝各位高僧大德、各位嘉宾朋友吉祥如意！

“法眼宗思想传承与当代文化建设”学术研讨会开幕式致辞

曹中建

（中国社会科学院世界宗教研究所书记）

尊敬的中国佛教协会会长学诚法师，尊敬的福建省委常委、统战部部长雷春美女士，龙岩市委书记梁建勇先生及有关部门诸位领导，尊敬的杨曾文教授及各位专家教授，各位来宾、各位朋友：

由中共龙岩市委统战部、中国社会科学院世界宗教研究所联合主办，新罗区人民政府承办的“法眼宗思想传承与当代文化建设”学术研讨会，经过紧张的筹备今天隆重召开了，这是中国禅宗研究和佛教文化建设的一件盛事。请允许我代表研讨会主办单位之一的中国社会科学院世界宗教研究所，向前来出席研讨会的各位领导、各位法师和专家教授表示诚挚的问候！向为筹备此次研讨会付出辛勤劳动的龙岩市委统战部、新罗区人民政府相关工作人员表示诚挚的感谢！

2014年中国国家主席习近平在出席联合国教科文组织总部的演讲中指出：“佛教产生于古代印度，但传入中国后，经过长期演化，佛教同中国儒家文化和道家文化融合发展，最终形成了具有中国特色的佛教文化，给中国人的宗教信仰、哲学观念、文学艺术、礼仪习俗等留下了深刻影响。”因此，研究和弘扬佛教文化，从一定意义上来说，就是弘扬中华民族的传统文化，这对于提高中华民族的向心力和凝聚力，对于维护祖国统一、增进周边国家的文化交流和传统友谊，对于促进社会和谐及维护世界和平，都具有重要的现实意义。

中国佛教的特质在于禅。在中国佛教各宗派中，最具有中国文化特色的就是禅宗。唐五代以后，禅宗一花开五叶，形成了临济宗、曹

洞宗、沩仰宗、云门宗、法眼宗五宗，揭开了中国佛教最为辉煌灿烂的一幕。经过历代祖师们的努力和发扬光大，禅宗最终成为中国佛教发展的主流。

法眼宗源出南宗青原行思一系，是禅门五宗之中最后产生的一个宗派，其创始人是文益禅师。法眼宗在宋初曾一度很兴盛，至宋中叶以后即趋衰微，文益的弟子天台德韶及再传弟子永明延寿、道原禅师等均为禅宗史上有影响的高僧。法眼宗传承时间虽然很短，但是在五代时期受到南唐李氏和吴越钱氏政权的大力支持，曾经在江苏、浙江等南方盛极一时，对于中国思想文化产生了深远的影响。近代以来，著名禅门高僧虚云和尚重续法眼宗法脉，并将法脉传授于福建龙岩市长汀县本湛法师，本湛传连城县慧瑛法师，慧瑛传新罗区光胜法师，使得龙岩市成为法眼宗法脉传承的重镇之一。

中国社会科学院世界宗教研究所是在1964年根据毛泽东主席的指示、在周恩来总理的关怀下建立的。半个多世纪以来，作为中国唯一的国家级宗教学术研究机构，在宗教学理论和古今各主要宗教的研究方面拥有相当雄厚的研究力量，撰写了许多重要的有影响的研究成果，为中央决策提供了重要的依据，发挥着“思想库”“智囊团”的作用。世界宗教研究所是我国宗教学学科体系最全、研究队伍最大、综合实力最强、学术成果最多的研究部门，在国内外享有很高的学术声誉和知名度，培养了许多宗教学研究人才，现在全国各地的宗教研究部门及其研究人员有很多与世界宗教研究所有着渊源关系。

近三十年来，学术界与各地政府及佛教界联袂举办了众多的学术会议，成为新时期一个引人注目的文化现象，推动了佛教文化及佛教研究事业的发展。可以说，目前中国佛教文化事业的繁荣与发展，既离不开党和国家的大力支持，也离不开佛教界的自身努力与开拓进取，同样也离不开学术界的积极参与和推动。今年十月份召开的党的十八届五中全会对文化建设提出了新目标、新任务、新要求，将文化强国第一次写入“十三五规划”，强调了在经济发展的同时，要重视文化建设，这些新提法对佛教文化的研究提出了新的要求。

今天在座的与会代表都是国内佛教学术研究界的知名学者和著名法师，相信通过本次研讨会，一定会推动法眼宗的研究，为龙岩市禅宗研究

和佛教文化事业健康发展发挥积极的作用，并且推动龙岩市经济建设和文化发展，为和谐社会建设做出应有的贡献。

最后，祝各位领导、各位专家教授和来宾身体健康，六时吉祥！谢谢大家！

2015 年 11 月 28 日

在龙岩市“法眼宗思想传承与当代文化建设”学术研讨会开幕式上的致辞

杨曾文

（中国社会科学院世界宗教研究所研究员）

今天在景色秀丽、拥有悠久深厚民族传统文化底蕴和优良革命传统的龙岩市出席“法眼宗思想传承与当代文化建设”学术研讨会，感到十分荣幸。谨此表示诚挚的祝贺。

佛教本是源自古印度的外来宗教，然而传到中国以后经过漫长岁月与中华民族传统文化和宗教习俗的深入结合，逐渐演变为中华民族的宗教，成为中国传统文化体系中的重要一支，对中国历史和文化思想产生了重大影响。在大一统的隋唐时期，带有鲜明民族特色佛教宗派的形成标志着佛教民族化过程的基本完成，此后进入了作为中华民族佛教的持续发展时期。在隋唐佛教宗派中，最具民族特色之宗派有天台宗、华严宗和禅宗。

禅宗在进入唐末五代之际形成禅门五宗，即沩仰宗、临济宗、曹洞宗、云门宗、法眼宗。禅门五宗皆尊奉《六祖坛经》载录的慧能所倡导的“识心见性，自成佛道”为要义的禅法思想，正如元代德异禅师在《坛经序》中所说：“原其五家纲要，尽出《坛经》。”虽然在传播过程中沩仰、法眼、云门三宗先后失去血脉传承，然而它们的禅法精要已经融入并传承到现在的临济宗和曹洞宗之中。近代虚云长老既传曹洞宗禅法，又兼传临济宗禅法，并且遥嗣（隔代相承）云门、沩仰、法眼三宗，以“中兴云门，匡扶法眼，延续沩仰”自任，传法和培养嗣法弟子，应当说这对挖掘和继承这三宗的传统和禅法是有积极意义的。

今天我们以“法眼宗思想传承与当代文化建设”为主题举办研讨会，就是要回顾中国禅宗形成和发展的历史，继承禅宗主张“佛法在人间”、

注重现实人生、关心现实社会的优良风格，倡导自信、自修和自悟的精神，从中汲取积极因素，加强佛教包括信仰、道风、人才、教制和组织在内的自身建设，在实践与社会主义社会相适应的人间佛教的道路上取得更大成就。同时也让广大民众进一步了解佛教，丰富对中国传统文化的总体认识。

当前我们的祖国正在全面建设小康社会，推进以社会主义核心价值观为核心的文化大发展、大繁荣，为实现中华民族伟大复兴的中国梦而努力奋斗。祝愿我们的研讨会取得圆满成功，为促进民族传统文化的普及和推进当代文化的建设做出积极贡献。

2015 年 11 月 28 日

重振法眼宗宗风　弘扬中华禅精义

——“法眼宗思想传承与当代文化建设”学术研讨会总结发言

谢重光

（福建师范大学教授）

受会议的委托，让我在这里作总结发言。实际上刚刚董群教授的点评和净因法师的总评，已经总结得非常好，我这里不敢说是总结，应该说是我参加这个会议的一些感想，跟大家交流一下。

这次会议筹备的时间不长，但是经过党政领导、诸山长老，即教界和佛教文化研究学界通力的合作，在这短短的时间内，结出了非常丰硕的果实。这次会议讨论内容的丰富，取得成果和认识的深入，使我非常吃惊。根据我自己听会的记忆，稍微归纳一下，会议大概探讨了四个方面的内容。

第一个方面是关于法眼宗的源流以及法眼宗宗风的特点。在源流方面，既谈到了文益法师在福建得法并奠定了创立法眼宗的思想基础，中经江西抚州崇寿禅院弘法，最后到南京清凉寺弘法，正式建立了这个宗派。还具体谈到南京清凉寺现在的状况是怎么样，以及近代以来在福建龙岩闽西地区怎么样重新振兴，实现法眼重光。法眼重光，这是一个很好的词，说明闽西成为法眼宗中兴的重镇，这个大家都有所探讨。

而对于法眼宗的宗风，大家也有很好的总结。教界的法师和学界的朋友，对法眼宗的宗风，总结出它的一个鲜明特点就是圆融，不单是对禅宗以前的四家进行了很好的总结圆融，而且还进行了禅与教的融摄，还包括佛教与儒、道的融摄。我们中国传统文化的结构，说来说去无非就是儒释道三家。法眼宗实际上吸收了不少儒家和道家的思想，所以这个宗派的创立，它的思想影响，就像有学者指出的，对以后宋明理学的产生，也是有重大的影响的。第二个特点是非常重视戒律。我们知道禅宗有它很大的殊

胜之处，直指人心，教外别传，摆脱了经教的束缚。但因为不大重视经教，所以也产生了很多的弊端。有鉴于此，文益法师在他的著作当中对这些弊端进行了批判，认为要纠正这些弊端，就要重视戒律。第三个特点是坚守农禅结合的山林佛教宗风。长期以来，特别是当下，很多佛教徒，包括禅宗的流弊就是太重功利，重视物质的享受，或者自己没有开悟就要带一大批的弟子，这些弊端都是由于他们比较急功近利。而百丈怀海大师开创的农禅道路，到了法眼宗就得到了很好的坚守，尤其是到了我们闽西地区，刚才几位法师都介绍了重视农禅的道路，这是对佛教流弊很好的纠正。总之，法眼宗这样重视圆融、重视戒律、坚守山林佛教的宗风，是很宝贵的思想传统，可以很好地转化为我们建设当代文化的一种重要思想资源。

第二个方面，对于中华禅文化的精义，对禅文化在古代传统文化中的地位和价值有了深入的探讨。例如我们开元寺的本性法师，还有济群法师，他们对禅宗的精义，都有很深入的探讨。其精辟的阐述，有的甚至可以看成是对我们的一种开示。关于佛教文化在传统文化中的地位，本性法师站在佛教的立场上，认为儒道都不如佛教文化那么丰富，当然这是他的一家之言。可以肯定的是，佛教文化在传统文化当中，有很重要的地位，那是毋庸置疑的。儒释道三种文化的相互融合，相互吸收，应该是我们振兴中华文化以及民族复兴的一种必由之路。

第三方面，对于闽西地区重振法眼宗，师弟传承的情况及其贡献、地位有深入的探讨。刚才，净因法师说，以前我们不知道法眼宗的寺院有哪些分布，现在不单是对法眼宗寺院在江南的情况，特别是在福建的情况，都基本弄清楚了。刚才有一位年轻的学者对法眼宗寺院在福建的情况有很好的考证，甚至画出地图来，这是一个很出色的宗教文化地图。对于法眼宗在闽西的承传，自虚云法师受本湛法师的恳请，兼承法眼宗之后，在这边一代代承传，已经非常严密，且非常系统，不单有天宫山作为法眼宗重镇，天马山、莲花山以及连城、长汀等地都有法眼宗的寺院，像这样的情况，在别的地方实在不多见。大家都说，宋代以后禅宗的发展是临济宗独盛，曹洞宗也有一定的地位，所以有“临天下，曹一角”的说法。但是，仔细地考察后，比如拿我们福建来说，在福州、泉州、漳州，还有三明、南平等地，有没有一个地方尽是临济宗的寺院？有没有一个地方佛教宗派的传承，能像法眼宗在龙岩这样，一代一代那么绵密，那么系统？这是很难找到的。

大家知道，法眼宗发源于五代时期，当时的发祥地是在南京清凉山，现在我们可以自豪地说，法眼宗的中兴是在闽西，在龙岩地区。这里讲的中兴是什么意思呢？就像汉代，西汉建立二百年后，逐渐衰微，以致崩溃，后来光武帝刘秀出来，力挽狂澜，重建汉朝，又迎来一个新的兴盛时期，这就是中兴。同样地，法眼宗的中兴，在我们闽西地区确实体现出来了。

第四方面，探讨了佛教文化的在地性特点。拿闽西来说，法眼宗文化与我们闽西当地文化资源有很好的契合。正是有这种契合，所以可以转化。那么，法眼宗的思想，怎么能够转化为我们建设当代文化的重要资源呢？就在于我们的研究，就在于我们的诠释，就在于我们的解读。经过短短一段时间的筹备，特别是经过今天一天紧张热烈的探讨，现在已经有这么丰富的成果，有这么深入的认识，所以我们对于未来充满了信心。

刚才，教界、文化界、学界都有人提出，在我们这次研讨会后，应该建立一个研究机构。有这样的愿望，有这样的呼吁，我觉得非常好。如果真能建立这样的研究机构，我相信，包括我自己在内，我们所有学界的朋友，都会倾力地支持和配合。如果以后建立了这样的机构，甚至办一个这样的杂志或刊物，我们法眼宗在闽西不但能够传承下来，而且还会更加发扬光大。那闽西真的就会成为法眼宗中兴的基地，而这种地位也会得到海内外学界、教界的一致肯定。对我们闽西来说，本来有红土地文化、有客家文化、有自然生态文化，现在又有了新的亮丽的名片，就是以法眼宗为代表的佛教文化。这种多元的、包容的、充满生机的文化，就是闽西这块美丽的土地上一个非常亮丽的新名片、新资源。我们相信，通过这一次的研讨，今后我们对于法眼宗佛教文化的挖掘、研究、整理会不断深入，不断发展，为佛教文化、禅宗文化的传承弘扬，尽我们的力量；为闽西成为法眼宗中兴名副其实的重要基地，做出我们应有的贡献。

以上就是我对这次研讨会的一点认识，一点感想。谢谢大家！

“法眼宗思想传承与当代文化建设”学术研讨会闭幕式致辞

刘友洪

（中共龙岩市新罗区委书记）

尊敬的各位领导、诸山长老、专家学者、嘉宾朋友们：

今日新罗因缘殊胜，龙津河畔群贤毕至。“法眼宗思想传承与当代文化建设”学术研讨会，经过一天紧张有序、精彩纷呈的交流研讨，即将落下帷幕。在此，我谨代表中共新罗区委、新罗区人大、新罗区政府、新罗区政协以及50万新罗人民，对学术研讨会的圆满成功表示热烈的祝贺！向莅临会议的各级领导、高僧大德、专家学者及其他各界人士，表示衷心的感谢！

新罗区，地处福建省龙岩市中心城区，是闽南海洋文化向大陆腹地延伸的第一个驿站，是中国森林城市、中国山水园林城市、中国生态旅游百强区和闽粤赣边区域性旅游集散中心，有“北回归线上绿色明珠”和“闽南沿海后花园”的美称。

新罗，是一片绿意葱茏而又禅意盎然的土地，属亚热带海洋性季风气候，冬无严寒，夏无酷暑，有山必绿，有水必秀，有石必奇！“山花如锦春长在，涧水如蓝碧湛然。信步白云深处去，须知别有洞中天。”正是这里的清新山水，成就了独具魅力的禅意新罗。在历史上，新罗就是个佛教兴盛的地方。这里的天宫山，早在唐代初年就建有寺庙；这里的莲花山，有创建于宋朝的莲山寺；这里的莲台山，有始建于明代的朝天寺……正可谓：古刹禅韵，掩映于山林之间；钟鼓梵音，飘逸于云天之外。大江流日月，岁月代古今。到了20世纪，曾经在唐宋时期名满华夏的禅宗一脉法眼宗，经过数百年风雨沧桑，风云际会，结缘龙岩山水，走上重光之路，新罗也由此成为法眼宗最重要的传承地和中兴地，天宫山圆通寺成为法眼宗的中兴道场。

新罗区积极开展佛教界对外交流，这在推进经济社会发展，促进社会和谐与加强文化建设等方面发挥了重要作用。从本月初至下月初，新罗区天宫山圆通寺首次承办福建省佛教协会传授三坛大戒法会，迎来了数以千计的佛弟子和有缘人，海会云集，法缘殊胜，堪称新罗乃至整个龙岩佛教界的幸事和盛事，今天“法眼宗思想传承与当代文化建设”学术研讨会又在龙岩新罗隆重举行，为推动新罗经济社会发展、社会和谐、文化建设增添了浓墨重彩的一笔。

中国文化具有兼容并蓄的品质，具有海纳百川的气量，是各民族文化、中外文化交融的结晶。众所周知，佛教是中国传统文化的重要组成部分，其慈悲祥和的安民济世功能、止恶扬善的心灵净化功能、丰富深厚的文化艺术功能等，对中国乃至世界的诸多方面产生了重大影响。正如今天研讨会中几位法师都说到的社会主义核心价值观与法眼宗思想一脉相通，和龙岩本土文化有很强的相融性；也正如理海法师在研讨中所言，法眼宗博采众长、应时所需的特色尤为突出，法眼宗对现代生活的指导意义是丰富而极具特色的，可以说行天下而不朽，历岁月而常新，亟待大力阐发和弘扬。我们深知，法脉的延续，更重要的是为信众增加福田，为众生回向功德，为文化注入灵魂，为社会带来祥和。今天，我们继承和弘扬法眼宗的宗风及其思想精华，对于净化心灵、倡导和谐、劝人向善、增进团结、庄严国土、利乐有情都将起着十分积极的作用。

龙岩的土地有幸，新罗的山水有幸，承载了法眼宗这支文化的法脉，我们有责任把法眼宗传承好、弘扬好、宣传好。我们应该有这样的文化自觉和历史担当。当前，新罗区正在全面建设小康社会，我们将坚持以人为本、全面协调可持续的发展观，继续推动经济社会又好又快发展，促进人的全面发展。在这一历史进程中，我们将一如既往地全面贯彻宗教信仰自由政策，支持宗教在促进社会和谐、促进文化繁荣、促进人的全面发展中做出应有的贡献。春风化雨，润物无声。让我们共同努力，把开拓创新的精神、扎根人民的功夫、和而不同的海量等颇具当代价值的禅宗文化，转化为推动新罗经济社会全面发展和文化文明包容共享的强大精神动力，为建设机制活、产业优、百姓富、生态美的新新罗而共同努力。

祝大家吉祥安康，万事胜意！

谢谢大家！

“法眼宗思想传承与当代文化建设”学术研讨会讲话稿

释光胜

（龙岩圆通寺方丈）

尊敬的各位法师、各位专家学者以及与会的领导嘉宾：

阿弥陀佛！

中土传心绍法眼，华藏空明衍宗风。

中国佛教特质在禅。自达摩西来，传佛心印，不立文字，直指人心，见性成佛，禅宗是为最上一乘，亦是如来第一义谛。此宗既行，诸祖并出，传衣继钵，“一花开五叶，结果自然成”。其后五宗竞势，门庭兴盛，或偏正明暗，或主宾体用，乃至于棒喝交接，宗风各异，摄化群机。因此，“禅宗”可谓中国佛教的代名词，也是中国佛教文化的象征，备受历代文化人士的推崇。

山清水秀的龙岩，其主体为古汀州属地，此地亦有“曹溪”，民人向佛，适宜建立丛林，历代高僧辈出。且不说民间各地佛教色彩浓厚的“祖师”信仰，现代就有深受弘一、太虚以及圆瑛等大师推崇的禅宗名匠——慧明禅师。禅师祖籍汀州，身任杭州名刹灵隐寺方丈，宗通说通，善于调伏“马溜子”，成为一时佳话，至今仍被佛教界奉为师范楷模；民国时期，另一位汀州高僧——本湛法师，因其英年早逝，著述难寻，但他志绍法眼、续脉传宗的特殊因缘，足以载入佛教史册。

历史上，唯有临济、曹洞二宗衍脉不绝，其余沩仰、云门、法眼三宗，宋代以后即告断绝。法眼宗祖师为清凉文益，其后相继有天台德韶、永明延寿等著名禅师弘化一方。此宗发源于金陵清凉山，盛行于江浙，但与福建法缘甚深。文益禅师在闽参法多年，法眼弟子中不乏来自福建或弘

化福建者，也正因此，1943 年，在汀州创立八宝山峻峰寺的本湛法师从长汀前往南华寺，恳请虚云大师“授其法眼源流”，以此有了今天中国佛教中分布各地的法眼宗传承。

衲忝为续起之法眼宗第十一世传人，仰赖祖师德荫，住持龙岩首刹天宫山圆通禅寺，有志于弘扬法眼宗风于闽地。尝读虚祖传法派字中“传宗法眼六相义，光辉地久固天长”之语，深感法脉长久，重在丕振宗风！我等后人，当以此为念，慎重行持，度生利人，诫之诫之！

因思古来法眼宗风，首在“六相义”，经教研讨，势在必行。法眼宗人，重视经教修学，对《华严经》情有独钟，“六相义”是法眼体会华严法界、思考理事关系的关键，其禅法能够融通教义，绝非凌空而论。为此，我们在此共同举办法眼宗思想传承与当代文化建设学术研讨会，以期能够深入经藏，阐扬宗风，分享智慧。

再者，末法之世，应重视僧人戒律修持，唯有以戒为师，方能续佛慧命。法眼一宗十分重视佛教戒律的弘扬，关于戒律方面，法眼、延寿等禅师论述甚多，而虚祖更是不遗余力，在各地推行规范传戒。衲此次于天宫山圆通寺如法传戒，远承法眼宗历代祖师之宏愿，为闽地乃至中国佛教培植僧种，但得僧才云集，定可佛日增辉！

恭逢盛世，四海升平，象教重兴。相信有了在座诸位大德的关心护持，续起之法眼宗派传人，定能不辱使命，承先启后，丕振宗风。法眼宗派，绵延长久！再次感谢诸位的热忱支持！祝研讨会一切顺利，各位身心康泰、六时吉祥！

阿弥陀佛！

法眼宗的宗旨与精神

释光炳

（龙岩莲山寺住持）

佛说：一切众生，皆有佛性，十方众生都有大般若如来藏。法眼宗初祖文益禅师根据佛陀倡议，开发众生原具佛性，挖掘自身如来般若，妙觉圆明，真如实相。游历诸佛经三藏十二部，探究诸佛典，亲近大师傅，深禅究参，研其真理，理论要与实践相结合，佛法要与修持相结合，总结出“若论佛法，一切现成。理事不二，贵在圆融。三界唯心，万法唯识。闻声悟道，见色明心。不著他求，尽由心造”为法眼宗修持宗旨。

法眼宗宗旨看似平凡几句，简明扼要，可道理精辟，哲理哲学深藏机锋，事理并存，真俗同在，圆满不缺。弘法利生，因人施法，随机应变，对症下药，量身裁衣。无论男女老少，贫穷富裕，顿渐觉悟等六道一切众生都是弘化对象。随缘说法，方便度生。上求佛道，下化众生，实现本自实相，以有情为道场，以众生为土壤，没地域，没时差，没上下，没高低，没亲疏，没远近，没前后，不分天地人，不分你我他，一视同仁，一理同义，平等公正，发阿耨多罗三藐三菩提，修一切善法。与诸如来旨意相合，与诸佛学理论无异。

佛陀倡导比丘僧团生活要互敬互尊，互帮互助，比丘僧团日常生活，相处方面以六和为依托，以六敬为依附。所谓六和：一身和同住，二口和无诤，三意和同悦，四戒和同修，五见和同解，六利和同均。所谓六敬：一同戒和敬，二同见和敬，三同行和敬，四身慈和敬，五口慈和敬，六意慈和敬。外同他善，内自谦卑，互相关心，互相照料。

佛陀主张，在比丘僧团衣食住行上，既要重法修持，习定参禅，药食托钵，亦鼓励年轻比丘，要自力更生，自食其力，自劳自作，学习五明

（一内明、二因明、三声明、四医明、五工巧明），劳作诸事。百丈禅师亦倡导“一日不作，一日不食”，修持劳作两不误。

20 世纪 80 年代初期连城中华山性海寺法眼宗第十代传人寂照慧瑛禅师倡导农禅并重，本寺常住管理三千多亩油茶林，三十多亩稻田。寺庙恢复建设全靠僧人自己烧砖烧瓦，自扛木头，自作木料，自己施工，自建庙宇，不等不靠，不向人伸手，不向百姓讨要，整座中华山性海寺庙宇全靠自力更生、自食其力建设起来。常住安排僧人上午半天劳作，下午半天学习佛教文化，两堂功课，习禅劳作两不误，时任中国佛教协会会长赵朴初赞叹作《采桑子》词：“举起锄头开净土，无尽庄严。顿现人间，宝树琪花山后前。　如来家业须弥重，都在双肩。高唱农禅，普与恒沙结胜缘。”

平时常说理论要与实践相结合，我认为佛法要与修持相结合。出家修道，日常修持，法眼宗初祖文益禅师提出：理事不二，贵在圆融。我的理解是，既要真谛重法修持，亦要俗世事务劳作；既要修习禅定，也要去除我执；既要实相，也要假象；既要真如本性，也要五蕴假体来觉悟修证。不轻不重，不偏不执为理事不二，真俗无异，圆融妙用。

佛陀与社会之关系，《金刚经》云：“须菩提，诸菩萨摩诃萨应如是降伏其心，所有一切众生之类，若卵生、若胎生、若湿生、若化生，若有色、若无色，若有想、若无想、若非有想、若非无想。我皆令入无余涅槃而灭度之，如是灭度无量无数无边众生，实无众生得灭度者。何以故？须菩提，若菩萨有我相、人相、众生相、寿者相，即非菩萨。”我认为一个出家学佛人，上求佛道，下化众生，成就本自实相，应以佛法布施普度众生为己任，如对有钱的众生给予佛法布施，对没钱的众生亦应以佛法布施；对有供养的众生给予佛法布施，对没供养的众生亦以佛法布施；对男性众生给予佛法布施，对女性众生亦以佛法布施；对年轻众生给予佛法布施，对老少的众生亦以佛法布施。不分地域，不分时差如是地给予佛法布施，愿十方一切所有众生离苦得乐，转凡成圣。

佛陀视众生如家人，视众生如兄弟，视众生如父母，视众生如己身，佛陀与众生是命运共同体。无缘大慈，同体大悲，晚课忏悔说：“去来现在佛，与众生最胜。”上求佛道，下化众生，成就实相，唯有在十方世界中庄严功德，化导众生；唯有在十方众生大地上，庄严道场，建设佛土，

实现本自真如。学佛人应发菩提心，只要有利于度脱众生苦厄的事，都应该尽心尽力地去做。有任务的事情要做，没任务的事情也要做；有人知道的事情要做，没人知道的事情也要做；有人歌功颂德的事情要做，没人表扬的事情也要做；有人请求的事情要做，没人请求的事情也要做。做了事情不求名，不求利，不求回报，更不求功德，如民间所说，做了好事不留痕迹。《金刚经》曰：“不取相，不取法相，不取非法相，是法平等，无有高下。发阿耨多罗三藐菩提，修一切善法。”“菩萨所作功德，不应贪著”，“为利益一切众生故，应如是布施”。

唯顾久住刹光劫，利乐一切诸众生，地藏菩萨地狱未空誓不成佛，众生度尽方证菩提；太虚法师仰止唯佛陀，成佛在人间，人成即佛成，是名真现实；“如来者，无所从来，亦无所去，故名如来”。以上发言重在领会“理事不二，贵在圆融”之法眼宗宗旨与精神。不足之处，请批评指教。南无阿弥陀佛！谢谢！

2015 年 11 月 23 日

法眼宗的创立和传播

杨曾文

（中国社会科学院世界宗教研究所研究员）

唐末五代，慧能创立的南宗法系分成禅门五宗：临济宗、沩仰宗、曹洞宗、云门宗、法眼宗。

法眼宗成立最晚，但因创立人法眼文益及其主要弟子德韶、慧明、道潜、清耸，德韶弟子延寿、志逢、宗一、永安、清昱、希辩、遇安、友蟾、行明、慧居等人受到南唐李氏和吴越钱氏政权的优遇和支持，曾显赫一时。

法眼宗在禅门五宗中仅次于沩仰宗而较早衰微，在进入宋初不久便逐渐失去传承。

一　法眼文益和法眼宗

文益（885—958），俗姓鲁，余杭（属今浙江杭州市）人，自幼出家，二十岁时在越州（治今浙江绍兴）开元寺受具足戒，后从明州（在今浙江宁波鄞州区）育王寺希觉律师学律学和儒书，善做文章，希觉称之为“我门之游夏（笔者按：孔子弟子子游、子夏）也”①。

此后，文益受到禅宗独特宗旨和灵活传法方式吸引，便南下游方访师问道，先至福州长庆院礼雪峰义存的弟子慧棱为师，因无契而离去，与绍修、洪进结伴到漳州（治所在今福建漳浦）石山地藏院，礼桂琛为师。桂琛上承雪峰义存—玄沙师备的法系，后迁住漳州城内的罗汉院，被称为

① （宋）赞宁：《宋高僧传》卷十三《文益传》，《大正藏》第50册，第788页上—中。

罗汉桂琛。

文益从桂琛嗣法后，继续到各地游方，在抚州（即临川，治今江西抚州）应州刺史之请住持曹山崇寿禅院，逐渐出名，前来学禅决疑者有千人之多。南唐烈祖李昪闻其名，迎请他到都城金陵（今江苏南京）住持报恩禅院，赐号净慧禅师；不久请他入住清凉禅寺，直到去世，在此传法达二十多年。

文益在金陵传法先后得到南唐烈祖李昪、元宗李璟和朝中权贵李建勋等人的信敬和支持，影响日著，宋代道原编撰《景德传灯录》卷二十四《文益传》记载：

> 师缘被于金陵，三坐大道场，朝夕演旨。时诸方丛林，咸遵风化；异域有慕其法者，涉远而至。玄沙正宗，中兴于江表。师调机顺物，斥滞磨昏，凡举诸方三昧，或入室呈解，或叩激请益，皆应病与药，随根悟入者，不可胜纪。①

文益上承雪峰义存—玄沙师备—罗汉桂琛的禅法，在南方最大割据政权南唐境内传法，前后住持抚州崇寿禅院和金陵报恩、清凉二寺，门下聚集国内外众多弟子，风光一时。文益的法系形成禅门五宗中的法眼宗。

文益于后周显德五年（958）去世，年七十四。南唐元宗李璟谥文益以“大法眼禅师”之号，后来又谥“大智藏大导师”之号。后主李煜即位之后，为文益立碑颂德。②

二　文益的嗣法弟子

文益嗣法弟子中最著名的有德韶、文遂等十四人，“先出世，并为王侯礼重”；其次如泰钦等四十九人“开法各化一方”。③

---

① （宋）道原：《景德传灯录》卷二十四《文益传》，《大正藏》第51册，第399页下—400页上。

② 除上引证资料外，尚有《景德传灯录》卷二十八《大法眼文益禅师语》，《禅林僧宝传》卷四《文益传》和（明）圆信、郭凝之编集《金陵清凉院文益禅师语录》等。

③ （宋）道原：《景德传灯录》卷二十四《文益传》，《大正藏》第51册，第400页上。

（一）德韶及其弟子

德韶（890—971），俗姓陈，处州龙泉（在今浙江）人。出家受戒后，历参舒州（治所在今安徽潜山）投子山石头下三世大同、洞山良价的弟子湖南潭州（治今长沙）龙牙山居遁、抚州疏山匡仁等五十四位禅师，皆未契悟。最后，他在抚州崇寿禅院礼文益为师，契悟并嗣法。

德韶离开抚州后，到天台山参访隋天台大师智𫖮遗迹，并在天台山的白沙建寺传法。吴越开运四年（947），王子钱弘俶任台州刺史，召请他到州说法，执弟子之礼。德韶对他说："他日为霸主，无忘佛恩。"此后钱弘俶即位为吴越王，对德韶特别尊崇，将他接到京城，尊之为国师。

德韶曾接受当时天台宗僧羲寂的建议，向吴越王奏言派人到朝鲜、日本去寻求中国已经佚失的天台宗教典。吴越王允准此奏，向日本遣使十人，寻得天台宗教典，收藏于螺溪新建的定慧寺，还为天台宗十六位祖师赐谥号。宋建隆元年（960）高丽派谛观带着天台宗教典到达吴越螺溪，呈送羲寂。自此天台宗教典再次完备。

德韶于宋开宝四年（971）去世，年八十二。当时吴越虽还没灭，但早已臣服于宋朝。《景德传灯录》卷二十六载德韶的嗣法弟子 49 人，其中著名的有永明延寿、五云志逢、永安道原等人，是宋初著名学僧。[①]

（二）文遂

文遂，俗姓陆，杭州人。出家后曾禅教并习，尤精《首楞严经》。后从文益嗣法，先住吉州（治所在今江西吉安）止观寺。宋乾德二年（964）南唐后主李煜请他住持金陵长庆寺，此后相继住持清凉、报慈二大道场，署号"雷音觉海大导师"。弟子文坦应请住持江西洞山普利禅院。[②]

（三）泰钦

泰钦（？—974），魏府（今河北大名东）人。从文益嗣法后，先住

---

① 参考《景德传灯录》卷二十五《德韶传》，《禅林僧宝传》卷七《天台韶国师传》，《宋高僧传》卷十三《德韶传》，《佛祖统纪》卷八、卷四十三及《十国春秋》卷八十一《忠懿王世家》。

② 《景德传灯录》卷二十五《文遂传》，《大正藏》第 51 册，第 411 页下。

洪州幽谷山双林院，此后相继住洪州（治今江西南昌）上蓝护国院、金陵龙光院，受到南唐后主李煜的礼敬，最后请他住持清凉大道场。他在上堂说法中曾说："先师法席五百众，今只有十数人在诸方为导首……"[①]由此可见法眼宗的传播形势。

此外，在文益的弟子中，行言被南唐后主请入金陵报慈大道场，署号"玄觉导师"，说法时与会者曾多达二千人；智筠先住庐山栖贤寺，南唐后主在金陵建净德大道场，请他住持，署"达观禅师"之号；匡逸，南唐后主请他住金陵报恩院，署"凝密禅师"之号。

文益弟子高丽人慧炬，被高丽国王迎回国，封为国师，受到崇高礼遇。[②]

三　法眼宗的禅法思想

文益及其主要弟子德韶等人在各地传法情况，在德韶弟子道原编撰之《景德传灯录》卷二十四、卷二十五、卷二十六，宋惠洪《禅林僧宝传》卷四、卷七，宋悟明《联灯会要》卷二十六，晦堂师明《续古尊宿语要》卷二，普济《五灯会元》卷十，明代圆信、郭凝之编集《五家语录》的《金陵清凉院文益禅师语录》等文献中皆有记载，从中可以了解法眼宗的禅法思想。

从总体上看，法眼宗的禅法受《华严经》和华严宗的影响较大，发挥法界缘起和理事圆融的思想，强调世界万有与自己的心性融会一体，世间法与佛法、众生与佛本来没有根本差别；又依据般若空理，提倡"仍旧""无事"，因循自然。

（一）法界缘起和理事圆融思想

文益对禅宗的根本宗旨、禅师为人处世的风范和传法规则有自己的独特见解，著有《宗门十规论》[③]。此论特别倡导华严理事相应或理事圆融

---

① （宋）道原：《景德传灯录》卷二十五《泰钦传》，《大正藏》第51册，第415页上。

② （宋）道原：《景德传灯录》卷二十五《玄觉传》，《大正藏》第51册，第414页中。

③ 载台湾蓝吉富主编《禅宗全书》第三十二册。

的思想，第五节就是“理事相违，不分触净”，专论理事关系。他说：

> 大凡祖佛之宗，具理具事。事依理立，理假事明。理事相资，还同目足。若有事而无理，则滞泥不通；若有理而无事，则汗漫无归。欲其不二，贵在圆融。[①]

文益主张传授禅法应以理事关系为中心，为重点。在理与事中，理为主导方面，是事的本体和依据，“事依理立，理假事明”，并且彼此相辅相依，如同眼睛与足的关系。主张从理与事相即不二的关系加以把握和运用，并且“贵在圆融”。他认为，曹洞宗的“家风”（门庭施设）偏正、明暗（偏正五位、君臣五位等）之说，临济宗家风的主宾、体用之说（三玄三要、四料简、四宾主等），皆体现了理事相通和理事圆融的思想。

文益特别论述华严宗理事圆融的“法界观”，强调一切法界均建立在诸法性空和心性缘起的基础上。性空、心性一致，皆可称为理；天地万物皆为事。性空、心性缘起，无所不造，重重无尽，天地万物无不融通，大海可摄入一毫，须弥山可藏入一芥。如此则一即一切，一切即一，万法一如。又申明这种理事圆融关系之所以能够成立，既不是因佛所说（圣量），也不是出于“神通变现”，归根到底是因为三界“尽由心（心识、真如或称真心）造”，佛与众生平等无二。

（二）天地同根，物我一体

文益初参桂琛时，与同伴在谈论中引述《肇论》的话，至“天地与我同根”时，桂琛突然把话岔开，问：“山河大地与自己是同是别?”文益不假思索地回答：“同。”但桂琛不以为然，伸出两指看了一会儿，说：“两个。”即站起离开。[②] 那么，这两种回答哪个更符合禅宗的理论呢？僧肇《涅槃无名论》在引证了《维摩诘经》的“不离烦恼而得涅槃”“不出魔界而入佛界”之后，说：“然则玄道在于妙悟，妙悟在于即真，即真即有无齐观，齐观即彼己莫二。所以天地与我同根，万物与我一体。同我

---

① （五代）文益：《宗门十规论》，《卍续藏》，第 37 页下。

② 载（宋）惠洪编《禅林僧宝传》卷四《文益传》，清代光绪六年（1880）常熟刻经处版。

则非复有无，异我则乖于会通。所以不出不在，而道存乎其间矣……”①这种境界是达到与真如相契合的认识——所谓“有无齐观”“彼己莫二”和“非复有无”，从而体悟天地万物与自己具有共同的本性，从根本上来说是与自己合为一体的。

文益受此影响很大。后来他在金陵禅寺上堂说法时说：

> 出家人但随时及节，便得寒即寒，热即热。欲知佛性义，当观时节因缘。古今方便不少，不见石头和尚因看《肇论》云：会万物为己者，其唯圣人乎？他家便道：圣人无己，靡所不己。有一片言语唤作《参同契》，末上云：竺士大仙心。无过此语也。中间也只随时说话。上座，今欲会万物为己去，盖为大地无一法可见。②

前面所谓佛性与时节的话是源于《大涅槃经》，当年百丈怀海、沩山灵祐都曾重视发挥这一段文字，大意是领悟自性须在自然而然中实现，不得执意向内外追求。石头和尚读《肇论》的话，《祖堂集》卷四《石头和尚传》有记载，只是文字稍异。他说的大意是，宇宙万物无非是佛（真如、法身、理、道）的显现，二者是相即不二的，如果有人能够由此体悟“万物为己”“物我不异”之理，就达到圣人的境界，因为“圣不异理”，悟理即为圣人。

（三）会通“三界唯心”与般若空观

文益往往将法相唯识学说的“唯心”思想与般若空义会通，在不少场合，“唯心”也就意味着“空”。

文益在初见桂琛时双方有一段很有意思的对话：桂琛指着庭中的石头问：“寻常说三界唯心……此石在心内，在心外？”文益答在：“在心内。”为此受到桂琛的讥笑，说他为什么要“安块石头在心头”。在这里，文益违背了般若学说的“一切诸法空”“空空”和“不二”的精神。按照文益的说法，石头是心识的产物，是空幻不实的，但心是真实的，石头属心

① 载《大正藏》第45册，第159页中—下。

② （宋）道原：《景德传灯录》卷二十四《文益传》，《大正藏》第51册，第399页中。

所有。这样，对石头的见解便成了“断见”，而对心的见解则属“常见”。这都是大乘佛教所不允许的。参照禅宗的类似公案，采取不答或答非所问的做法，也许是最明智的。

《禅林僧宝传》卷四《文益传》记载，在文益聚徒传法后，曾著有一首偈：

> 三界唯心，万法唯识。唯识唯心，眼声耳色。
> 色不到耳，声何触眼？眼色耳声，万法成办。
> 万法匪缘，岂观如幻？大地山河，谁坚谁变？①

大意是说，宇宙万有，包括人的主体——眼耳鼻舌身意及其对境——色声香味触法，皆是心识所变现；人的眼见色，耳闻声，鼻嗅香，舌尝味，身感受触，意觉知法，而不是以耳观色，以眼闻声……；正是由于人的心识（六识）与对境的因缘和合，才使世界万物得以形成；如果没有这种因缘合会，岂有世界假有的存在？大地山河到底是由什么变造的道理，不是很清楚吗？这里虽没有明确地讲“心”“识”的具体含义，但从偈意将人的六处（六根）、六识、六境（统为十八界）皆作为心识的产物来看，应当是依据法相唯识学说，是指超出六识范围之外的“阿赖耶识”。然而，他最后是将“唯心”“唯识”所变的世界万有归结为“空”（幻），而这种“空”又是具有“有”的外在形式的。可见，其中是含有不二思想的。

此外，文益因循自然或“仍旧”的思想，要求弟子和参禅者遵循原来的样式继续生活和修行，认为如果有所目的，有所追求，就是不仍旧，就找不到佛法之“门”。据宋代晦堂师明集《续古尊宿语要》卷二《法眼益禅师语》记载，他还说过：“僧家实是无事，经行林中，宴坐（笔者按，坐禅）树下，但不于三界现身意，便是无事人。”何为“无事人”？过去百丈怀海、临济义玄等人都称佛为“无事人”，文益也称佛为“无事

---

① 载（宋）惠洪编《禅林僧宝传》卷四《文益传》，清代光绪六年（1880）常熟刻经处版。

人”。真如佛性（也可称之为道、理）空寂无为，与此契合便达到觉悟境地。①

四　进入宋代以后的法眼宗

进入宋代以后，传承法眼宗的著名学僧是德韶的弟子永明延寿、道原、志逢等人。

延寿（904—975），俗姓王，祖籍丹阳，生于钱塘（今浙江杭州）。从文益弟子德韶嗣法后，先后应请住持明州雪窦山（后为资圣寺，在今浙江省奉化市溪口镇）、杭州灵隐禅寺、永明寺（后为净慈寺），弟子很多，仅在永明寺居住传法十五年之间就度弟子1700余人。

延寿是闻名四方的学僧，虽然在接引教导弟子时仍经常采取回避正面说法和回答的做法，然而同时也撰述了一百卷的《宗镜录》和《万善同归集》《心赋注》等著作，从正面阐述禅法。他一方面系统论述以南宗为主体的所谓“以心传心，不立文字”“直指人心，见性成佛”的禅宗宗旨，同时又详细引述其他宗派的心性理论和修行方法，主张将两者结合，做到禅教会通，理事双修，并且也在主张“唯心净土，己性弥陀”的前提下提倡净土念佛法门。

重视考察和论证心性问题是两宋社会的时代思潮。延寿在禅宗禅法思想的基础上对佛教的心性问题做了深入系统和综述性的论述。他对佛教心性思想的论释在两宋佛教史乃至思想史上占有重要地位，也为两宋儒道学者了解和引用佛教心性思想提供了方便。

宋代时期佛教诸宗进一步彼此融合，三教之间互相会通、互相吸收。延寿继承唐代宗密的思想，强调以禅、华严二宗的心性理论为基础会通禅、教，并且也笼统地提出了三教会通的思想，应当说也是时代思潮的反映。

德韶的弟子之一是苏州承天道原，以编著《景德传灯录》著称于世。志逢著《坐禅箴》。

在法眼下三、四世之后，法眼宗逐渐在社会上湮灭无闻。

---

① 以上详见杨曾文《唐五代禅宗史》第八章第五节，中国社会科学出版社1999年版。

五　近代虚云长老兼传禅门五宗

中国近现代的著名高僧虚云（1840—1959）长老，湖南湘乡人，俗姓萧，名古岩，字德清。十九岁时在福建省鼓山涌泉寺依常开老人出家，次年依妙莲和尚受具足戒，兼承禅门临济、曹洞二宗法系。先在云南鸡足山传法，1929 年九十岁时返福建鼓山住持涌泉寺。1944 年在重建南华寺之后，以一百零五岁的高龄前往广东乳源县住持云门山大觉禅寺，将久已荒废的寺院予以恢复；1947 年在一百零八岁时应请到香港弘法，后又回云门寺。新中国成立后，1953 年 7 月率弟子入江西云居山真如禅寺，致力寺院重建，直到 1956 年才基本完工，使这座曹洞宗祖庭重新成为佛教传法中心。

虚云和尚既传曹洞禅法，又兼传临济禅法，并且以“中兴云门，匡扶法眼，延续沩仰”自任。在临济宗，他上承临济义玄—兴化传奖……汾阳善昭……昭觉克勤—虎丘绍隆……幻有正传……鼓山妙莲觉华，为第四十三世。在曹洞宗，他上承洞山良价—曹山本寂、云居道膺……大阳警玄……芙蓉道楷……天童如净……万松行秀—雪庭福裕，至第三十世无明慧经以后的“寿昌鼓山续派”，他嗣法于第四十五世妙莲地华、第四十六世鼎峰耀成，为第四十七世。虚云认为曹洞宗在道膺禅师时法道大兴，而且得到朝廷封赐，遂改曹洞宗为洞云宗，将曹山本寂与道膺二人皆作为第二世。

同时，虚云和尚还遥嗣沩仰宗第七世宋代兴阳词铎，为第八世；遥嗣云门第十一世南宋温州光孝寺已庵深净，为第十二世。至于法眼宗，他遥嗣法眼宗第七世宋祥符良庆，为第八世。

虚云长老以法眼宗第七世“祥符良庆”名字中的“良”字与自己名字“虚云”中的“虚”字打头，续演五十六字的传承法系，即：

> 良虚本寂体无量，法界通融广含藏，遍印森罗圆自在，塞空情器总真常。
>
> 惟斯胜德昭日月，慧灯普照洞阴阳，传宗法眼六相义，光辉地久

固天长。[①]

这样一来，虚云和尚一人兼祧禅门五宗法脉。

实际上，中国禅门五宗中的沩仰宗早在唐末已经断嗣，法眼宗、云门宗在北宋时期也先后断嗣。虚云除从鼓山妙莲和尚嗣临济、曹洞二宗法系外，其他自然属于象征性的继承，可称为遥嗣或隔代相承。虚云这样做的出发点是为了使禅门五宗得以延续下来。因为佛教史书和禅宗灯史中大量保留了关于沩仰、法眼、云门三宗的祖师传法因缘及禅法语录，在客观上有利于遥嗣这三宗的禅师继承三宗的传统和禅法。宋代以后佛教诸宗深入会通和融合，禅门临济、曹洞二宗也逐渐融合。虚云一人兼承五宗的做法，推进了禅门五宗互相吸收和融合。[②]

虚云和尚以五宗兼承和兼传为标榜，培养出众多弟子，在他座下归依、剃度、受戒、受法的弟子达百万之众，包括近年活跃于大陆佛教界、为中国佛教事业做出卓越贡献的著名法师本焕、佛源、净慧和一诚、传印等长老。

（综合相关旧稿于2015年10月11日完稿，2016年11月9日修订）

---

① 参考岑学吕编《虚云和尚法汇·文记》，载《校正星灯集序》附录《各派源流》和《增订鼓山列祖联芳录》，台湾大乘精舍1986年版。

② 以上另参考净慧主编《虚云和尚全集》第12分册所载素闻《虚云老和尚五宗法嗣录》及《禅宗五派历代法脉》，中州古籍出版社2009年版。

《宗门十规论》与禅师自律

黄夏年

（中国社会科学院世界宗教研究所编审）

法眼文益（885—958）是法眼宗的创立者，著名禅僧。他生前不仅以禅法闻名于禅门，而且还显示了对禅宗发展的关怀，其所著《宗门十规论》不仅是对五代以来禅门弊端的有力针砭，而且对当代禅宗建设也有重要启发意义。本文旨在阐发学习《宗门十规论》的一些想法，以就教于行家。

一

《宗门十规论》是文益撰写的一本针砭禅门时弊的著作，全文五千字，相当于《金刚经》的篇幅，对当时禅门的弊端进行了揭批。该论目次如下：

序文

自己心地未明妄为人师第一

党护门风不通议论第二

举令提纲不知血脉第三

对答不观时节兼无宗眼第四

理事相违不分触净第五

不经淘汰臆断古今言句第六

记持露布临时不解妙用第七

不通教典乱有引证第八

不关声律不达理道好作歌颂第九

护己之短好争胜负第十

跋

文益生活在五代，这时佛教刚刚经过唐武宗与周世宗灭佛的打击，开始进入恢复期，各宗竞秀，天台与禅宗最为发达。佛教僧人热衷于写经或创作语录，对佛教经典的注疏亦较发达。各宗内部思想竞争激烈，出现南北两种不同情形：北方国家对佛教执行严格的限制政策，南方国家热心护教。“王审知称闽，钱镠称吴越，杨行密称淮南，马殷称湖南，高季兴称荆南，虽各据一方，皆崇佛法，造寺度僧，而闽之犹盛也。”①

文益生活在南方，统治者对佛教基本上采取护持态度。吴越王钱俶铸八万四千塔，中纳《宝箧印陀罗尼经》，颁布境内。闽王增建寺院，造释迦与弥勒像，用铜三万斤，度僧上万人，佛教发展很快。禅宗和天台宗根据地在南方，具有较好的先天发展条件，特别是江西禅宗崛起，曹洞宗大行。福建禅宗受到闽王支持，福州西山雪峰得到闽王礼遇，闽王致力于禅门推广，出现玄沙师备（835—908）、洞岩（越州）可休（874—940?）、鹅湖（信州）智孚、长庆（福州）慧棱、鼓山（福州）神宴等一代高僧，他们分灯化俗，弘法一方，产生了深远影响。雪峰之下的罗汉桂琛，得旨于玄沙师备，文益又师从于罗汉，广宣禅法，得到南唐统治者支持，被迎住于金陵报恩禅院，与临济宗兴化（魏府）存奖（830—888）、宝应（汝州）慧颙（？—952），曹洞宗洞山云居道膺的弟子同安道丕、同安观志，以及沩仰宗仰山南塔乏（850—938）和云门文偃（864—949）等先后呼应，五宗并立，其禅风也盛行一时。后人说：“自达磨西来，实为初祖，其传二三四七而至于曹溪，于是双林之道逾光，一滴之流寖广。自南岳青原而下，分为五宗，各擅门风，应机酬对，虽建立不同，而会归则一，莫不箭锋相拄，鞭影齐施，接物利生启悟多矣，源派广迤，枝叶扶疏。”②

五代禅宗发展，宗风竞秀是一大特点，但是它的基础则在于丰富多

① （元）熙仲集：《历朝释氏资鉴》卷六，《卍续藏》第76册，第179页。

② （元）念常集：《佛祖历代通载》卷十九，《大正藏》第49册，第678页。

彩的佛教文化。时人说："大唐而由五季，烈圣良辅，时英广运檀心，聿修净业。贝业之文，宣释备圆，而结成大藏；拈花之旨，单传密付，而建立五宗。棋布讲筵，星罗禅席，岂期会昌之变。遽有魏宋之举，恃赖春回梵苑，殿霭名香，象教郁兴，圣仪编跱。瀚海天山之地，尽入提封；龙庭凤穴之乡，咸沾声教。公卿梵侣，卫教扶宗者，皆奈苑之龙麟，并祇园之梓。"① 禅师们充分发挥自己的才能，各建家风。"故新旧唐史自中和至唐亡数十年间，绝无一字及释老者，当是时天下禅宗为最盛。迨自十国割分扬行密据，江淮钱镠据浙，王审知据闽，刘隐据广，马殷据楚，王建据蜀，季兴据荆峡，以至李昇继江淮，孟知祥继蜀，刘旻继汉而据幽、并，皆倾诚竭力归奉大教，以悦民心，苟延其祚。……特南唐好文，钱氏循理而已，凡十国者，七在唐历垂三十年，而朱全忠始受唐禅，建都大梁，阅五朝八姓十有三君，谓之五代五十三年，合唐末乱罹凡八九十载，可谓薄福鲜德之世。唯战争杀伐为事，文章德行礼义廉耻丧灭几尽，唯吾属有所谓大沩、黄檗、洞山、云居、雪峰、玄沙、云门、鼓山，若此类，学徒常数千百人，而深禅妙句脍炙古今，高风异行照映天人，踪迹具在，不可诬也。然则沙门处乱世檪立如此，故一时良善得以依归，矧当治世，圣化养育者耶。"② 佛教文化在得到长足发展的同时，必然会伴生不和谐现象，这就是文益在《宗门十规论》中描绘的十种乱象。

禅宗是中国佛教徒自己建立的宗派，其理论既有印度传入的大乘佛教，又有中国佛教徒根据中国传统文化思想进行的新阐释，所以禅宗是中国民族化的宗派，在它身上有诸多中国佛教徒的创造，心性思想则是禅宗最显著的特点，而这一点又充分反映在禅宗五家七宗禅法中。换言之，五家七宗是以心法为其特点，基本理论就是讲如何安心、如何传心、如何看心等修行思想，这些思想也是禅宗宗风特点。古人说："唐季五代之际，巾子山下菩萨王于江南，浙闽之间佛法大振，跛脚阿师方崛起于岭南，而法眼亦发轫于江右，禅苑宗风，于斯为盛。而祖壁立千仞，凝然不动声色，坐震雍容，洞上同安，当新丰唱拍广播之后，亦复

① （元）熙仲集：《历朝释氏资鉴》卷八，《卍续藏》第76册，第218页。

② （宋）祖琇撰：《隆兴佛教编年通论》卷二十八，《卍续藏》第75册，第246页。

风云体道，花槛璇玑，是知传持正脉，不在门庭施设，而真风绵亘，无可得而名也。”①

时下有人认为“宗风”是佛教界风貌，但是在文益的时代，“宗风”就是禅宗各派传衍于世的正脉，所以才有“真风绵亘，无可得而名也”之说。文益自叙：“门庭建化固有多方，接物利生其归一揆。苟或未经教论，难破识情，驱正见于邪途，汩异端于大义，误斯后进，枉入轮回。文益中测颇深，力排匪逮，拒辙之心徒壮，鼹河之智无堪，于无言中强显其言，向无法中强存其法，宗门指病，简辩十条，用诠诸妄之言，以救一时之弊。”② 文益承认门庭施设可以有多种形式，“而况祖派瀚漫，南方最盛”③。但是殊途同归，最后就落在了“接物利生”四个字上。此四字，不是随便就能做到的，它需要有经教论的指引，“叙上祖之实诣，救于当时之弊，可谓义正理玄辞达也”④，否则“难破识情”，即使禅宗在“南方最盛”，能够真正理解“接物利生”这四个字的人，也是“于焉达者，罕得其人”⑤，为了不致“误斯后进，枉入轮回”，他勇敢地站出来写下了这篇传世的救弊檄文。而在其他人的眼里，这篇文章的真正目的是解决“祖佛之洪范不能永传，数患浊世之秕糠相混扰”⑥ 的情况，亦是说要让真正的佛法永远传衍，彻底改正佛教界里“秕糠相混扰”的乱象。

二

文益“幼脱繁笼，长闻法要，历参知识，垂三十年”⑦。他以积“三十年”的经验与丰富阅历，进行的“宗门指病”是什么？为论作

---

① （清）纪荫编：《宗统编年》卷十八，《卍续藏》第86册，第195页。

② 《宗门十规论自叙》，《卍续藏》第63册，第36页。

③ 同上。

④ 宝历十一年辛巳佛般涅槃会（印指月）寓于栴檀林下万善堂焚香百拜书《刊行〈法眼禅师十规论〉叙》，《卍续藏》第63册，第36页。

⑤ 《宗门十规论自叙》，《卍续藏》第63册，第36页。

⑥ 宝历十一年辛巳佛般涅槃会（印指月）寓于栴檀林下万善堂焚香百拜书《刊行〈法眼禅师十规论〉叙》，《卍续藏》第63册，第36页。

⑦ 《宗门十规论自叙》，《卍续藏》第63册，第36页。

跋者恕中和尚说："读斯论者，果能察己病，体禅师之心，肯服其良药，亦善乎。"[①] 说明这篇论主要是针对当时出现的禅病而写的，其目的就是要人明白禅理，按照佛教的戒规为人行事。从十篇的篇目来看，讲的就是为人之理，以及如何安心传宗等问题。禅宗之"心地法门者，参学之根本也"[②]。人之无明都是源自心地的不明，"由无始来，一念颠倒，认物为己，贪欲炽盛，流浪生死，觉照昏蒙，无明盖覆，业轮推转，不得自由，一失人身，长劫难返"[③]。要去除无明，就要心地得明，"俾不历阶级，顿超凡圣，只令自悟，永断疑根"[④]。无明使心地蒙上尘垢，之后各种议论和不通时节的相违行为，皆是由心地不明而引起的。佛教认为，能够出家的人都是人天师，是社会里面有志向的精英，但是许多出家之人并没有起到为人师表的作用，反而暴露出更多的人性弱点，所以文益指出当时在禅门里面发生的妄为人师、党护门风、不知血脉、对答不观时节、理事相违、臆断古今言句、不解妙用、好作歌颂、护己之短、好争胜负等现象，皆是由于心地不明而出现的妄自行为，背离了佛教的基本要求。这些行为，就是在社会上，也受到人们诟病，文益对此进行批评谴责，得到禅门的拥护赞扬，他的著作发表之后，"东都吉祥禅寺之众，询议此事，各禅人遂以愤悱之，确志欲上梓"[⑤]。

"振扬宗教，接物利生，其意安在，看他先德。"[⑥] 文益在这里指出了佛教宗风与宗眼，特别是"德"字，在禅宗伦理中尤其重要。禅宗是接地气的中国佛教民族化宗派，传统思想的"德"是衡量人品的最重要标准。古人云："人之性情固无常守随化日迁，自古佛法虽隆替有数，而兴衰之理，未有不由教化而成。昔江西、南岳诸祖之利物也，扇以淳风，节以清净，被以道德，教以礼义，使学者收视听，塞邪僻，绝嗜欲，忘利养，所以日

---

① 右元之愠恕中之跋得于朝鲜藏《题重刊十规论后》，《卍续藏》第 71 册，第 444 页。

② 《净慧法眼禅师宗门十规论》，《卍续藏》第 63 册，第 37 页。

③ 同上。

④ 同上。

⑤ 《宗门十规论自叙》，《卍续藏》第 63 册，第 36 页。

⑥ 《净慧法眼禅师宗门十规论》，《卍续藏》第 63 册，第 38 页。

迁善远过，道成德备而不自知。今之人不如古之人远矣，必欲参究此道，要须确志勿易，以悟为期，然后祸患得丧付之造物不可苟免，岂可预忧其不成而不为之耶？才有丝毫顾虑萌于胸中，不独今生不了，以至千生万劫，无有成就之时。”① “德”作为宗眼，也是衡量出家人行持的最重要标尺。“夫长老之职乃道德之器，先圣建丛林，陈纪纲，立名位，选择有道德衲子，命之曰长老者，将行其道德，非苟窃是名也。慈明先师尝曰：与其守道老死丘壑，不若行道领众于丛林，岂非善守长老之职者，则佛祖之道德存欤。”② 古德的诸种说法，无不表明做人先要有“德”，有德之后才能守“道”，文益禅师所说“看他先德”的意思就在于此。宗风是否能够保存延续，关键在于“德”，“末法比丘不修道德，少有节义，往往苞苴肮脏，摇尾乞怜，追求声利于权势之门，一旦业盈福谢，天人厌之，玷污正宗，为师友累，得不太息？”③ 所以“凡为宗师，先辨邪正；邪正既辨，更要时节分明；又须语带宗眼，机锋酬对，各不相辜”④。文益强调出家人的模范作用，僧要像僧，庙要像庙，作为一代宗师，“教化之大莫先道德礼义。住持人尊道德则学者尚恭敬，行礼义则学者耻贪竞；住持有失容之慢，则学者有凌暴之弊；住持有动色之诤，则学者有攻斗之祸。先圣知于未然，遂选明哲之士主于丛林，使人具瞻不喻而化，故石头、马祖道化盛行之时，英杰之士出威仪柔嘉，雍雍肃肃，发言举令，瞬目扬眉，皆可以为后世之范模者，宜其然矣”⑤。

文益“斯论之作，盖欲药当时宗唱喑郁之病，亦不得已而为之尔。或谓师契证稳密，知见宏博，故托此以抛掷其文章辩论者，误矣”⑥。这是说明当时佛教界是不清净的，乱象很多，已经危及佛教命运。喑郁之病就是顽疾，文益不得不吐之，不得不出面批评，他的目的不是为了引起争论，而是要人们以此为戒而改正之。

---

① （宋）净善重集：《禅林宝训》卷一，《大正藏》第48册，第1019页。

② 同上书，第1021页。

③ 同上。

④ 《净慧法眼禅师宗门十规论》，《卍续藏》第63册，第37页。

⑤ （宋）净善重集：《禅林宝训》卷一，《大正藏》第48册，第1027页。

⑥ 右元之愠恕中之跋得于朝鲜藏《题重刊十规论后》，《卍续藏》第71册，第443页。

三

文益所指出的禅者种种不如法现象，不只是五代时有，后来各朝各代都不同程度地存在着。作为佛教徒，总是希望佛教界能够清净无染，出家僧人都能成为人格圆满的人天导师。但在现实的佛教里始终充满矛盾，水清无鱼的定律同样适用于佛教界。需要引起重视的是，文益法师提到的这些弊端至今仍然在当代中国佛教界里存在，影响到当代佛教的建设与发展。

《宗门十规论》的现代意义就是指出了历史的经验教训，为当代佛教发展提供了历史借鉴。“规”者是规矩，是原则，是做人标准；“十规”就是做一名合格禅师的十条规则，是禅师在日常生活与修道中应该注意的事情。文益禅师说：“参学之人，既入丛林，须择善知识，次亲朋友。知识要其指路，朋友贵其切磋，只欲自了其身，则何以启进后学?”[①] 道风是佛教的生命，也是佛教发展的底线。道风也是宗风，是佛教外在形象与内在精神的结合。作为人天导师，出家人要做出表率，就得不断地熏修，不断地提高自己的思想境界，只有自律，才能得到信众拥护，才能真正名副其实，续佛慧命。否则不仅会败坏佛教声誉，更重要的是会破坏佛教发展的慧命。

与此“十规”对照，现在的中国佛教界仍然存在一些不足之处。佛教的根本任务就是化导社会人心，予人解脱，让人放下，当下即是。揭示批评佛教界弊端应是出家人的责任，五代文益禅师做到了，现在的出家众也应该能做到。文益说“理在顿明，事须渐证”[②]，也就是说从禅宗角度来看，从理上讲是顿悟，是明理的，但是从修持上来讲，佛事修行要渐进而提升，“理事俱修，当用即用，毫厘不差，真丈夫材，非儿女事”[③]。禅师不做基本功课，仅说开悟，是难以修道进德的。出家人的修证情况与日常行持，是禅宗修行顿悟与渐修的关系，非得有渐修的功夫，才能够不违

---

① 《净慧法眼禅师宗门十规论》，《卍续藏》第 63 册，第 38 页。

② 《宗门十规论自叙》，《卍续藏》第 63 册，第 36 页。

③ 《净慧法眼禅师宗门十规论》，《卍续藏》第 63 册，第 38 页。

“十规”，做一名合格的禅师。文益所做的是想说明“有之而不知之，知之而不行哉”[①] 的情况，表明最悲哀的是有人有心有力，但是却无知，或者知道却不去实践，所以重点还是在于“行”，有知有行方证菩提。

文益说：“凡欲举扬宗乘，援引教法，须是先明佛意，次契祖心，然后可举而行，较量疏密，倘或不识义理，只当专守门风。”[②] 可见要将禅宗光大，古德先贤的思想是不能不了解的。阅读《宗门十规论》，除了可以看到五代时禅门内部出现的一些弊端，更重要的是前面所说的主题，亦即人心的化导。“不著他求，尽由心造，佛及众生，具平等故。”[③] 因为“心”的不净，才会出现各种偏执，人们忽视“心”之修习，道德境界下降。文益还说：“近代之人，多所慢易，丛林虽入，懒慕参求，纵成留心，不择宗匠，邪师过谬，同失指归，未了根尘，辄有邪解。”[④] 文益指出人存在的“懒”与“妄”两大缺陷，前者会导致不去精进修行，后者会走错门，事倍功半，结果是“入他魔界，全丧正因”[⑤]。这两大缺陷在千年历史发展过程中，并没有得到根本改正，乃因它们是人性本具的缺陷，不能指望在短期内就会彻底改变。人的惰性是很严重的，也是很不容易改变的，特别是“心地”的修习，更需要不断磨砺。“宗致难独开”[⑥]，要提升境界，不能一蹴而就，禅师也一样，需要长期努力熏修，故古人强调：“法眼当时深愍此辈不通方者，作《十规论》诫之，学者不可不览。”[⑦] 今天我们仍然要重视哉！

---

① 宝历十一年辛巳佛般涅槃会（印指月）寓于栴檀林下万善堂焚香百拜书《刊行〈法眼禅师十规论〉叙》，《卍续藏》第 63 册，第 36 页。

② 《净慧法眼禅师宗门十规论》，《卍续藏》第 63 册，第 38 页。

③ 同上书，第 37 页。

④ 同上。

⑤ 同上。

⑥ 宝历十一年辛巳佛般涅槃会（印指月）寓于栴檀林下万善堂焚香百拜书《刊行〈法眼禅师十规论〉叙》。《卍续藏》第 63 册，第 36 页。

⑦ 侍者离知录，后学性一校，生生道人梓：《万松老人评唱天童觉和尚颂古从容庵录》四，《大正藏》第 48 册，第 267 页。

法眼宗思想传承与当代文化建设探析

释净因

（南京大学教授、香港宝莲禅寺方丈）

释迦拈花，迦叶微笑，灯灯相传，二十八传至达摩祖师。达摩东来，传佛心印，直指人心，六传至慧能大师。唐末五代，慧能弟子分为青原行思和南岳怀让两大派。行思之后分为曹洞、云门、法眼三家，怀让之后形成临济、沩仰二派，而有一花开五叶之说，验证了初祖达摩传法二祖慧可时的偈语："吾本来兹土，传法救迷情，一花开五叶，结果自然成。"[①]（见图一）

目前学者研究的重点集中在法眼宗的历史、法脉与宗风上，其中法眼之前的师承是研究的热点，有三种不同的观点。冉云华认为，罗汉桂琛是雪峰义存的弟子，法眼文益与玄沙师备并没有传承关系，法眼之前的师承如下：义存—桂琛—文益—德韶—延寿。[②] 贾晋华研究的结果是：玄沙—桂琛—法眼。[③] 而虚云所列法眼之前的师承是：义存—玄沙—桂琛—法眼。这在《法眼宗派》中得到佐证："东土六祖慧能—青原行思—石头希迁—天皇道悟—龙潭崇信—德山宣鉴—雪峰义存—玄沙师备—地藏桂琛—法眼第一世法眼文益……"[④]本文以虚云所示的法眼源流为准，在分析福建龙岩在法眼宗思想传承中扮演何种角色的基础之上，试图探索法眼宗思

---

① （宋）志磐：《佛祖统纪》，《大正藏》第 45 册，第 291 页中。

② 冉云华：《永明延寿》，台北东大图书公司 1999 年版，第 43 页。

③ 贾晋华：《古典禅研究：中唐至五代禅宗发展新探》，上海人民出版社 2013 年版，第 276 页。

④ 虚云：《法眼宗派》，载《虚云和尚全集》第 8 册，中州古籍出版社 2009 年版，第 169 页。

想传承与当代文化建设之间的内在联系。

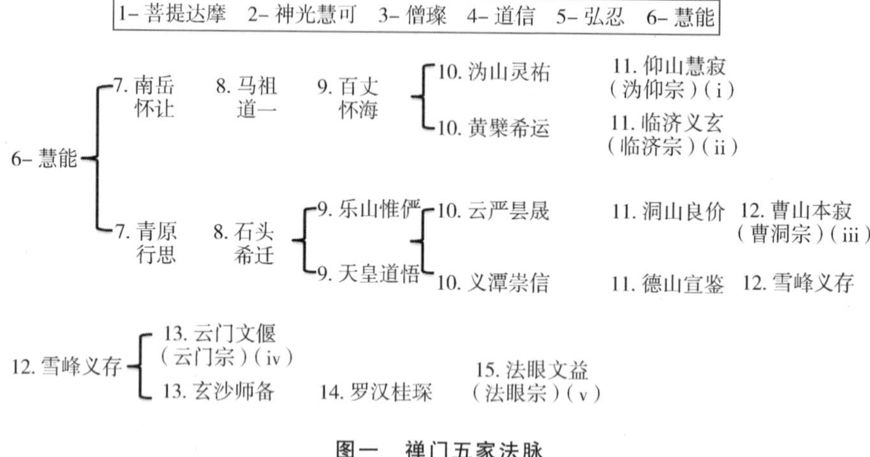

图一 禅门五家法脉

一 福建在法眼宗思想传承中扮演的重要角色

法眼宗创始人文益初传道于江西临川（今抚州市），创立宗派在江苏金陵清凉院（今南京清凉山）。下文在分析五宗与福建甚深因缘的基础之上，重点讨论福建在法眼宗思想传承中所扮演的重要角色。

（一）五宗与福建的甚深因缘

谢重光先生在《客家文化述论》一书中说，隋唐五代时期，江西和福建都是佛教的重镇，尤其是禅宗的重镇。下文从五宗与福建甚深的因缘（见表一），说明福建具有深厚的禅宗文化底蕴。

表一 五宗与福建甚深的因缘

五宗	创始人	地点
沩仰宗	沩山灵祐（771—853）	福州长溪（在今福建）人，在沩山（今湖南宁乡）、袁州的仰山（今江西宜春）阐扬禅法
曹洞宗	洞山良价（807—869）	�
	曹山本寂（840—901）	福建莆田人氏

续表

五宗	创始人	地点
云门宗	云门文偃（864—949）	于闽中雪峰义存处得道
临济宗	临济义玄（？—867）	闽人黄檗希运的高足，弘化于河北
法眼宗	法眼文益（885—958）	浙江余杭人，在福建学法、悟道

如表一所示，福建与禅宗五家的渊源极为密切。沩仰宗创始人沩山灵祐（771—853）是福州长溪（今福建省霞浦）人，曹洞宗曹山本寂（840—901）是福建莆田人氏，云门宗云门文偃（864—949）于闽中雪峰义存处得道，临济宗创始人义玄（？—867）是闽人黄檗希运的高足，而法眼宗创始人法眼文益（885—958）更是在福建参学、得道。宋时名列五山十刹的雪峰崇圣禅寺更是云门、法眼两宗的祖庭。由此可见，五宗与福建有甚深的因缘。

（二）法眼宗与福建甚深因缘

文益受南唐中主李璟礼请住金陵清凉院（今南京清凉寺）传法，世称“清凉文益”。文益去世后，南唐中主李璟赐谥“大法眼”的称号，后世遂称此宗为法眼宗。金陵清凉山被人们看成是法眼宗的祖庭。虚云因而说：“此宗发源，在金陵清凉山，早废，兹时不易恢复。从宋元以来，绍化乏后，查诸典籍，自文益祖师七传至祥符良庆止，其后无考。”① 然而，法眼宗与福建有甚深的因缘，这可从法眼宗的创始人文益的生平得到佐证（表二）。

表二　　文益与福建的因缘

年代（岁）	事件	地点
885（1）	文益出生	余杭（今浙江杭州）
901（17）	依全伟出家	新定郡智通院（今浙江建德市梅城镇）
904（20）	受具足戒	越州（今浙江绍兴）开元寺

① 《法眼宗派》，《虚云和尚全集》第8册，中州古籍出版社2009年版，第170页。

续表

年代（岁）	事件	地点
905—907（21—23）	学律学及儒家经典	明州（今浙江宁波）鄮山育玉王寺
913—921（29—37）	师事雪峰义存的弟子慧棱	福州长庆院
925（41）	遇桂琛而得法	福州地藏院
926（42）	随桂琛参学	迁止漳州罗汉院
927（43）	随桂琛参学	
928—933（44—49）		到甘蔗卓庵（今福州市闽侯县甘蔗镇一带）
935（51）	前来学禅决疑者多达千人	始住临州（今江西抚州市）崇寿寺开法
936（52）		住抚州崇寿寺
937（53）	徐诰邀请文益赴金陵	南唐国主李昇闻名，请文益至金陵住报恩院传法，赐号“净慧”
938（54）		住报恩寺/入住清凉禅寺
939—942（55—58）		住持报恩寺
943（59）	传说李璟请文益入内庭，见牡丹花赋诗	
958（74）	文益入灭示寂	

由表二可知，文益（885—958）出生于余杭（杭州），十七岁在新定郡智通院（今浙江建德市梅城镇）依全伟出家，20 岁在越州（今浙江绍兴）开元寺受具足戒，在此后的 3 年中在明州（今浙江宁波）鄮山育玉王寺学习律学及儒家经典，旁探儒典，游文雅之场，希觉称他为佛门之游、夏。

文益 29 岁来到福州，在此后的 22 年中，他一直在福建参学、悟道，与福建结下了深厚的因缘。他先跟随福州长庆院雪峰义存的弟子慧棱学习，长达 8 年之久，仍无法开悟，不得不外出参学。41 岁时云游到漳州，一个偶然的机会，他因避雨走进城西石山地藏院，见到桂琛，经过点化，

有所证悟，遂拜桂琛为师，继续参学。[①] 文益偶遇桂琛的经过在《禅林僧宝传》中有详细记载：

> 初谒长庆棱道者，无所契悟。与善修、洪进自漳州抵湖外。将发而雨，溪壮不可济。顾城隅有古寺，解包休于门下。雨不止，入堂，有老僧坐地炉，见益而曰："此行何之？"曰："行脚去。"又问如何是行脚事？对曰不知。……老僧又曰："山河大地与自己，是同是别？"益曰："同。"僧竖两指，熟视曰："两个。"即起去。益大惊，周行廊庑，读字额曰："石山地藏。"顾语修辈曰："此老琛禅师也。"……乃俱求抉择。[②]

这段记载重点是叙述文益离开福州到达漳州之后巧遇桂琛，二人无意间的对话令文益深有感触，决定投其门下求法，直到他 51 岁时才离开福建，前往临州（今江西抚州市）崇寿寺弘法。

由以上分析不难发现，文益一生中精力最旺盛的 22 年是在福建度过的，他一心求学，领悟大道，为日后创立、弘扬法眼打下了坚实的基础。

（三）龙岩——法眼宗复兴基地

法眼宗盛传于唐末至宋初。北宋以后，法眼开始衰微，最终无人继承。对此，虚云有如下感叹："在唐宋之时，禅风遍天下，何等昌盛？现在衰微已极，惟有金山、高旻、宝光之处，撑持门户而已。所以现在宗门下的人才甚少，就是打七，大都名不副实。"而近代法眼宗的中兴与龙岩有直接关系。

虚云对近代法眼宗在龙岩的中兴有如下记载："癸酉（笔者按：癸酉有误，当是癸未。癸酉即 1933 年，虚云和尚尚在福州鼓山涌泉寺任方丈，可查虚云年谱及岑学吕附记）春，有明湛禅者，由长汀到南华，谓在长汀创建八宝山，志愿欲绍法眼一宗，不知所由，恳授其法眼源流。因嘉其志，

---

① 杨曾文：《唐五代禅宗史》第八章第五节，中国社会科学出版社 1999 年版，第 550 页。

② （宋）释惠洪：《禅林僧宝传》卷四《金陵清凉益师传》，《卍续藏》第 79 册，第 500 页下。

乃告之曰：'此宗发源在金陵清凉山，早废，兹时不易恢复。从宋元来，绍化乏后。查诸典籍，自文益祖师七传至祥符良庆禅师止，其后无考。'"①

由上文可知，虚云应福建长汀青持明湛之要求，决定恢复法眼宗传承，时间是 1933 年（癸酉年）。虚云确定法眼宗法脉传承为法眼文益、天台德韶、永明延寿、圆照宗本、智者嗣如、宝林文慧、祥符良庆，共七世，虚云从良庆与自己各摘一字，新立五十六字派字，虚云成为法眼宗第八代祖，使得法眼宗在近现代的传承有了依据：

良虚本寂体无量，法界通融广含藏。
遍印森罗圆自在，塞空情器总真常。
惟斯胜德昭日月，慧灯普照洞阴阳。
传宗法眼六相义，光辉地久固天长。②

癸未四月初八日佛诞（1943 年 5 月 11 日），虚云依据新的派字，于广东曲江（今广东韶关）南华丈室传付法眼宗统于本湛，本湛成为法眼宗第九代传人，标志着法眼宗在近代中国的中兴，长汀八宝山峻峰寺因而成为法眼宗在近代的中兴祖庭。

本湛一生致力于法眼宗的弘扬，并为八宝山峻峰寺徒嗣制定法派 32 字辈：

慧光普照，谛理融通。法相全幻，尘念永空。
教观勤学，度生愿宏。智灯远朗，大道昌隆。③

依此字派，本湛传法给连城慧瑛，慧瑛成为八宝山峻峰寺第一代慧字辈僧人，慧瑛传法给福建佛教协会副会长、龙岩天宫山圆通寺方丈光胜法师，龙岩莲花山莲山寺光炳法师，龙岩天马山净慈寺住持光良法师等，至

① 岑学吕原编，乐崇辉增订：《虚云年谱·法汇增订本》，台湾大乘精舍 1986 年版，第 736—737 页。

② 同上。

③ 见《正法眼藏佛祖源流》，龙岩天宫山圆通寺佛历 3025 年翻印本，第 23—24 页。

今已传有慧、光、普、照四辈，一脉相承不息，子嗣绵延，传遍龙岩三区（新罗区、永定区、漳平）和四县（长汀、连城、上杭、武平）（见表三），使闽西成为法眼宗复兴基地，揭开了龙岩佛教界在中国佛教史上荣辉的一页。

表三　　法眼宗遍布龙岩一览表

县市区	场所名称	法师	法眼宗世系	八宝山世系	传承作用
长汀县	八宝山峻峰寺	本湛	九		复兴
连城县	中华山性海寺	慧瑛	十	一	弘扬
新罗区	天宫山圆通寺	光胜	十一	二	兴盛
	莲花山莲山寺	光炳	十一	二	兴盛
	天马山净慈寺	光良	十一	二	兴盛
永定区	永定高陂丰积寺	光明	十一	二	
漳平市	高明寺	光浩	十一	二	

除了长汀八宝山峻峰寺和连城中华山性海寺外，新罗区的天宫山圆通寺（见表四）、莲花山莲山寺（见表五）、天马山净慈寺（见表六）、雁石觉园海印寺，以及长汀县的朝斗岩寺、水云寺都是法眼宗道场。

新罗区天宫山圆通寺位于福建省龙岩市东北部天宫山，历来以神奇雄峻、清净庄严被列为闽西地区的游览胜地和最大的佛教道场，现任方丈是光胜法师，寺中传承法眼宗脉者多达 80 多人（见表四）。

表四　　新罗区天宫山圆通寺法眼宗传承一览表

法眼宗世系	字辈	八宝山世系	字辈	法师	合计（人）
八	虚			虚云	1
九	本			本湛	1
十	寂	一	慧	慧瑛	1
十一	体	二	光	光胜	1
十二	无	三	普	普空、普文、普戒等	60 多
十三	量	四	照	照玄等	20 多

新罗区莲山寺始建于唐代，原名莲花庵，明代为“莲山寺”，延续至今。1987 年由释光炳法师修复，目前传承法眼宗脉者 20 余位（见表五）。

表五　新罗区莲花山莲山寺法眼宗传承一览表

法眼宗世系	字辈	八宝山世系	字辈	法师	合计（人）
八	虚			虚云	1
九	本			本湛	1
十	寂	一	慧	慧瑛	1
十一	体	二	光	光炳	1
十二	无	三	普	普前、普竹、普雄等	10 多
十三	量	四	照	照明、照亮、照诚等	10 多

新罗区净慈寺位于龙岩市中心城区天马山的东南麓，1988 年由光良法师主持修复工程。寺内全部圣像都是佛菩萨，没有一尊阿罗汉，表独倡大乘之特色。该寺传承法眼宗脉者超过 20 人（见表六）。

表六　新罗区天马山净慈寺法眼宗传承一览表

法眼宗世系	字辈	八宝山世系	字辈	法师	合计（人）
八	虚			虚云	1
九	本			本湛	1
十	寂	一	慧	慧瑛	1
十一	体	二	光	光良	1
十二	无	三	普（朗）	普相、普信、朗照等	15
十三	量	四	照	照贤等	5

在龙岩三区四县中，如果说长汀八宝山峻峰寺是法眼宗在近代的复兴祖庭，连城中华山性海寺可看成是法眼宗的传承之地，那么，新罗区天宫山圆通寺则为当今弘扬法眼宗的圣地，该寺培养出 80 多人勤力弘扬法眼宗，这在全世界都是独一无二的。更重要的是，无论从传播法眼宗的寺院数量上，还是从传播法眼宗的人数上，新罗区都是当今法眼宗的传承重地。

综上所述，因龙岩长汀本湛青持的愿力，法眼宗得以在近现代复兴。

换而言之，法眼宗的“中兴”与龙岩关系紧密，而新罗可看成是当今法眼宗传播的重镇，并由此向全国乃至全球传播。而今，江苏、江西、福建、浙江、山西、河北、内蒙古、青海等省市及港、澳、台地区都有法眼宗的传承；马来西亚、韩国、日本、新加坡等国的一些学佛之人专程到福建、南京法眼宗祖庭寻根问祖；美国、加拿大、日本、韩国等国家都有佛学学者研究法眼宗。龙岩早已成为名副其实的法眼宗中兴之圣地。

二　法眼宗思想与当代文化建设

一次，佛陀带着弟子云游，经过乔赏弥（今印度阿拉哈巴特城附近）附近的尸舍婆林时，他从地上捡起几片叶子，放在手里，问弟子：“比丘们啊！你们认为是我手上的叶子多呢，还是整片树林的叶子多？”

弟子们说：“老师手上那几片叶子怎么能跟整个树林相比？”

佛陀说：“是的，我所教给你们的法，就像手中这几片叶子一样，很少；而我知道而没讲的法，就像整个树林的叶子一样，很多。”①

不少人因此而努力琢磨佛陀知道而没讲的法到底是什么。其实，佛陀未说的法有三方面的内容：不可说的“法”——圣者悟证后的境界；两种不能说的法——形而上学的问题与不对机的法。

在《中阿含例品箭喻经》中，佛陀以人被毒箭所伤应如何救度为例，说明人生有限，佛法无边，以此说明对机说法的重要性。佛陀、慧能等开悟的圣者在教化众生时并不是一台计算机，不管什么人问什么样的问题，他都会不假思索地给出标准答案，而是依据受众的水平、倾向、根器、性格以及了解某一问题的能力，因材施教，说最适合法，最大限度地使听众受益。时代适应性成为历代高僧大德对机说法的重要依据，他们效佛所行，针对不同时代的文化主题而弘扬与之相应的佛法，便于大众接受，最终使佛法在中国得以传播，不断地发展壮大，并最终深深地扎根于中国土壤之中，成为中华文化不可分割的有机组成部分。

当今，习近平总书记倡导培育和弘扬社会主义核心价值观，其基本内容可用24个字概括为三个层面，“即国家层面的富强、民主、文明、和

① 《杂部经》第5集，巴利语学会版，第437页。

谐；社会层面的自由、平等、公正、法治；公民层面的爱国、敬业、诚信、友善”。我们完全可以效法古人之风，依据以上“社会主义核心价值观”的基本内容，找出与之相应的法眼宗义理，加以弘扬（见表七），为构建和谐社会尽力的同时，也为法眼宗的弘扬带来前所未有的机遇。

表七　　社会主义核心价值观与当今弘法的重要内容

	社会主义核心价值观	现代弘法的重要内容
国家层面	富强	人间净土
	民主	百丈清规
	文明	福慧双修
	和谐	圆融无碍
社会层面	自由	不著他求，境由心造
	平等	天地同根
	公正	转轮法王
	法治	以戒为师
公民层面	爱国	报四恩
	敬业	勇猛精进
	诚信	不妄语
	友善	利乐友情

（一）富强与人间净土

“有禅有净土，犹如戴角虎。现世为人师，来生作佛祖。”① 这是法眼宗第三祖永明延寿所做的《禅净四料简》，倡导禅净双修，万善同归，精修万行，庄严净土。在佛教的经典中、在敦煌的壁画中，西方极乐世界被描绘成世界上最富丽堂皇的国土，是华严富贵的象征。在《阿弥陀经》中，西方极乐世界为“七重栏楯，七重罗网，七重行树，皆是四宝周匝围绕，是故彼国名为极乐。又舍利弗，极乐国土有七宝池，八功德水充满其中。池底纯以金沙布地，四边阶道金银琉璃玻璃合成，上有楼阁，亦以

① （元）天如则：《净土或问》，《大正藏》第47册，第302页下。

金银琉璃玻璃砗磲赤珠玛瑙而严饰之……”①这也许为我们建立富强的人间净土提供了模板，有助于引导信徒投身到繁荣、富强的社会主义社会建设中去。

（二）民主与百丈清规

不少英国人认为，国会民主议事制度是他们对现代文明社会的最大贡献，并引以为骄傲。其实早在两千五百年前，佛陀建立僧团时，便创立了完备的民主议事制度。从这种意义上讲，佛陀才是世界上创立国会民主议事制度的第一人，建立起了一整套佛教的立法、执法和司法的完善制度。这套民主议事制度被百丈清规发扬光大。作为五宗之一的法眼宗，严格按丛林清规学习、生活、修行和行事，为我们留下了珍贵的民主思想建设资源。

（三）文明与福慧双修

法眼宗第八代祖师虚云说，自己择一门为正行，余者为助行。须福慧双修，单福则属人天有漏，单慧则为狂徒。《大智度论》亦云，修福不修慧，大象披璎珞；修慧不修福，罗汉托空钵。这首偈颂形象地说明，“智慧”与“福德”犹如鸟之双翼、车之双轮，缺一不可。久远劫以来，佛陀外则修福以利他，内则修慧以自利，福慧双修，修来“万德庄严、智慧如海”的圆满成佛果报，应是人类文明的最高境界。

（四）和谐与圆融无碍

法眼宗第一代祖师文益在《华严六相义颂》中提出了“理事不二，贵在圆融”的思想。他在《宗门十规论》中又作了进一步的阐释：“大凡祖佛之宗，具理具事。事依理立，理假事明。理事相资，还同目足。若有事而无理，则滞泥不通；若有理而无事，则汗漫无归。欲其不二，贵在圆融。”② 圆融无碍的思想代表最高的佛法，佛法贵在教导人们进入万法融通、事事无碍的境界。一个人若能了解此理，便能“降伏其心”，安住于世，圆融无碍，随缘做自利利他之事业，社会自然和谐。

---

① 《阿弥陀经》，《大正藏》第12册，第346页下。

② （五代）文益：《宗门十规论》，《卍续藏》第63册，第37页下。

（五）自由与心无挂碍

法眼宗第一代祖师文益41岁那年，结伴到各处参学，路过漳州，为雪所阻，暂时住在城西的地藏院，因而参谒玄沙师备的法嗣罗汉桂琛。桂琛问他："到什么地方去？"文益说："行脚。"桂琛问："行脚事作么生？"文益答道："不知。"桂琛说："不知最亲切。"后来桂琛问文益："上座寻常说三界唯心，万法唯识。"乃指庭下片石云："且道此石在心内，在心外？"文益回答道："在心内。"桂琛反问道："行脚人着什么来由，安片石在心头。"文益窘无以对，即放下衣包依止桂琛学道。现代人六根不清净，挂碍太多，烦恼丛生。法眼宗修行的要领是，对世间荣辱、是非、好坏一概不动心，达到心无牵挂的境界，人与人之间的关系便会变得融洽，社会更祥和，世界更美好，就能获得真正的自由。

（六）平等与天地同根

庄子《齐物论》云："天地与我并生，万物与我为一。"僧肇在《肇论·涅槃无名论》中有类似的说法，"天地与我同根，万物与我一体。"法眼宗第一代祖师文益初参桂琛时，讨论的正是《肇论》，至"天地与我同根"时，桂琛突然把话岔开，问："山河大地与自己是同是别？"文益不假思索地回答："同。"但桂琛不以为然，伸出两指看了一会儿，说："两个。"即站起离开。"天地同根，物我一体"成了法眼宗风特色，说明"我"是万物中的一份子。佛教认为，世间万事万物，都是因缘条件组合而成；离开了因缘果报，没有一种现象能够单独生起，也没有一种现象可以孤立存在。人也不例外，只不过是自然界的一份子，彼此处于相互"约制"与"被约制"的关系网络中，相互依赖，互为条件，一荣俱荣，一损俱损。明白了这道理，人与人之间必须平等和谐相处。

（七）公正与转轮圣王

法眼宗第三祖永明延寿在政治理念上极力推崇转轮法王以正法治国的理念。[①] 转轮法王最大的特色是以正法治理国家。这在《长阿含经》中有

---

① （宋）延寿：《宗镜录》，《大正藏》第48册，第595页中—596页上。

如下描述："若在家者，当为转轮圣王，王四天下，四兵具足，以正法治，无有偏枉，恩及天下，七宝自至，千子勇健，能伏外敌，兵杖不用，天下太平。"① 以正法做人、做事乃至治国，就能做到事事公正，处处如法。

（八）法治与以戒为师

法眼宗第八代祖师虚云说，用功办道首要持戒，戒是无上菩提之本；若不持戒而修行，无有是处。在佛法僧三宝中，佛陀已证涅槃，教理深藏于三藏圣典之中，惟有僧伽，薪火相传，传佛心印，解法要旨，悟佛知见。从这种意义上讲，僧在即法在，法在即佛在。换而言之，清净如法的和合僧，是正法久住的根本，② 而戒律则是维持清净僧团的根本保障。反之，若僧人不修德、不持戒，清净和合的僧团难以维持；僧团消失了，何人住持正法！③ 由此观之，持戒是关系到佛教存亡的大事。正因为如此，《分别功德论》中把严持戒律者看成是僧中宝，"上者持三藏，其次四阿含；或能受律藏，即是如来宝"④。这也就是佛陀临终时还谆谆告诫弟子们必须以戒为师的原因。

法眼宗创立于"一花五叶"的"黄金时代"末期，法久生弊，佛教内部出现了严重的门户之争，宗派林立，妄立禅旨，乱象纷呈。文益针对时弊，高举"以戒为师"的旗帜，撰写《宗门十规论》，其目的是，"宗门指病，简辩十条，用诠诸妄之言，以救一时之弊"。文益以清醒的反思精神，对禅宗末流作了详细的梳理，剖析其危害弊端，导后学以正知正见。其十条具体为：

1. "自己心地未明妄为人师"，指若自己未开悟或没有"明心见性"就切记不要好为人师，以免误导别人。

2. "党护门风不通议论"，文益对禅门派别之争持反对意见。故文益

---

① 《长阿含经》，《大正藏》第 4 册，第 4 页下。

② "僧和合故，欢喜无诤，一心一学，如水乳合，共弘师教，安乐行。"《五分律》，《大正藏》第 22 册，第 195 页中。"和合僧伽，欢喜无诤。同心一说，如水乳合。大师教法，令得光显，安乐而住。"《根本说一切有部毗奈耶破僧事》，《大正藏》第 24 册，第 171 页下。

③ "破我弟子和合僧伽，并破法轮，有大势力。"《根本说一切有部毗奈耶破僧事》，《大正藏》第 24 册，第 172 页上。

④ 《分别功德论》，《大正藏》第 25 册，第 34 页下。

说："祖师西来，非为有法可传，以至于此。但直指人心，见性成佛，岂有门风可尚者哉？"

3. "举令提纲不知血脉"，在教学方法上指出了禅门弘法时容易出现的病症，并就此提出了新的要求。他说："夫欲举唱宗乘，提纲法要，若不知于血脉，皆是妄称异端。"其实血脉之词即意指佛法的精神与灵魂，若既未领悟佛法思想之真实义，又未掌握禅宗宗旨之要领，自然是不能担负起传法之重任的。

4. "对答不观时节兼无宗眼"，则进一步说明了在教学环节中的说法与勘验必须当机契机，即要看对象和讲究因缘、时节，而且在传法与勘验过程中要自始至终地贯穿本门之宗眼。

5. "理事相违不分触净"，不仅阐释了理事关系，而且提出了法界平等的思想。在理事关系上，文益认为理与事不可分割，且圆融无二。

6. "不经淘汰臆断古今言句"，是就学禅者的学风问题指出了病根，并提出了化解之道。

7. "记持露布临时不解妙用"，指出了悟法须有师承，但是又不能墨守成规、拘泥于师法，相反要活学活用。

8. "不通教典乱有引证"，一方面指出了禅门教学或勘验中存在"不通教典乱有引证"的实际问题，另一方面又提出了禅者对于经、教之现象应采取的正确思想态度。

9. "不关声律不达理道好作歌颂"，不仅对禅门不明义理而乱作歌颂的现象提出了批评，同时就歌颂在参禅中的作用做了简明扼要的阐明。

10. "护己之短好争胜负"，为最后一条，是其针对丛林出现派别之争现象的一种善意批评与警示。①

文益提出革新日趋异化的禅宗之措施，创建了较为完备的禅学理论与方法，为我们留下了大量珍贵的以法治僧的文献资料，是佛弟子辨别正邪的重要"法眼"。

（九）爱国与报四恩

法眼宗第二祖德韶是深受吴越国敬重的，他融通出世与入世不二的思

① （五代）文益：《宗门十规论》，《卍续藏》第63册，第36页中—39页下。

想，在讲法时常劝勉徒众“国王恩难报，诸佛恩难报，父母师长恩难报，十方施主恩难报”，要共“令法久住，国土安乐”。[①] 法眼宗第三祖延寿在《万善同归集》中指出，万善之中的“第一福田者”，是“尽忠立孝，齐国治家，行谦让之风，履温恭之道”[②]。法眼宗历代祖师特别强调报国王恩，给我们留下了爱国主义教育的丰富资料。在《出本生心地观经》中详细解释了为何要报国王恩：“国王福德最胜，虽生人间，得自在故，于其国界，山河大地尽属国王，一人福德，胜过一切众生之福；又以正法治世，能使众生悉皆安乐。若王国内，一人修善，其所作福，七分之中，修善之人自得五分，国王常获二分，以依于王而得修善故也。王若以善法化世，诸天善神，常来守护，若有恶人，而生逆心，于须臾顷，福自消灭，命终当堕地狱，备受诸苦。所以者何？是诸众生，由不知国王恩故，起诸恶逆，得如是报。若有人民，能行善心，敬辅仁王，尊重如佛，是人现世安稳丰乐。所以者何？一切国王，于过去时，曾受如来清净禁戒，常为人王，安稳快乐。以是因缘，违顺果报，其速如影随形，如回应声也。”[③]

（十）敬业与勇猛精进

法眼宗历代祖师皆是勇猛精进、弘法利生的楷模。据《慧日永明寺智觉自行录》记载，法眼宗第三代祖师永明延寿精进务道，日定一百零八件佛事为常课，主要是受持神咒、礼佛忏悔、诵经、坐禅、放生、说法等，每夜则于旷野施食鬼神等类。此外每日定念十万声阿弥陀佛圣号。对于延寿的这种融通万善、精进万善的行持，后人无不叹服，为我们当今的敬业精神树立了楷模。

综上所述，曹洞、云门、法眼、临济、沩仰五宗皆与福建结下不解之缘，尤其是法眼宗的创始人文益在福建求学、悟道，为法眼宗的创立打下了坚实的基础。更重要的是，龙岩成为中国近代法眼宗名副其实的中兴基地，并对法眼宗在全国乃至全球的传播与发展产生了深远影响。与此同时，法眼宗拥有深厚的文化资源，我们应遵循佛陀契理契机的教诲，依据

---

① 可祥：《天台德韶及其禅法》，《中国佛学》总第三十四册。

② （宋）延寿：《万善同归集》，《大正藏》第48册，第982页中。

③ 《大明三藏法数》（第1—13卷），《永乐北藏》第181册，第805页中。

“社会主义核心价值观”的基本内容，发掘法眼宗与之相应的义理，加以弘扬，为构建和谐社会尽力的同时，推动法眼宗的传承、弘扬，启迪智慧，净化人心，让法眼宗得以薪火相传，慧灯常明。

再论法眼宗初祖文益禅师于漳州参桂琛而得法

谢重光

（福建师范大学教授）

禅宗法眼宗初祖文益禅师参桂琛禅师而得法，这是禅宗史的共识，但文益参桂琛的地点，却因史料的歧异而产生了不同的看法，成为禅宗史上的一桩公案。当今学界一般都认为文益是在漳州参桂琛而得法，典型者以杨曾文《唐五代禅宗史》为代表，其记述文益出家至见到桂琛禅师的经历，略曰：

> 文益（885—958），俗姓鲁，余杭人。七岁到新定智通院从全伟禅师出家，年二十到越州开元寺受具足戒。当时希觉律师正在明州的育王寺盛传戒律之学，文益闻名也前往学习律学，并学习儒家经典，被希觉誉为“我门之游夏也”。后来被禅宗玄妙的旨趣吸引，决定舍弃旧学，南下游方，先投福州长庆院，师事雪峰义存的弟子慧棱禅师，无所契悟。此后与绍修、洪进结伴南至漳州，因避雨走进城西的石山地藏院，见到桂琛禅师。①

这段话说得明明白白，文益是与同伴南行到达漳州后，于城西石山地藏院见到桂琛禅师，因而得法成为桂琛法嗣的。

任继愈主编的《佛教大辞典》也持文益于漳州参桂琛的观点，其“文益”条记述文益在福建的行履曰：

① 杨曾文：《唐五代禅宗史》第八章第五节，中国社会科学出版社 1999 年版，第 550 页。

> 曾南游参长庆慧棱禅师，又谒宣法大师。后往漳州罗汉寺，叩谒桂琛禅师，桂琛告诉他：若论佛法，一切现成，便于言下有悟，嗣其法。①

这里把文益参桂琛的具体地点误作罗汉寺，但对于文益往漳州后得参桂琛禅师，嗣其法，也是明白无疑的。

持文益于漳州参桂琛的根据，显然是北宋释惠洪《禅林僧宝传》的记载。该书《金陵清凉益禅师法眼》于文益参桂琛的经过记载特为详尽，略曰：

> 初谒长庆棱道者，无所契悟。与善修、洪进自漳州抵湖外。将发而雨，溪壮不可济。顾城隅有古寺，解包休于门下。雨不止，入堂，有老僧坐地炉，见益而曰："此行何之?"曰："行脚去。"又问如何是行脚事？对曰不知。……老僧又曰："山河大地与自己，是同是别?"益曰："同。"僧竖两指，熟视曰："两个。"即起去。益大惊，周行廊庑，读字额曰："石山地藏"。顾语修辈曰："此老琛禅师也。"……乃俱求抉择。②

这段记载，叙述文益入闽之后行履于福州的一段经历，只用"初谒长庆棱道者，无所契悟"一语轻轻带过，重点是叙述他离开福州到达漳州之后巧遇桂琛，受到启发而开悟，投于其门下，求其抉择的得法过程。叙事明明白白，在漳州城隅古寺参桂琛而得法的事实清清楚楚，本来是没有什么疑义的。

但十几年前，王荣国却出来立异，著文认为文益参桂琛的地藏院不在漳州，而在福州。其说漏洞迭出，拙文《也谈文益禅师参桂琛的地点和年代——与王荣国同志商榷》③ 已辨其误，而王氏又著文《文益禅师在闽

① 任继愈主编：《佛教大辞典》，江苏古籍出版社2002年版，第334页。

② （宋）释惠洪：《禅林僧宝传》卷四《金陵清凉益禅师传》，《卍续藏》第79册，第500页下。

③ 谢重光：《也谈文益参桂琛的地点和年代——与王荣国同志商榷》，《世界宗教研究》2003年第1期。

参桂琛的年代、因由、地点与卓庵处考辨——对谢重光先生〈也谈文益参桂琛的地点和年代〉的回应》[①]，坚持其说，并对笔者的考证方法及论据提出诸多责难。概括说来，其最关键的观点是《宋高僧传》《景德传灯录》早出，史料价值高，《禅林僧宝传》晚出，不可信。此外还有一些枝节的说法，诸如：

1. 漳州牧所建城西石山地藏院不在漳州，而在隔州越府的闽城，这是历史的特殊性。

2. 漳州牧王公建的寺院才二十多年，不应称为"古寺"。《禅林僧宝传》所述文益看到的老僧，是传说。

3. 桂琛临终前复届闽城旧止（有的文献记为"旧址"），这"旧止"就是闽城石山地藏院。

4. 王氏在福州进行田野调查，"很快在离怡山不及1000米处找到石山"，"可以想见"这就是当年漳州牧建石山地藏院的那座石山。

王文所提上述诸端，似是而非，完全经不起推敲。现在，且让我们先就《宋高僧传》（以下简称《僧传》）、《景德传灯录》（以下简称《灯录》）、《禅林僧宝传》（以下简称《僧宝传》）等佛教史籍的史料价值问题做一个考察。

这几部佛教史籍，都产生于宋代。其所记唐五代之人和事，都不是作者亲见，都要依据其所获得的史料。《僧传》《灯录》两书虽然成书年代较早，但《僧传》的作者赞宁素有"名而不高"之讥，其所作传记，不但文字简略，常常难于索解，而且于传主的生卒年、僧腊、籍贯等常有错误。举一个显著的例子，对于制定百丈清规、提倡农禅道路的怀海禅师，《僧传》记其"享年九十五矣"[②]，其僧腊多少，则略而不记。但据与怀海同时代又同为福建人的陈诩《唐洪州百丈山故怀海禅师塔铭并序》（以下简称《塔铭》）[③]，怀海"报龄六十六，僧腊四十七"。陈诩《塔铭》作于怀海圆寂四年之后，性质类似于世俗的墓志铭，是最可靠的第一手资

① 王荣国：《文益禅师在闽参桂琛的年代、因由、地点与卓庵处考辨——对谢重光先生〈也谈文益参桂琛的地点和年代〉的回应》，《世界宗教研究》2004年第1期。

② （宋）释赞宁：《宋高僧传》卷十《唐新吴百丈山怀海传》，上海古籍出版社《高僧传合集》本1991年版，第444—445页。

③ （唐）陈诩：《唐洪州百丈山故怀海禅师塔铭并序》，收入《大正藏》第48册。

料。因此，著名佛教学者陈垣、当代学者林悟殊以及笔者本人都采信陈诩《塔铭》之说，而不信《僧传》之说。[①] 至于《灯录》，所记侧重于僧人的语录和法系承传，对于僧人的行履只是捎带涉及，在这方面出现错误也在所难免。

《僧宝传》的作者惠洪，素以博学著称。对于前贤所著《僧传》和《灯录》这两部重要的佛教史和禅史著作，他肯定读过无疑，但他所撰桂琛和文益的传记，并不沿袭《僧传》《灯录》，而是有自己的裁断，有自己的重点，不但体现了他的史识和史才，也提示其关于文益的记述与《僧传》《灯录》可能有不同的史料来源。因此，对于这几部著作的史料价值，应该具体问题具体分析，不能单纯以成书的先后定其优劣，更不能凭空给《僧宝传》的说法戴上凿空臆说或假公案的帽子。这样简单粗暴的做法，不但是厚诬古人，其实也会使自己处于尴尬之地。试想，若是只以时代的早晚定是非，那被王文一笔抹杀的惠洪只比赞宁和道原晚一百年左右，而我们又比他们晚了一千年左右，还有什么资格和意义在这里鸹鸹不休呢?

明乎此，对于《僧宝传》的相关记载，就应该遵循王荣国自己宣称的原则：在没有明确反证的情况下，不宜轻易否定。更何况，《僧传》《灯录》关于文益在何地参桂琛的记载，并不直接与《僧宝传》冲突，只是模糊不清而已。试看《僧传》的记载：

> 释文益，……寻则玄机一发，杂务俱损，振锡南游，止长庆禅师法会，已决疑滞，更约伴西出湖湘。尔日暴雨不进，暂望西院，寄度信宿，避溪涨之患耳。遂参宣法大师[②]。曾住漳浦罗汉，闽人止呼“罗汉”。[③]

再看《灯录》的记载：

---

① 请参见谢重光《百丈怀海禅师》第一章第一节，厦门大学出版社 2011 年版，第 1—6 页。

② 这里称桂琛为宣法大师，其实桂琛的谥号是真应禅师，于此亦可见《宋高僧传》的疏误。

③ （宋）释赞宁：《宋高僧传》卷十三《周金陵清凉院文益传》，上海古籍出版社《高僧传合集》本 1991 年版，第 461—462 页。

> 师以玄机一发，杂务俱捐，振锡南迈，抵福州长庆法会。虽缘心未息，而海众推之。寻更结侣，拟之湖外。既行，值天雨忽作，溪流暴涨，暂寓城西地藏院，因参琛和尚。①

两书所载，都说是文益约伴西出湖湘之后得参桂琛，差别在于《僧传》未说明约伴西出湖湘之后是否既行，《灯录》明载既行之后，因阻雨而得参桂琛。还有一个共同点是两书都没有说文益仍逗留在福州时参桂琛。仅此而论，关于文益在何地参桂琛，可以认为上述三书的记载只是清晰与含糊之间的差异。

但上述三书的桂琛传记，对于石山地藏院在何地，却出现了明显的歧异。

《僧宝传》卷四《漳州罗汉琛禅师》：

> 禅师名桂琛。生李氏。……初谒雪峰存公，不大发明。又事玄沙，遂臻其奥。与慧球者齐名，号二大士。琛能秘重大法，痛自韬晦。然丛林指目，以为雪峰法道之所寄也。漳州牧王公，请住城西石山十余年，迁止罗汉。②

《僧传》卷十三《后唐漳州罗汉院桂琛》：

> 释桂琛，俗姓李氏，常山人也。……于是誓访南宗，程仅万里。初谒云居，后诣雪峰、玄沙两会，参讯勤恪。良以嗣缘有在，得旨于宗一大师。明暗色空，廓然无惑。密行累载，处众韬藏。虽夜光所潜，而宝器终异。遂为故漳牧太原王公诚请，于闽城西石山建莲宫而止。驻锡一纪有半，来往二百众。琛以秘重妙法，罔轻示徒。有密学恳求者，时为开演。后龙溪为军倅勤州太保琅琊公志请，于罗汉院为

---

① （宋）释道原：《景德传灯录》卷二十四《文益禅师语录》，《大正藏》第51册，第398页中。

② （宋）惠洪：《禅林僧宝传》卷四，《卍续藏》第79册，第500页上一中。

众宣法。讳让不获，遂开方便。不数载南北参徒丧疑而往者不可殚数。有角立者，抚州曹山文益、江州东禅休复。①

《灯录》卷二十一《漳州罗汉院桂琛禅师》：

常山人也……师虽处众韬晦，然声誉甚远。时漳牧王公请于闽城西之石山建精舍曰地藏，请师驻锡焉。仅逾一纪，后迁止漳州罗汉院，大阐玄要，学徒臻凑。②

对于漳州牧为迎请桂琛驻锡住持而建的地藏院，《僧传》《灯录》说是在闽城西石山，《僧宝传》只说是在城西石山。两者相差一个“闽”字。对此，拙作《也谈文益参桂琛的地点和年代——与王荣国同志商榷》作了如下的分析：按一般常理，某官崇佛建寺，当然是在其任职之所即在其势力范围内，所以《僧宝传》所说城西应是漳州城西。而《僧传》《灯录》与《僧宝传》产生如此歧异的原因，应是文献辗转流传中产生衍字（即增加一个“闽”字）所致。

而王荣国说漳州牧不在其辖区漳州建寺，却隔州越府跑到遥远的福州建寺，属于历史的特殊性。他还以居高临下的口气，教诫我们不要只研究历史的一般性，也要研究历史的特殊性。殊不知，凡是特殊，都有特殊的缘故，而他又说不出这位漳州牧所以如此特殊的缘由。这真是他说一般就一般，他说特殊就特殊，历史真像是一个泥人儿，任由他爱怎么捏就怎么捏了！

我们没有任意解释历史的特权。为了更好地说明问题，除了《僧宝传》前述重要依据外，我们还应从仔细分析其他相关文献记载入手，提供文益参桂琛到底应在福州还是漳州的新思路、新证据。

让我们先看看宋代以后佛教文献的相关记载。

在明清佛教文献中，明万历至崇祯间成书的《佛祖纲目》和清康熙年间成书的《宗统编年》，对于桂琛住地藏及传法给文益的时、地，都有

① （宋）赞宁等：《宋高僧传》卷十三，《大正藏》第50册，第786页下。

② （宋）道原：《景德传灯录》卷二十一，《大正藏》第51册，第371页上。

明确记载。《佛祖纲目》载：

（庚辰）桂琛禅师住地藏；（乙酉）桂琛禅师传法文益。[①]

《宗统编年》载：

（庚辰）年，禅师桂琛住地藏；（壬午）年，禅师文益造地藏阻雪悟道。[②]

两书所记桂琛入住地藏的时间是一致的，都是庚辰年，即梁贞明六年，公元920年。至于地藏在哪里？《宗统编年》的记载是与从展禅师住保福连类而下，其文曰：

己卯（梁贞明五年），禅师从展住保福。展嗣雪峰。漳州王刺史创保福禅院，请展居之。

庚辰（梁贞明六年），桂琛禅师住地藏。漳州牧王公，请住城西石山地藏。[③]

记载中漳州王刺史与漳州牧王公是同一人，他先创保福院，请从展禅师为住持，又创地藏院，请桂琛禅师为住持。从上述记载的行文语气可以判断，漳州牧王公所创的保福院与地藏院都在其管辖的漳州，而不可能是隔州越府的福州。对此，地方志的记载给予了有力的佐证。明正德年间成书的《大明漳州府志》卷三十四《外纪·龙溪县寺观考》载：

净众寺　在城西北隅。五代梁贞明二年，本州刺史王延钰创保福禅院，为祝圣道场。[④]

① （明）朱时恩：《佛祖纲目》卷三十四，《卍续藏》第85册，第675、679页。

② （清）纪荫编：《宗统编年》卷十七，《卍续藏》第86册，第192页。

③ 同上书，第191页下、192页。

④ （明）陈洪谟修，周瑛纂：《大明漳州府志》卷三十四，张大伟、谢茹芃点校，陈正统审订，福建省地方志编纂委员会整理本，中华书局2012年版。

龙溪县是漳州的附郭县，龙溪县城与漳州府城是同一座城。有此方志的明确记载，漳州牧王公所创保福院就在漳州城西北隅，在《宗统编年》的记载中与保福院连类而下的地藏院也是在漳州城西，应可成为铁案，不是某些人用历史的特殊性之类的说辞可以推翻的。

还需要补充说明的是，《佛祖纲目》《宗统编年》虽然是明清文献，时代较晚，但其史料价值得到学者的肯定。《法眼文益禅师》的著者张云江论曰："《佛祖纲目》和《宗统编年》二书都有较强的辩证意识，如《佛祖纲目》辨别'马祖石头会下有二道悟'之事以及'永明长耳'传说之讹；《宗统编年》则有'阙文'、'阙疑'、'考定'、'别证'、'存考'等凡例。"① 凡此都说明二书持论审慎，注重史料鉴别，张云江引证二书的记载证成有关观点，是有道理的。换言之，《佛祖纲目》与《宗统编年》关于漳州牧王公所创地藏院在漳州城西、桂琛禅师是在漳州传法给文益禅师的记载，是可以信据的。

根据以上所述，文益禅师参桂琛之地藏院就在漳州，这一根本问题既已解决，我们可以进而回应王荣国提出的其他几个枝节问题。

第一个问题，王荣国提出："漳州牧王公建的寺院才二十多年，不应称为'古寺'"，所以"《禅林僧宝传》所述文益看到的老僧，是传说"。这段话的意思，仍是说《僧宝传》所记不实，不应作为信史看待。其实这个问题很好解决，即漳州牧王公所创的地藏院，并不一定完全是新建。他可能利用某一所旧建筑加以改造，成为地藏院。这样的旧建筑经过二十多年后，显出破败的面貌，而被看作"古寺"，是完全可能的。

第二个问题，王荣国说，桂琛临终前复届闽城旧止（有的文献记为"旧址"），这"旧止"就是闽城石山地藏院。我们说，毫无根据地把桂琛的"闽城旧止"断定为"闽城石山地藏院"，实在是太牵强了。只要稍微了解桂琛在福州的行止，就知道桂琛入闽之后，"诣雪峰、玄沙两会，参讯勤恪，良以嗣缘有在，得旨于宗一大师"②。当时桂琛在福州名声甚著，与慧球齐名，号"二大士"。玄沙很看重他，"每因诱迪学者流，出著三

① 张云江：《法眼文益禅师》第二章第三节，厦门大学出版社2010年版，第67页。

② （宋）释赞宁：《宋高僧传》卷十三《后唐漳州罗汉院桂琛》，上海古籍出版社《高僧传合集》本1991年版，第460页。

昧，皆命师为助发"[①]。桂琛对于自己得法之地，显名为师当助教之地，当然是非常重视、时常记挂在心的。晚岁复届此旧止，抚今追昔，感慨系之，自在情理之中。所以其晚岁重临之旧止，可以是当年其参讯之地，得法之地，为师助发之地，而不能凭空臆断其为子虚乌有的"闽城石山地藏院"。

第三个问题，王荣国说，他在福州进行田野调查，"很快在离怡山不及1000米处找到石山"，"可以想见"这就是当年漳州牧建石山地藏院的那座石山。这个问题，简直就是一个笑话！看见一座石山，没有任何文物或文献证明，就凭空"想见"它就是"当年漳州牧建石山地藏院的那座石山"，世上有这么简单的田野调查或考古发现吗？要是这么简单的话，漳州城西的蝴蝶山也是一座石山，登山一望，也可望见壮阔的九龙江滔滔西去，那我们岂不是也可以轻易地声称这就是"当年漳州牧建石山地藏院的那座石山"？

再者，如果当年文益禅师结伴要到湖外，离开原住的怡山长庆院还不到1000米就遇到大雨，溪流暴涨，无法成行，那么退回长庆院，等天气好转再走不就完事了吗？何必寻寻觅觅寄寓在一座陌生的寺院？试想，如果这座"离怡山不及1000米"的石山果真是桂琛禅师住持的地藏院所在地，那它与怡山长庆院近在咫尺，桂琛又是在禅林声誉甚远、与慧球齐名有二大士之称的著名禅师，已在福州参学十几年的文益又怎能既不认识这一寺院，又不认识这一老僧？

总之，《僧宝传》的史料价值不容轻易否定，《佛祖纲目》与《宗统编年》的明确记载不容忽视，漳州牧王公就在本地建罗汉院与地藏院的方志记载应引起充分重视，王荣国提出的质疑或新"证据"不能成立，文益禅师在漳州参桂琛得法的历史公案无法推翻。

---

① （宋）释道原：《景德传灯录》卷二十一《漳州罗汉院桂琛禅师》，《大正藏》第51册，第371页上。

试论法眼宗思想和方法的当代价值

——以文益禅师为中心

董群

（东南大学人文学院教授，金陵图书馆馆长）

法眼宗因创始人清凉文益禅师（885—958）圆寂之后受“大法眼禅师”之谥号而得名，对于此宗思想，特别是法眼文益思想的研究，在学术界已有了一些成果，包括在禅宗类通史中的论述和一些专文、专著的论述。本文要阐述的，是如何看待法眼宗的思想和宗风的当代价值，如何认识其普遍性的方法论意义，笔者认为，法眼宗特别是文益的思想或宗风，能够启发人们的创新思维、批判意识和合理的实践方式，这些启发从法眼宗综合创新的特点而来，从文益禅师对于宗门弊端的批判而来，从法眼宗的宗风而来，因此，了解法眼宗的这些内容，可以进一步挖掘其时代性的社会价值，这也是其作为思想资源的重要价值体现之一。

一　融会四家禅宗及教家体现的综合创新的价值

在六祖慧能门下“一花开五叶”的五家禅法之中，法眼宗开宗最晚，同时，在整个唐代，教下诸宗已经充分展开，到了文益的时代，甚至有的宗派已经淡出，比如三论宗和唯识宗，但即使如此，其思想方法的影响仍然存在。在这样的背景下，文益禅师的佛学或禅学思想，以及教学风格，特别注意吸收禅门诸宗的优长于一身，体现出禅内的融合，同时，融合教下相关宗派，形成禅教合一的特色，由此，构成其综合创新的融合性特色。

一方面是综合禅内诸家而创新。禅内的融合，唐代的圭峰宗密早就强

调过，他反对“顿渐门下相见如仇雠，南北宗中相敌如楚汉”[①]，以及“南能、北秀，水火之嫌；荷泽、洪州，参商之隙”[②] 的宗内对立状况，因而提出了禅三宗（息妄修心宗、泯绝无寄宗、直显心性宗）的融合，这种融合的精神，在清凉文益禅师身上得到了体现。当然，文益所融合的禅内诸宗，和宗密时代有所不同，文益融合的，主要是禅内先已成立的四宗，沩仰、曹洞、临济和云门，这四家各有特色，宗风不同，概要而言，“临济痛快，沩仰谨严，曹洞细密，……而云门高古”。吸收了这些特色的文益禅师的宗风，则是“法眼详明”，详备而明了、明晰。[③]

比如，曹洞宗的宗风，以细密、绵密著称，“曹洞宗者，家风细密，言行相应，随机利物，就语接人”[④]。文益禅师也采纳了这种风格，大慧宗杲禅师曾说：“法眼与修山主，丝来线去，绵绵密密，扶起地藏门风，可谓满目光生。”[⑤]“绵绵密密”就是曹洞宗风的体现，宗杲所评论的是文益和修山主的一段对话。法眼问修山主：毫厘有差，天地悬隔，师兄怎么理解？修山主说：毫厘有差，天地悬隔。文益禅师说：您这样理解怎么可以呢？修山主问：和尚您如何理解？文益说：毫厘有差，天地悬隔。修山主就向文益禅师行礼拜。这就是绵密。

另一方面是融合教下诸宗而创新。这种融合，圭峰宗密称为禅教融合，他也是最早提倡的。清凉文益也具体落实了这样的融合，特别是融入以《华严经》立宗的华严宗思想，从这个意义上可以说，文益的禅法，也有“华严禅”的特色。文益曾经做过一首《华严六相颂》，体现出他对华严宗总、别、同、异、成、坏六相圆融观的禅解，“华严六相义，同中还有异，异若异于同，全非诸佛意。诸佛意总别，何曾有同异？男子身中入定时，女子身中不留意。不留意，绝名字，万象明明无理事”[⑥]。道潜禅师来参请文益时，文益得知道潜平时还看《华严经》，就特别以华严六

① （唐）宗密：《禅源诸诠集都序》，《大正藏》第48册，第397页中。

② 同上书，第401页中。

③ 《天如惟则禅师语录》，《续藏经》第70册，第833页下。

④ 《人天眼目》卷三，《大正藏》第48册，第320页下。

⑤ 《大慧禅师语录》卷六，《大正藏》第47册，第835页上。

⑥ 《文益禅师语录》，《大正藏》第47册，第591页上。

相义来提问："总别、同异、成坏六相，是何门摄属？"[①] 又问：空还具有六相吗？这样的设问，说明文益对于华严经教非常精通，说明禅家也是关注经教的。在《宗门十规论》中，他批评理事相违，体现了其理事不相违或"理事不二，贵在圆融"的思想。从某种意义上讲，地藏桂琛专门指示文益的"一切现成"，也是可以从华严的理事圆融角度来理解的。这说明，文益的禅法在源头上具有华严禅的特色。

这种圆融的特色，从创新学的角度看，可以概括为综合创新，结合诸家优长而创新。综合创新有什么特点呢？综合创新的基本特色是将不同对象中的优点有机地综合在一起，博采众长地形成一个新的整体，但又不是简单的机械性组合或拼接。新的综合体必须是一个独立完整的、功能独特的有机和谐的存在体，在这个新的综合体中，每一种被综合起来的元素，和这个元素原来的状况相比，也都有所变化或改进，而不是纯粹的照搬。[②] 法眼宗正具有这样的综合创新的特点，这种创新模式，在当代仍然是非常重要的，法眼宗虽然是五家禅门中最后产生的，但由于采用这样的创新，使其有了如同今人所谓的"后发优势"，可以总结已经形成的宗派的优长和不足，从而结合自身的情形，博采众长，后来居上。如今，一些经济上的后发展地区，同样可以采取这样的创新方式，结合自身的特点，形成自己的内在优势，而不是简单的模仿。

二 《宗门十规论》体现的批判精神的价值

法眼宗创始人清凉文益禅师在禅门中的重要地位还在于他撰写了一篇对禅门弊端进行深刻批判的作品——《宗门十规论》，其中所涉及的问题，就佛教界而言，在今天仍然值得思考，有些问题也许今天也存在。

《宗门十规论》的写作缘由，万松行秀在其《从容录》中曾经有过描述："昭首座党护门风，不通议论，横生讥剥。法眼当时深愍此辈不通方者，作《十规论》诫之，学者不可不览。"[③] 原来，文益禅师参长庆慧棱

---

① 《文益禅师语录》，《大正藏》第 47 册，第 591 页中。

② 参见董群《禅与创新》，东大图书公司 2007 年版。

③ 《从容录》卷四，《大正藏》第 48 册，第 267 页上。

禅师，但并没有开悟，于是和几位同参离开，准备继续参学，途中遇到大雨（一说雪）受阻，于是到地藏院，受桂琛禅师接引而悟，后来先后到抚州和金陵弘法。长庆会下有一位子昭首座，对于文益禅师自称是地藏的法嗣很不满意，指责文益本来是长庆慧棱的参学弟子，却自称嗣法地藏桂琛，有批评其于师不忠之意。他专门率众到抚州崇寿寺文益门下指责此事，文益得知，率众出迎，特意加以礼待，宾主会上，各挂一支拂尘（拂子），吃完茶之后，子昭首座忽然脸色一变，大声指责文益：你在此开堂，嗣法何人？文益答：地藏。子昭问：你为什么要这样对待长庆先师？我和你同在长庆会下，与你一起商量古今，我们之间并没有任何间隔，你为什么要嗣地藏之门？文益回答说：我当时因为不能领会长庆禅师的一转语，即对长庆禅师的一段接引性的转变话锋的问话没有理解。子昭就说：那你现在为何不问我？文益说：长庆问我，万象之中独露身，你认为这是什么意思？子昭就竖起拂子。文益呵斥道：首座，你这个还是当年学来的，你自己还有一点别的新意没有？子昭回答不出。文益禅师进一步问：那么这个"万象之中独露身"，是否定了万象呢，还是不否定万象？子昭说：不否定。文益说：两个呢？和子昭一同来的僧众马上连声说道：否定万象。文益说：万象之中独露身啊！子昭和僧众们惭愧而退。文益禅师喝住他们，对子昭说：首座，杀父杀母，还有忏悔的机会，谤大般若，确实难以忏悔。子昭竟然无言以对，从此，在文益门下参学，发明自己的见解，成为文益的法嗣。[①] 这个公案，在《从容录》中，称为"子昭承嗣"。

根据万松行秀的记载，正是因为这个机缘，文益禅师对子昭党护门风的做法加以反省，从更高更广泛的角度，全面思考禅门中的弊端，总结了十个方面，因而撰写了《宗门十规论》传世。"自己心地未明，妄为人师第一；党护门风，不通议论第二；举令提纲不知血脉第三；对答不观时节，兼无宗眼第四；理事相违，不分触净第五；不经淘汰，臆断古今言句第六；记持露布临时不解妙用第七；不通教典，乱有引证第八；不关声律，不达理道，好作歌颂第九；护己之短，好争胜负第十。"[②] 文益自己

① 《文益禅师语录》，《大正藏》第47册，第594页上。

② 《宗门十规论》，《续藏经》第63册，第38页下。

也曾说，写此《十规论》，意在“宗门指病，……以救一时之弊”[①]。明初恕中无愠（1309—1386）禅师在《题重刊十规论后》中也谈道：“斯论之作，盖欲药当时宗唱暗郁之病，亦不得已而为之尔。……读斯论者，果能察己病，体禅师之心，而肯服其良药，不亦善乎！”[②] 这种思考，反映了文益对于宗门的责任感和担当意识，当然，也体现了作为思想家的批判性。

从另一个层面讲，这种批判精神，既具有永恒的价值，又有其现实意义。批判是创新的一个前提，有了批判，才知道存在的问题，才知道如何着手改进、发展。事业要进步和发展，必须要有这样的批判意识和勇气，直面现实，敢于把问题揭示出来，这为解决问题提供了重要的基础。

三 法眼宗风体现的方法论价值

禅家宗师门下，每一家都有其宗风，特别是五家七宗，更是以宗风著名，在禅僧的参学过程中，也常常会问禅师：如何是和尚家风？或者：师唱谁家曲，宗风嗣阿谁？

法眼宗的宗风，后人有所概括，一种概括是：“法眼宗者，箭锋相拄，句意合机。始则行行如也，终则激发，渐服人心，削除情解，调机顺物，斥滞磨昏。种种机缘，不尽详举，观其大概，法眼家风：对病施药，相身裁缝，随其器量，扫除情解。要见法眼么？人情尽处难留迹，家破从教四壁空。”[③] 另一种概括是：“法眼家风，则闻声悟道，见色明心，句里藏锋，言中有响，三界惟心为宗，拂子明之。”[④]

这两种概括，其实更为核心的是“对病施药，相身裁缝，随其器量，扫除情解”，这种宗风，就是因材施教，或当根对机，根据具体的对象，施设针对性的教学方法。禅宗的教学思想认为，人有根器的不同，也有不同形式的执着类型。从根器上区分，有上根、中根、下根；从执着的形式看，有我执重者，有法执重者，也有我法二执兼有者，对于这些不同的情

---

① 《宗门十规论自叙》，《续藏经》第 63 册，第 36 页下。

② 《恕中无愠禅师语录》卷六，《续藏经》第 71 册，第 443 页下。

③ 《人天眼目》，《大正藏》第 48 册，第 325 页上。

④ 《五家宗旨纂要》卷下，《续藏经》第 65 册，第 281 页下。

形，禅师们的教学，常常是讲究应病与药的。文益强调对答要观时节，也是一种对机。

以四祖道信为例，他区分四种根性：有行有解有证，是上上之人；无行有解有证，是中上之人；有行有解无证，是中下之人；有行无解无证，是下下之人。

对于上根学人，他认为，只需任运而修：

> 亦不念佛，亦不捉心，亦不看心，亦不计念，亦不思惟，亦不观行，亦不散乱，直任运，亦不令去，亦不令住，独一清净，究竟处，心自明净。①

对于下根众生，他强调的修行方式，则是行看心之法：

> 或可谛看，心即得明净，或可一年，心更明净，或可三五年，心更明净。②

这个例子也许离文益有些远。临济义玄禅师的四照用，也是这种应病与药的范例。四照用是根据不同情形分别使用“照”“用”的方法。先照后用，先用后照，照用同时，照用不同时。“照”表示否定事法，对法执者，先破其法执，称“先照后用有人在”。“用”表示否定人我，对我执者，先破其我执，称“先用后照有法在”。人我兼执者，两者同时用，为照用同时，称“驱耕夫之牛，夺饥人之食，敲骨取髓，痛下针锥”。耕牛对于耕田人来讲意味着什么？饭食对于饥饿者来说意味着什么？而要夺其牛夺其食，比喻义玄去执着之手段的峻烈。人我都不执者，两者不用，照用不同时，不拘一格，是最高境界，称“有问有答，立主立宾，合水和泥，应机接物”。③

根据《人天眼目》的概括，文益禅师也突出地体现了这一风格，这

---

① （唐）净觉集：《楞伽师资记》，《大正藏》第85册，第1287页中。

② 同上。

③ （宋）智昭集：《人天眼目》卷一《义玄禅师语录》，《大正藏》第48册，第304页上。

也是对禅宗传统教学方法的继承。这种宗风在当代仍然有其积极的意义，既可以转化为当代的教学实践资源，同时也有方法论的指导意义，其中体现出来的，其实也是具体问题具体分析的工作方法，或者可以说，是从实际出发的工作作风，这不是教条主义的，也不是机械主义的，而是实事求是的。对病施药所讲的“病”是存在的问题，问题的性质不同，解决的方法就不同，不是一药治众病，而是一药治一病，甚至多药治一病。没有解决一切问题的某一种具体的方法，具体方法都有其具体的针对性和适用性。这就要求我们在工作中，去研究存在的具体问题是什么，再来思考如何“治疗”。相身裁缝的“身”，也就是指的特殊性。每一个行业、每一地区作为一种具体的“身”，都有其特殊性，如何为其裁缝合身的衣服呢？也是要对这个具体的“身”有深入的了解，这就需要深入的调查研究，在此基础上，再来制订具体的针对性的工作方案。以这种思路来谋求发展，可以称得上是符合“科学发展”原则的。

在《宗门十规论》中，文益主张理事不二，贵在圆融，他说：理事关系，具理具事，事依理立，理假事明，理事相资，还同目足。若有事而无理，则滞泥不通；若有理而无事，则汗漫无归。欲其不二，贵在圆融。这种理事圆融的精神，与华严的理事无碍论相关。作为方法论，其当代价值也是非常明显的，每一种原理、原则，并不是空洞的，而是要落实在具体的实践之中，体现在现象当中。理在事中，理就有了落实；同时，具体的事，也必须体现理的精神，才具有意义和价值，事能含理。在这个基础上，才可以做到事事无碍，社会和谐。

结语

当代中国非常重视优秀文化传统①的发掘和继承，各个地区也开始重视本土文化资源的挖掘，在对这类资源加以回顾、研究的时候，其中有一个方面也是可以关注的，这就是将其转化为在当代仍可以发挥作用的积极价值、意义或启发。在法眼宗的思想中，也可以做这一层工作。法眼宗的

① 根据已故庞朴教授的观点，传统文化和文化传统是两个不同的概念。前者是死的，后者是活的。

这种现代价值，本文提到的综合创新、批判意识、量体裁衣，只是佛教的现代价值的一部分，回到佛教文化之中，我们还可以汲取更多的思想资源。星云法师说：有佛法就有办法。这很有道理，体现了对于佛教文化积极价值的高度肯定。

隐元禅师与黄檗文化的当代价值

林观潮

（厦门大学哲学系副教授）

一　习主席赞扬隐元禅师的谈话

2015 年 5 月 23 日，国家主席习近平在北京人民大会堂出席中日友好交流大会并发表重要讲话。在讲话中习主席特别提到隐元禅师的功绩，说：“我在福建省工作时，就知道十七世纪中国名僧隐元大师东渡日本的故事。在日本期间，隐元大师不仅传播了佛学经义，还带去了先进文化和科学技术，对日本江户时期经济社会发展产生了重要影响。2009 年，我访问日本时，到访了北九州等地，直接体会到了两国人民割舍不断的文化渊源和历史联系。”[①]

从习主席的这番谈话中，我们可以体会到在新的时代形势下，党和政府对明代福建籍高僧隐元大师及其所代表的黄檗文化的重视。

二　隐元禅师的伟大功绩

隐元禅师是我国明朝晚期具有国际性影响的一位文化伟人。习主席对他的功绩的肯定，体现了他对中日友好关系的重视，反映了他作为国家领导人的睿智眼光和高度远见。

隐元禅师因其文化功绩，生前被日本皇室封为大光普照国师，逝世后又连续受到日本皇室追赠国师号三次，大师号两次，至今在日本民众中享

① 习近平：《在中日友好交流大会上的讲话》，人民日报客户端，2015 年 5 月 23 日。

单提榔栗上扶桑，惹得满头尽雪霜。两眼圆明净法界，半身独露愈风光。阐扬先圣拈花旨，点醒后昆大梦场。永挂松堂伴梅竹，从教地久与天长。辛亥孟春望日。八十翁隐元老僧自题。（隐元禅师顶相，喜多元规作于 1671 年，京都黄檗山万福禅寺藏。）

有崇高声誉。[①]

以大光普照国师号而闻名日本的隐元禅师，于明代万历二十年（1592）十一月四日出生于福建省福州府福清县万安乡灵得里东林村（今福清市上迳镇东林村）林家，排行第三，名曾昺，号子房。于万历四十八年（1620）二月十九日，在福清黄檗山万福禅寺礼鉴源兴寿（？—

① ［日］平久保章编：《新纂校订隐元全集》卷十一，据江户时代诸刊本而重辑影印，东京开明书院 1979 年版；林观潮：《隐元隆琦禅师》，厦门大学出版社 2010 年版；林观潮：《临济宗黄檗派与日本黄檗宗》，中国财富出版社 2013 年版。

1625）禅师出家，法号隐元，法名（内字）隆琦。崇祯七年（1634）一月，在黄檗山嗣法于临济宗高僧费隐通容（1593—1661），成为临济宗的第三十二代传人。

明朝崇祯十年（1637）十月，隐元禅师住持福清黄檗山万福禅寺。从那以后，倾注精力复兴福清黄檗山。从崇祯十年（1637）十月，到十七年（1644）三月的初次住持，再从南明隆武二年（1646）正月，到永历八年（1654）五月的第二次住持，前后十七年，隐元禅师以不懈的努力重兴福清黄檗山，终于把它建设成为东南地区的一大禅林。在这里，隐元禅师结成了黄檗山教团，形成了以继承他的法脉的禅僧为中坚力量的临济宗黄檗派。这个黄檗山教团与临济宗黄檗派，随着隐元禅师的东渡，也传入了日本，开花结果，形成了日本黄檗宗。

因为长崎唐人的多次恳请，南明永历八年（1654 年，日本承应三年）五月十日，隐元率领僧俗徒众三十多人，离开黄檗山，南下泉州府同安县中左所（厦门），准备东渡。六月二十一日于中左所乘坐郑成功海商集团的船只，起航东渡，七月五日到达长崎港，六日进住长崎唐人寺院东明山兴福禅寺。

日本明历元年（1655）五月，于住持东明山兴福禅寺的同时，受请住持长崎圣寿山崇福禅寺，直至当年八月。日本明历元年九月，应请住持摄州慈云山普门福元禅寺（今大阪府高槻市富田町），直至宽文元年（1661）七月。

日本宽文元年五月八日，接受德川幕府支持，隐元在京都府宇治郡太和山开辟新寺，命名黄檗山万福禅寺，以示不忘福清黄檗山万福禅寺祖庭根源。当年八月二十九日，隐元进住京都黄檗山。京都黄檗山的开创，标志着隐元开出的临济宗黄檗派在日本落地生根，日本禅宗新兴宗派黄檗宗因此成立。

严守戒律、充满新鲜活力的黄檗宗给日本佛教吹入了新风，在德川幕府的支持下，得到巨大的发展。从创立到延享二年（1745）的不足百年期间，在总本山京都万福禅寺以外，黄檗宗在日本各地的寺院发展到了 1043 个。①

---

① ［日］大鹏正鲲：《济家黄檗山万福禅寺派下寺院牒》，京都黄檗山存。黄檗宗海福寺藏本，卷末题记“延享二乙丑年十二月万福禅寺现住大鹏”。延享二年，1745 年。

与之同时，隐元禅师的十位法子以及法孙高泉性潡，各为开祖，创立了黄檗宗派下的十一个流派，传承至今。①

宽文十三年（1673）四月三日，隐元在京都黄檗山安详示寂，享年82岁。时当国内清代康熙十二年。综其一生，隐元住持中日两国七所道场，开堂说法近30年，传授三坛大戒16次，培养法嗣23位，法孙50多名，其禅风在中日两国佛教中具有深广的影响。

隐元示寂前一日，日本后水尾法皇（1596—1860）赠予封号大光普照国师。此后，在每隔五十年的隐元远忌之时，日本皇室都追谥隐元，并成为惯例。1722年，灵元上皇赐号佛慈广鉴国师。1772年，后樱町上皇赐号径山首出国师。1822年，光格上皇赐号觉性圆明国师。1917年，大正天皇赐号真空大师。最近一次为1972年，昭和天皇赐号华光大师。这样持续的封号追赠在日本僧人中并不多见，而在其他渡日僧人中更是别无他例。

同样以中国禅宗为源流，黄檗宗崛起于日本临济宗、曹洞宗之后，与之鼎足并立，深刻地影响了日本社会文化思想。随着隐元禅师创立的黄檗宗的发展，大陆传来的思想与文化超越了佛教的层面，影响波及江户时代（1603—1868）社会生活的各个方面，形成了一个综合性的文化形态，被学术界称为黄檗文化现象。②

在佛教内部，作为黄檗文化内核的黄檗宗，从禅风思想、戒律清规、法事仪轨、教团组织、丛林制度等方面给日本佛教界带来深刻影响。在佛教以外，黄檗文化在思想、文学、语言，在建筑、雕塑、印刷、音乐，在医学、茶道、饮食，在绘画、书法、篆刻等方面，表现出明清文化融入江户文化，并创造出新文化的特征。其影响持续久远，直至今日。

根据日本黄檗宗僧人山本悦心《黄檗东渡僧宝传》记载，如果以真圆觉（1579—1648）在1620年（明代泰昌元年，日本元和六年）的长崎

---

① 《黄檗宗鉴录》，江户时代原本，元禄五年（1692）高泉序。大正六年（1917）3月再版。京都黄檗山万福禅寺存。

② 《黄檗文化人名辞典·序》："今日，その影響は優れた文化遺産として，また文化的伝統として種種の分野に遺されており，わが国近世の文化を語るとき，黄檗禅や黄檗文化を抜きにして論ずることは不可能となっている。"［日］大槻干郎、加藤正俊、林雪光编著：《黄檗文化人名辞典》，京都思文阁1988年版。

登岸为上限，以竺庵净印（1696—1756）在 1723 年（清代雍正元年，日本享保八年）七月的长崎登岸为下限，我国明清僧人东渡日本持续 100 多年，仅见诸记录的就有 78 名。① 而在实际上，东渡人数当不止于此。

这些东渡僧人是佛法的弘扬者，也是华夏文化的弘扬者，他们的德行和业绩得到日本社会的广泛认可。除了隐元大师，他们中还有两位被日本皇室尊为国师，赐赠封号。

福清东阁村林氏出身的高泉性潡（1633—1695），于 1705 年（日本宝永二年），受到灵元上皇赐号大圆广慧国师，接着于 1727 年（日本享保十二年），灵元上皇再次赐号佛智常照国师。② 泉州晋江吴氏出身的木庵性瑫（1611—1684），于 1882 年（日本明治十四年），受明治天皇赐号慧明国师。③

以隐元大师为代表的我国明清文化对日本的输出影响这一事件，持续一百多年，参与人数除了百多位僧人之外，还有护持这些僧人的庞大的居士团体。这样壮观的文化洪流，这样深刻的交流互动，在历史上可谓罕见。

1992 年，在纪念隐元禅师诞辰四百周年时，京都大学教授柳田圣山先生（1922—2006）说道："近世日本的社会发展，不论从哪一方面看，如果离开黄檗文化的影响，都无从解释。"④ 并且，柳田先生还呼吁："因明治以后的急剧西欧化，而不断衰退的灵性亚洲，应该开始本质的反省了。我们必须站在这个高度，来认识隐元禅师诞辰四百周年这个时点的意义。"⑤

---

① ［日］山本悦心：《黄檗东渡僧宝传》，日本爱知县黄檗堂 1940 年版。

② ［日］高泉性潡：《大圆广慧国师广录》十五卷，日本享保十五年（1730）灵元天皇序，江户时代刊本，京都黄檗山万福禅寺文华殿存；高泉全集编纂委员会编集：《高泉全集》卷 4，京都黄檗山万福寺文华殿发行，2014 年版，第 1768 页。依据日本江户时代木刻语录刊本编集。

③ 平久保章编：《新纂校订木庵全集》八卷，京都思文阁 1992 年版，江户时代刊本语录影印版，第 3794 页。

④ 柳田圣山："近世日本的動きは，ど的一面を取ってみても，黄东文化的影響なしには解釈できない""近世日本仏教の改革——隐元"，《禅と日本文化》，东京讲谈社 1992 年版，第 186 页。

⑤ 柳田圣山："明治以後的急激な西欧化によって，與かく見逃されていた霊性アジア的，本質的な反省的時與して，隱元生誕四百年を位置づけてよい的でないか。"《隐元誕生四百年霊性アジアの本質的な反省の時》，《禅画报》第二十号，京都千真工艺株式会社 1992 年版，第 45 页。

柳田先生对于隐元禅师的高度评价，至今仍有启发意义。

1661 年隐元禅师创建京都黄檗山万福禅寺，成立黄檗宗以后，在德川幕府的大力支持下，黄檗宗以惊人的速度发展，派下寺院辐射于日本各地。到了延享二年（1745）的不足百年之内，黄檗宗除了总本山的京都黄檗山万福禅寺以外，在日本各地所属寺院达到了 1043 个。[①]

日本庆应三年（1867），曾经登记在册的黄檗宗僧侣总数为 4648 人。明治元年（1868）以后，黄檗宗在明治政府主导的排佛运动中受到重创，势力骤然缩小，末寺（派下寺院）数量逐步递减。到了大正十二年（1923），黄檗宗末寺仅剩下 483 个。所幸的是，作为一个宗派，黄檗宗在近代日本社会的急剧变化中还能够得以存续。根据统计，在 2000 年，登记在册的黄檗宗末寺还有 461 个。[②] 在 2003 年，日本全国登记在册的黄檗宗信徒还有约 35 万人。[③] 而按照保守估计，仍受黄檗文化影响的人群当在千万人以上。

京都黄檗山万福禅寺在开创以后的百多年间，由继承隐元法脉的东渡僧人担任住持。最后一位唐僧住持是第二十一代住持大成照汉（1709—1784）[④]，出身于福建省尤溪县林氏。长期的唐僧住持，使得京都黄檗山很好地保持了开创以来的明朝特色。

大成照汉之后，由于大陆佛教整体的衰落，僧人不再东渡，京都黄檗山万福禅寺才完全改由日本僧人担任住持，直至今日。2015 年 10 月 27 日，京都黄檗山举行第六十二代住持近藤博道和尚的升座仪式。近藤和尚在京都黄檗山修行三十多年，曾经多次参拜福清黄檗山祖庭。

三　福清黄檗山的建设发展

福清黄檗山是华夏文化中的一座名山，具有千年以上的深厚积淀，因

---

① ［日］大鹏正鲲：《济家黄檗山万福禅寺派下寺院牒》，日本延享二年（1745）写本，京都黄檗山文华殿存。

② 《黄檗宗寺院名簿》，日本黄檗宗宗务本部编 2000 年版。

③ 日本《宗教年鉴》（2003 年），日本文化厅编 2003 年 12 月版。

④ 大成照汉（1709—1784），福建省延平府尤溪县林氏，清康熙六十年（1721）东渡日本。山本悦心《黄檗东渡僧宝传》卷二之卷上“大成照汉禅师”，日本爱知县常滑市黄檗宗龙云寺黄檗堂文库 1940 年版。

京都黄檗山万福禅寺总门外景

此能够培育出隐元大师这样一位划时代的高僧。

唐代中期的8世纪，六祖慧能的弟子正干禅师（？—789—？）来到福清黄檗山创建寺院，使得佛教文化扎根于黄檗山。此后，黄檗山的佛教文化延续不断，它发展于宋元时期，鼎盛于明朝晚期的17世纪。①

明朝万历四十二年（1614），明神宗赐大藏经于黄檗山，并赐寺名万福禅寺。翌年，福清籍内阁首辅叶向高退居回乡，主导重建万福禅寺。崇祯十年（1637）十月，退居侍御林汝翥主导邀请隐元禅师住持黄檗山万福禅寺。名山得主，经过近二十年的辛苦建设，隐元禅师振兴了万福禅寺。

20世纪80年代以后，福清黄檗山建设得到党和政府的高度重视。尤其是在1990年至2002年间，在当时福建省与福州市党政领导关心支持下，福清黄檗山万福禅寺得到重建，寺院面貌焕然一新。

① （明）林伯春、释行玑、释行元等编修：崇祯《黄檗寺藏志》三卷，明崇祯十一年（1638）王志道序。原日本内阁文库藏本，番号：汉14872。（南明）隐元隆琦独往性幽编修：永历《黄檗山寺志》，八卷，南明永历六年（1652）隐元序。日本江户时代刊本，京都黄檗山万福禅寺文华殿存。（清）兰圃清馥等续修：道光《黄檗山志》，八卷，道光四年（1824）达光道暹序，民国十一年（1922）重刊本，京都黄檗山万福禅寺文华殿存。

值得注意的是，出家于福清黄檗山的唐代断际希运禅师（？—855）是在隐元禅师之前的，具有世界性影响的另一高僧。①

希运禅师出身福清林氏，在福清黄檗山出家，后来嗣法于福建长乐出身的百丈怀海禅师（720—814），在江西弘法，开辟了江西黄檗山（今宜丰县黄冈乡），有语录《黄檗断际禅师传心法要》《黄檗断际禅师宛陵录》传世，后人尊称其禅风为黄檗宗风。唐宣宗李忱（810—859）登基之前隐身民间时期，曾拜希运为师，深入禅学。因为这种师徒关系，希运禅师逝世之后，宣宗追赠谥号断际。

希运禅师的弟子义玄禅师（？—867）开创了临济宗，迄今成为最大的禅宗流派，也广泛传播于日本、朝鲜、越南等地。义玄的弘法道场是河北镇州临济院（今河北正定县临济寺），是世界临济宗的祖庭。1983 年，在当时正定县党政领导关心下，被国务院列为全国汉传佛教重点寺院。义玄禅师的临济禅学，是希运禅师的黄檗禅学的继承发扬。② 伴随着临济宗在后世的繁荣昌盛，作为临济义玄本师的希运也一直备受后人敬仰。而希运禅师出家的福清黄檗山万福禅寺，也于 1983 年被国务院列为全国汉传佛教重点寺院。

福清黄檗山，因它的影响而创立发展的江西黄檗山与日本京都黄檗山，每座山都有自己的传统与现实。沧海桑田，寒暑迭迁，在历史的长河中，每座山都有一部厚重的悲欢史，都具有国际性，都是一座文化的宝库。在未来社会中，这三座黄檗山应该可以在挖掘各自传统、发挥自身特色的同时，因应国际化、人间化的潮流，加强交流与合作，共同创造一个广阔的黄檗文化圈，以促进交流与和平，发展与和谐。

四　黄檗文化的内涵价值

发源于福建福清黄檗山的文化，可称为黄檗文化。它是在 8 世纪的唐代中期由正干禅师开山肇始的，具有世界性影响的综合性文化形态。

---

① （唐）断际希运著，慧律法师审定：《黄檗断际禅师传心法要·宛陵录》，高雄文殊讲堂 1996 年 10 月初版，2004 年 4 月再版。据日本后宇多天皇弘安六年癸未（1283 年，元世祖至元二十年）大休正念禅师后序本。《临济祖庭黄檗山》，江西省宜丰县佛教协会编 2001 年版。

② 刘泽亮：《黄檗禅哲学思想研究》，湖北人民出版社 1999 年版。

它扎根于华夏文明的深厚大地之中，以唐代断际希运禅师、明代隐元禅师为杰出代表，以佛教文化为内核，涵盖儒家文化与道家文化等丰富内容。

比如，黄檗文化除佛教文化外，还包括儒家文化，代表人物有北宋蔡襄（1012—1067），南宋林希逸（1193—1271），明代叶向高（1559—1627）、林汝翥（1569—1647）等①；以及道家文化，代表人物有明代石竹山道士陈博。

以上所说是广义的黄檗文化。而狭义的黄檗文化，则指的是如前文所述，因为隐元禅师东渡弘法，伴随临济宗黄檗派和黄檗宗的流传而在日本形成的文化现象。

在历史发展上，黄檗文化具有千年以上的悠久传承，至于今日。在空间分布上，黄檗文化主要传播于福建、江西、浙江、江苏、广东、台湾等中国东南地区，进而传播于日本、韩国、越南与新加坡等东南亚诸国，以及澳大利亚、欧美等国，具有迄今不衰的广泛影响。

黄檗文化的杰出人物，在历史上层出不穷，媲美先后，照耀古今。举其要者，有唐代正干禅师、断际希运禅师、鸿庥禅师、大安禅师、月轮禅师，宋代密庵咸杰禅师，元代荆岩禅师等，明代有中天正圆禅师、大休禅师、密云圆悟禅师、费隐通容禅师、隐元隆琦禅师、亘信行弥禅师、木庵性瑫禅师、即非如一禅师、慧门如沛禅师等，清代有虚白超愿、广超性宣、清斯明净禅师，民国有广钦照敬禅师。

其中，明代亘信行弥禅师（1603—1659）是临济宗南山寺派的始祖。他出身于泉州府同安县蔡氏。崇祯八年（1635）腊月八日，在福州府福清黄檗山万福禅寺嗣法于费隐通容。崇祯十七年（1644）三月，住持福清黄檗山万福禅寺。南明隆武二年（1646）至永历三年（1649）之间，应请住持漳州南山报劬禅寺（南山寺）。在闽南地区经过二十多年的弘法，培育众多优秀法子孙，以漳州南山报劬禅寺（南山寺）为根据地，亘信开出了闽南佛教中一个崭新的流派，可称之为临济宗南山派。临济宗南山派与亘信法兄隐元禅师开出的临济宗黄檗派媲美并立，

① （清）兰圃清馥等续修：道光《黄檗山志》卷六《外护》，道光四年（1824）达光道暹序，民国十一年（1922）重刊本，京都黄檗山万福禅寺文华殿存。

引导闽南佛教主流，更传播到东南亚等海外地区，法脉传承至今，影响深远。①

民国广钦禅师（1892—1986）出身于泉州惠安县黄氏。民国十六年（1927）出家于泉州承天寺，后来嗣法于临济宗黄檗派宏仁禅师，为隐元隆琦第十三代法孙。民国三十六年（1947）六月，由厦门渡海到台北。从此弘化台湾南北，先后建立台北市新店广明寺、广照寺，台北县土城镇日月洞、承天寺、广承岩，台中广龙寺，高雄妙通寺等道场，开创了台湾佛教中的承天寺派，被认为是百年罕见的一代宗师。1986 年示寂于台北县承天寺。②

可以这么认为，发源于福建的黄檗文化，在推动与日本民间的友好交流中，推动与朝鲜半岛及东南亚各国的民间友好交流中，具有历久弥新的重要价值。

五　黄檗文化在日本九州地区的影响

接下来，我们可以从考察黄檗宗寺院在日本各地的分布情况中，了解黄檗文化对日本各地，尤其是九州地区的影响。值得注意的是，我国福建沿海文化在通过海路直接东渡影响九州地区之外，还经由琉球群岛，再传播到九州地区。

由本州岛、四国、九州岛地区组成的古代日本，从 7 世纪后期开始，模仿我国隋唐，实施了律令制度。依据律令制度，日本在 7 世纪至 8 世纪逐渐确定了畿内、道、国（又称州）相结合的地方行政上的区域划分。天子所在地京都附近的畿内，呈放射状连接四方，分出七道，即山阴道、山阳道、南海道、西海道、北陆道、东山道、东海道。

---

① 林观潮：《明末以来闽南仏教の诸流派について》，京都《花园大学国际禅学研究所论丛》第四号（2009 年），京都花园大学国际禅学研究所 2009 年版。

② 《广钦老和尚开示录》卷首《正法眼藏诸祖源流》："南岳让—马祖一—百丈海—黄檗运—临济玄—兴化奖—南院颙—风穴沼—首山念—汾阳昭—石霜圆—杨岐会—白云端—五祖演—圆悟勤—虎丘隆—应庵华—密庵杰—破庵先—无准范—雪岩钦—高峰妙—中峰本—千岩长—万峰蔚—宝藏持—东明昱—海舟慈—宝峰瑄—天奇瑞—绝学聪—月心宝—禹门传—密云悟—费隐容—隐元琦—广超宣—良准标—无暇珏—乘泰祥—协和衷—坚意来—庆童贺—清戒修—绍原清—宁宗竹—悟静果—宏仁德—广钦敬。"福建莆田广化寺佛经流通处 1991 年版。

延享二年（1745），黄檗宗拥有寺院总计1043个。这是黄檗宗历史上记录寺院数目最多的一次。① 这些寺院分布较多的四个地区依次是畿内（235座）、东山道（172座）、东海道（165座）、西海道（164座）。

长崎兴福寺大雄宝殿

其中，西海道指九州地区，包括今天的福冈县、大分县、长崎县、佐贺县、熊本县、宫崎县、鹿儿岛县。九州地区是日本与中国大陆交流的窗口，最先接受大陆文化影响，数量众多的大陆先民移居此地，带来了先进文化，流传至今。

九州地区中的长崎是15世纪以后大陆移民的聚居地，隐元大师受到移民们的邀请，最初在此登陆并开始弘法，因此长崎也是黄檗文化在日本的发祥地。

我国从15世纪中期，即明宣德年间（1426—1435）开始，东南沿海商人的秘密海上贸易日益兴盛。他们以长江下游的江南地区和连接江浙闽粤的东南沿海为商品集散地，满载生丝、丝织品、棉织品、书籍等物品，驶向茫茫海洋，北到朝鲜半岛，东到日本、琉球列岛，南到南洋诸岛，西到安南（今越南北部）等地，在当地换取白银、陶瓷、海产或其他物品。沿海商人的贸易活动，使得江南地区在明朝政府的朝贡贸易体制之外，形

① ［日］大鹏正鲲：《济家黄檗山万福禅寺派下寺院牒》，日本延享二年（1745）写本，京都黄檗山文华殿存。竹贯元胜：《近世黄檗宗末寺帐集成》，东京雄山阁1990年版，第17页，“一、末寺帐に见る黄檗宗教团”；第27页，“表2　延享二年现在黄檗宗寺院国别所在数”。

成了一个特殊的贸易地带。以这个江南贸易地带为中心，一个充满活力的亚洲经济贸易圈构筑而成。在这样一个亚洲经济贸易圈内，以经济贸易交流为基础，江南的居民与外界展开了多彩多样的文化的、宗教的交流。这些交流虽然在清朝取代明朝的历史转换时期有所变化，但到了清朝仍然一直在持续。在这样一个交流的过程中，许多江南居民迁移进入贸易所在国，从而长住，安居乐业，世代绵延。

其中，江南居民大量移入日本长崎。而在长崎的江南居民中，又以福建人居多。这些移民们在异国互相帮助，相濡以沫，同时又根据各自的出身地结成团体，传承着各自的地域性文化传统。作为在宗教信仰上的突出表现，来自长江下游的移民于1623年在长崎建成兴福寺（俗称南京寺），来自福建南部泉州漳州二府的移民于1628年建成福济寺（俗称漳州寺），而来自福建福州府的移民则于1629年建成崇福寺（俗称福州寺），来自广东的移民于1677年建成圣福寺（俗称广州寺）。① 同时，移民们招请大陆出身地的僧侣东渡弘法。大陆僧人的东渡，一直持续到清朝雍正年间(1723—1735)，在悠久的中日佛教文化交流史上留下了绚烂篇章。对于移住长崎的大陆居民，日本社会称之为唐人。与唐人一词相应，渡日的大陆僧人被称为唐僧。

长崎的这四座唐人寺院，作为黄檗宗派下寺院保存至今。其中，兴福寺的伽蓝建筑物全部被列为日本国家重点文物而受到保护。现任住持松尾法道和尚满怀感激地提到，兴福寺的保存发展一直得到我国驻日本大使馆与长崎领事馆的支持。②

位于福冈县北九州市小仓北区的广寿山福聚禅寺是黄檗宗在九州地区的重要寺院。福聚禅寺于1664年9月，由隐元禅师的法子、福清林氏出身的即非如一禅师（1616—1671）创建，传承至今。③ 现任住持黑田文丰

---

① ［日］文斋信春：《长崎土产》第廿六页："唐寺は兴福寺（东明山と号して、元和九癸亥年建、开山唐僧真圆として、南京寺なり）、崇福寺（圣寿山と号して、宽永六己巳年建つ、开山唐僧超然として、福州寺なり）、福济寺（分紫山と号して、宽永五戊辰年建つ、开山唐僧觉悔として、漳州寺なり）之三个寺。"日本弘化四年（1847）版，日本爱知县黄檗堂文库存。

② 2015年9月11日于长崎兴福寺实地考察。

③ ［日］平久保章编：《新纂校订即非全集》四卷，京都思文阁1993年12月版，江户时代刊本语录影印版，第1502页。

和尚多次来到福清黄檗山万福禅寺、福州雪峰山崇圣禅寺参拜祖庭，并期待能够与大陆寺院有更多的交流。①

北九州市广寿山福聚禅寺外景示意图

这样看来，正如习主席所指出的那样，仅从黄檗文化在九州地区的传播状况，也可以感受到中日两国人民割舍不断的文化渊源和历史联系。

① 2015年7月28日于北九州市广寿山福聚禅寺实地考察。

略论法眼文益禅师的“机锋”

张云江

（华侨大学哲学与社会发展学院教授）

文益是禅门大宗师，其“机锋”多有为后世学者评唱者。如宋代圆悟克勤禅师《碧岩录》中收录文益机锋一则：“慧超问佛”；元代万松《从容庵录》收录文益机锋因缘五则：“法眼指帘”“法眼毫厘”“法眼舡陆”“子昭承嗣”“法眼质名”，另有“地藏亲切”与文益有关；清代《宗门拈古汇集》中收录文益“机锋”十一则以及历代禅师的评述若干。本文即结合历代禅宗宗师的评唱，论述一下文益禅师的机锋。

一　何谓“机锋”

所谓“机锋”，是中国禅宗的一种教学方法，是指禅师勘破学僧的修学水平，然后在当下一机一境上运用智慧方便引导其悟入实相。这种教学方法，是禅师自证真实本体之后自作种种差别境界，以使学僧“见得根本”。如两宋之际著名的禅门居士、佛眼清远禅师弟子冯檝，为佛眼禅师语录所写序言中所言：

> 历代祖师，只是当人，心外无法，心亦无心，一道灵光，随处出现，自然无法可取、无法可舍，不见一法为无、为有，为逆、为顺，不见一法为内、为外，为去、为来。能所两亡，千差独露，从前恶觉情见、妄想尘劳，当体化为微妙三昧，尘尘刹刹，情与无情，皆是自己真实本体之所建立。若到这里稳密田地，便可纵横变化，任运施为，于不二法中，现作无量差别境界，使人于千头百面处，见得根

本，毫发不移，便乃不为万境回换，独出独入，透脱自由。①

冯檝是内行，其禅悟水准是得到清远禅师认可的。以上所说，便可看出禅师施设"机锋"的实质，而且，禅师如果真的要用机锋，自身必须有极高的水平才行，亦即冯檝所说的"到这里稳密田地"，才能纵横变化，任运施为。此事非同小可。如清远禅师门下另有一位弟子，即世奇首座所言：

> 世奇首座者，成都人也，遍依师席，晚造龙门，一日，因请益次，大豁所疑，眼命分座，奇固辞曰：此非细事也，如金针刺眼，毫发若差，睛则破矣，愿生生居学地而自煅炼，眼尤尚之。②

世奇首座比喻禅师所施设的机锋等教学方法为"金针刺眼，毫发若差，睛则破矣"，可见禅师如果没有那种智慧，引导学人是很容易出问题的。

禅门一般认为，"机锋"为禅门独具特色之教学方法。如万历丁未岁云南楚雄知府徐琳重刻四家评唱序中云：

> 自夫佛祖拈花，迦叶微笑，机锋云变，宗旨渊停。盖教外别传，个中真谛，殆非人世语言可形容万一。然开发后学，说法利生，则此尤易于迎机入悟。③

"机锋"不过是为引导后学悟入真谛之一种方便而已。亦如北宋杨亿在写给法智法师的信中所言：

> 黄蘖痛杖于临际，至再三而自知；船子挥楫于夹山，一刹那而顿悟。倘全无扣激，遂泯于宗风。然少室机锋，为求于道契。④

---

① 《古尊宿语录》卷三十四，《续藏经》第 68 册，第 227 页。
② （宋）正受编：《嘉泰普灯录》卷十六，《续藏经》第 79 册，第 394 页。
③ 《万松老人评唱天童觉和尚颂古从容庵录》，《大正藏》第 48 册，第 226 页。
④ 《四明尊者教行录》卷五，《大正藏》第 46 册，第 901 页。

杨亿认为，如果没有“扣激”，那么禅宗教学之特色也就没有了；所以禅宗的“机锋”在于“为求于道契”。亦如大慧宗杲禅师云：

> 宗杲尽力主张，若法性不宽，波澜不阔，佛法知见不亡，生死命根不断，则不敢如此四楞着地、入泥入水为人。盖众生根器不同，故从上诸祖，各立门户施设，备众生机，随机摄化。故长沙岑大虫有言，我若一向举扬宗教，法堂前须草深一丈，倩人看院始得。既落在这行户里，被人唤作宗师，须备众生机说法。如击石火闪电光一着子，是这般根器，方承当得。根器不是处用之，则揠苗矣。[①]

从宗杲这一番说话中不难看出，宗师施设“机锋”，需要两个条件，其一是要真正的宗师才行，否则只是依样画葫芦，毫无用处；其二，要适合对方根机、根器才行，否则就等于拔苗助长。也就是说，“机锋”不过是禅门宗师根据所接引对象根机不同而随机摄化的一种门户施设而已。

《金刚经》中说，若见诸相非相，即见如来。文益却道：“若见诸相非相，即不见如来。”对此，宏智正觉禅师评价说：“世尊说如来禅，法眼说祖师禅，会得甚奇特，不会也相许。”[②]“如来禅”是如说修行，如理实见；“祖师禅”则是“纵域中杀活，握阃外威权”，不妨气概惊群，风标独立，卷舒收放，布置临时，而贵在当机者也。故禅宗祖师在接引学人时，往往在剑刃上显杀活，电光里分缁素，眼办手亲，箭锋相拄。文益《宗门十规论》曾总结宗门接人手段云：

> 其间有先唱后提，抑扬教法，顿挫机锋，祖令当施，生杀在手。或壁立千仞、水泄不通；或暂许放行、随波逐浪。如王按剑，贵得自由。作用在于临时，纵夺犹于管带，波腾岳立，电转风驰，大象王游，真狮子吼[③]。

---

① 《大慧普觉禅师语录》卷二十九，《大正藏》第47册，第937页。

② 《宏智禅师广录》卷三，《大正藏》第48册，第28页。

③ 文益：《宗门十规论》，《续藏经》第63册。

圆悟说，大凡扶竖宗教，须是有本分宗师眼目，有本分宗师作用。宗师眼目，是指禅师自己已经得大自在，逆行顺行，横拈倒用，皆无不可。如行秀禅师曾认为："释迦道东，法眼说西。古来有拈古、颂古、征古、代古、别古，谁知法眼更添憋古。"① 宗师"作用在于临时"，心中并无窠臼，然后能应机针对学人施以本分草料。

二 法眼文益禅师机锋之一："慧超问佛"

慧超咨和尚："如何是佛？"法眼云："汝是慧超。"

对此公案，克勤禅师的评述如下：

> 法眼禅师，有啐啄同时底机，具啐啄同时底用，方能如此答话，所谓超声越色，得大自在，纵夺临时，杀活在我，不妨奇特。然而此个公案，诸方商量者多，作情解会者不少，不知古人，凡垂示一言半句，如击石火，似闪电光，直下拨开一条正路，后人只管去言句上作解会……不惟辜负自己，亦乃深屈古人。若要见他全机，除非是一棒打不回头底汉，牙如剑树，口似血盆，向言外知归，方有少分相应。若一一作情解，尽大地是灭胡种族底汉，只如超禅客于此悟去，也是他寻常管带参究，所以一言之下，如桶底脱相似。②

母鸡抱卵，小鸡要出来，就在里面用嘴吮，这叫"啐"；母鸡同时在外面用嘴啮，这叫"啄"。禅宗用"啐啄"比喻师资机缘相投，机应相扣。克勤在此赞扬文益"有啐啄同时底机，具啐啄同时底用"，所以能如此回答慧超的问题，而使之当下悟去。

在这一则评唱中，克勤又将"丙丁童子来求火""曹源一滴水"两则公案合在一起评述，认为法眼家风是"一句下便见，当阳便透"。参学者如果想与之相应，需打办精神承担去，不可只在言句上作解会，如云门所说，"举不顾，即差互，拟思量，何劫悟？"雪窦重显禅师颂云："江国春

---

① 《请益录》卷一，《续藏经》第67册，第469页上。

② （宋）圆悟：《碧岩录》卷一，《大正藏》第48册，第147页上。

风吹不起，鹧鸪啼在深花里。三级浪高鱼化龙，痴人犹戽夜塘水。”如果不能丹霄独步，只向言下咬嚼，似戽夜塘之水求鱼相似，殊不知，鱼已化为龙也。

三 法眼文益禅师机锋之二:“法眼毫厘”

万松行秀《从容庵录》收录公案一百则。南宋天童宏智正觉禅师曾作偈颂一百首，万松行秀再做评述，其所收录“法眼毫厘”机锋公案如下：

> 法眼问修山主：“毫厘有差，天地悬隔，汝作么生会?”修云：“毫厘有差，天地悬隔。”眼云：“恁么又争得?”修云：“某甲只如此，和尚又如何?”眼云：“毫厘有差，天地悬隔。”修便礼拜。

“毫厘有差，天地悬隔”出自僧璨《信心铭》。文益以此问绍修，“作个敲门瓦子”，绍修却照方抓药，回他一个“毫厘有差，天地悬隔”。文益不许，行秀评论说，此所以为法眼一派之源也。行秀认为，这一公案应该分做两节看，到文益说“恁么又争得”是一节，看为什么文益不许；后半段是一节，看为什么文益仍旧回答他“毫厘有差，天地悬隔”。天童颂云：

> 秤头蝇坐便敧倾，万世权衡照不平。斤两锱铢见端的，终归输我定盘星。

对此，行秀评述云：

> 天童破题一句，便颂“毫厘有差，天地悬隔”。庐山远公云，“本端竟何从，起灭有无际。一微涉动境，状此颓山势”；三祖道个“嫌”字，先自憎爱了也，却道“但不憎爱，洞然明白”。诸人退步，就已仔细点检看。[①]

① （元）行秀：《从容庵录》卷二，《大正藏》第48册，第238页上。

行秀引用《楞严经》中“十方如来及大菩萨，于其自住三摩地中，见与见缘并所想相，如虚空花本无所有，此见及缘，元是菩提妙净明体，云何于中有是非是”一句，认为到这个地步，“不须嫌拣择、离憎爱，尚无毫厘之差，岂有云泥之隔”，恰如天童颂中所比喻的“权衡”一样，“定盘星上本无斤两”，“钩头加减计在临时”。而有心移平，不如无心而不平也，如果无心，不平亦平矣。

对此机缘，历代点评论述者甚多。兹列举一二：

> 径山杲云：法眼与修山主丝来线去，绵绵密密，扶起地藏门风，可谓满目光生。若是径山门下，更买草鞋行脚始得，何故？毫厘有差，天地悬隔，甚处得这消息来？
>
> 博山来云：法眼勾人在不疑之地，且道有多少法术？王言如丝，其出如纶。①

四　法眼文益禅师机锋之三：“法眼指帘”

法眼以手指帘，时有二僧，同去卷帘。眼云：“一得一失。”

万松认为，“法眼指帘”公案“极有为人作略”：

> 二僧卷帘，在当人分上，自有两条路子。法眼先与一印印定，更无移改，在法眼分上，明暗相参杀活机，大人境界普贤知。诸方皆以离得失忘是非为上，法眼走入是非海里、得失坑中作活计，盖无得失人，可以定天下之得失。②

是说文益能以无得失之心而定天下之得失，能入是非海中、得失坑中作活计，是真无得失者也。天童颂云：

> 松直棘曲，鹤长凫短。羲皇世人，俱忘治乱。其安也潜鳞在渊；

---

① （清）清符汇集：《宗门拈古汇集》卷三十九，《续藏经》第66册，第226页下。

② （元）行秀：《从容庵录》卷二，《大正藏》第48册，第244页下。

其逸也翔鸟脱绊。

无何祖祢西来，里许得失相半。蓬随风而转空，舡截流而到岸。个中灵利衲僧，看取清凉手段。①

“松直棘曲”出自《楞严经》：“如来发明世出世法，知其本因随所缘出，如是乃至恒沙界外一滴之雨，亦知头数，现前种种松直、棘曲、鹄白、乌玄，皆了元由。”“鹤长凫短”出自《庄子》：“长者不为有余，短者不为不足。是故凫胫虽短，续之则忧；鹤胫虽长，断之则悲。”禅家以此比喻本来如是的道理。如能自见自肯得，便如“羲皇世人”，治乱俱忘矣。“随风转空，截流到岸”二句则点出二僧得失来。

对此公案，历代也有不少评述者。兹列举两例如下：

黄龙清云：法眼镆铘在手，杀活临时。二僧齐去卷帘，且道那个得、那个失，还会么？世事但将公道断，人心难与月轮齐。

曹溪珠云：清凉老汉指尖头上大有神锋，二僧不善回避，未免丧身失命。若是个汉，当时待指帘，便好与掀倒禅床。②

五　法眼文益禅师机锋之四:“法眼舡陆”

眼问觉上座：“船来陆来?”觉曰：“船来。”眼曰：“船在什么处?”曰：“船在河里。”觉退，眼乃问旁僧曰：“你道适来者僧具眼不具眼?”

天童颂云：

水不洗水，金不博金。昧毛色而得马，靡丝弦而乐琴。结绳画卦有许事，丧尽真淳盘古心。③

一般认为，觉上座是个具眼衲僧，“恰似沙地里放个八脚鳌子，更无

① （宋）集成编：《宏智禅师广录》卷二，《大正藏》第48册，第21页上。

② （清）清符汇集：《宗门拈古汇集》卷三十九，《续藏经》第66册，第227页中。

③ （宋）集成编：《宏智禅师广录》卷二，《大正藏》第48册，第23页中。

些子不稳当处”。文益与觉上座之间的问答，真谛俗谛、世法佛法，却是恰好，倒不必非用些禅机或佛教词语才算合道，所以天童说“结绳画卦有许事，丧尽真淳盘古心”。有两个类似机缘可以参看：

湛堂准和尚初参真净。净问：“近离甚处？”准云：“大仰。”“夏在甚处？”准云：“大沩。”净云：“甚处人事？”准云：“兴元府。”净展两手云：“我手何似佛手？”准罔措。净云：“适来祇对，一一灵明天真，及乎道个佛手，便成窒碍，且道病在甚处？”准云：“某甲不会。”净云：“一切现成，更教唯会？”①

舒州海会齐举禅师，得法之后，尝到琅玡觉处。觉问：“上座近离甚么处？”举曰：“浙江。”觉曰：“舡来陆来？”举曰：“舡来。”觉曰：“舡在甚么处？”举曰：“河里。”觉曰：“不涉程途一句作么生道？”举曰：“杜撰长老，如麻似粟。”便下去。②

这三个公案极为类似。相比较而言，文益与觉上座之间的对话丝来线去，不露丝毫锋芒，若非见处精明，用处自在，何以能此？

六 法眼文益禅师机锋之五：“法眼质名”

僧问法眼：“承教有言，从无住本立一切法，如何是无住本？”眼云：“形兴未质，名起未名。”“从无住本立一切法”出自《维摩诘所说经》，文益所答出自《宝藏论》，传说是僧肇的作品：

空可空，非真空，色可色，非真色，真色无形，真空无名。无名名之父，无色色之母，为万物之根源，作天地之太祖。上施玄象，下列冥庭。元气含于大象，大象隐于无形。为识物之灵，灵中有神，神中有身。无为变化，各禀乎自然。微有事用，渐有形名。形兴未质，

① （宋）道谦编：《大慧宗杲禅师宗门武库》卷一，《大正藏》第47册，第943页中。

② （元）行秀：《从容庵录》卷三，《大正藏》第48册，第259页下。

名起未名，形名既兆，游气乱清。①

其中后四句多为禅家所引用。《宝藏论》中另有“天地之内，宇宙之间，中有一宝，秘在形山”一句为云门禅师引用后颇为著名；还有一句“习学谓之闻，绝学谓之邻，过此二者谓之真”一句曾为禾山禅师引用。对文益此一答语，天童颂云：

没踪迹，断消息，白云无根，清风何色？散乾盖而非心，持坤舆而有力，洞千古之渊源，造万像之模则。刹尘道会也处处普贤，楼阁门开也头头弥勒。②

“风作何色”是一个典故，西禅东平禅师问一位官员风作何色。在禅林中，此典故与“雨从何来”并列：刘禹锡曾拜访云居道膺禅师，问道：“雨从何来？”道膺回答：“从端公问处来。”天童此颂与文益所答一样，都是在说一切法皆以无住本而得立，所谓“往复无间而有源，动静不移而常寂”，此“无住本”无形无名，为真空、真色，虽然森罗万象，却是“形兴未质，名起未名”，此为“千古之渊源，万像之模则”。如傅大士《心王铭》中云：

观心空王，玄妙难测。无名无相，有大神力。能灭千灾，成就万德。体性虽空，能施法则。观之无形，呼之有声。为大法将，心戒传经。水中盐味，色里胶青。决定是有，不见其形。③

克勤禅师亦云：

若动若静，若出若处，殊胜中现殊胜，奇特中现奇特，更非外缘，全承渠德。所以道：天人群生，类皆承此恩力。若识此恩，动止

① （后秦）僧肇：《宝藏论》，《大正藏》第45册，第143页中。

② （宋）集成编：《宏智禅师广录》卷二，《大正藏》第48册，第25页上。

③ （唐）楼颖录：《善慧大士语录》卷四，《续藏经》第69册，第130页中。

作为，百千变现，悉不落虚。①

另有一个公案与“法眼质名”可以共同参究：

瑞岩问岩头：“如何是本常理？”头云：“动也。”岩云：“动时如何？”头云：“不见本常理。”岩伫思，头云：“肯即未脱根尘，不肯即永沈生死。”②

“法眼质名”这一则因缘语句中，文益可谓善答。后世博山元来禅师曾下一转语云：“形未兴，名未起，且道森罗万象从何处得来？这里放过即不可！”

历代禅师加以品评的法眼公案当然不止上述所罗列者。通过欣赏古人的品题，我们或能窥见法眼文益作为一代禅宗宗师接人的机锋，以及其中蕴含的深刻的般若智慧。

七　从法眼文益禅师机锋可见法眼宗之宗风

关于法眼宗的宗风，历代有不少评述。如庵元禅师说法眼宗风是箭锋相敌不相饶，建化何妨行鸟道，回途复妙显家风。《人天眼目》则如是评述：

清凉大法眼，旺化石头城。首明地藏指头，顿见玄沙祖祢。拨万象不拨万象，言前独露全身，有丝头不有丝头，句里已彰自己。心空法了，情尽见除，应尘毛了了然，统刹海皎皎地。骷髅常干世界，鼻孔摩触家风。重重华藏交参，一一网珠圆莹。以至风柯月渚，显露真心；烟霭云林，宣明妙法。对扬有准，唯证乃知。亘古今而现成，即圣凡而一致。声传海外，道满寰中，历然验在目前，宛尔石城犹在。

① （宋）绍隆等编：《圆悟佛果禅师语录》卷五，《大正藏》第47册，第733页下。

② （宋）集成编：《宏智禅师广录》卷二，《大正藏》第48册，第25页上。

此法眼宗风也。[1]

清代超溟所著《万法归心录》则认为：

> 法眼家风，对症施药，垂机迅利，扫除情解。六相义门，会归性地，万象之中，全身独路（露）。三界唯心，万法唯识。直超异见，圆融真际。要见法眼么？人情尽处难留迹，家破从教四壁空。[2]

《人天眼目》所引用的是南宋山堂德淳禅师的评语，他是临济儿孙。德淳认为，法眼宗风“亘古今而现成，即圣凡而一致”，眼前景物如“风柯月渚”，“烟霭云林”，莫不是在显露真心，如此对扬有准，便能当下证入。超溟则是清康熙年间的临济宗禅师，他概括法眼家风是“对症施药，垂机迅利，扫除情解”，其施设门庭如“华严六相义”，“三界唯心，万法唯识”等，可以直超异见，圆融真际。可以说，这都是法眼宗与禅宗其他四家宗派有所不同的地方。

---

① （宋）智昭集：《人天眼目》卷四，《大藏经》第48册，第325页上。

② （清）超溟：《万法归心录》卷三，《续藏经》第65册，第420页上。

中华禅的传承与中国传统文化的复兴

释本性
（福建省佛教协会副会长兼秘书长、
福建开元佛教文化研究所所长）

本人很荣幸应邀来到这片红色的土地。这里，不仅有永放光芒的古田会议会址，还有传承千载的禅宗祖庭，令我向往。

禅宗，是佛教的特质。法眼宗是禅宗的五大分支之一，是中华禅的重要组成部分。

龙岩地区的法眼宗，不仅传承有序，而且，尚存数座重点寺院作为载体支撑，如天宫山等。因此，弘扬法眼的创新精神、批判精神、实践精神、融通精神、济世精神以及以人为本精神等，对中华禅的传承与中国传统文化的复兴意义不小。

下面，我着重就中华禅的传承与中国传统文化的复兴这一主题，谈些浅见：

我的观点之一：

禅文化是中国传统文化的重要组成部分。

中国传统文化，其最核心构成，无非是儒、释、道。三者中，犹以释家的文化体系最为丰富与庞大。从历史或今天来看，其发展势头、思想深度、载体之多、影响之广，非儒与道可以比拟。

而佛教体系中，以禅宗最具活力，其义理与方法兼具，理论与实践皆优；名山皆僧尼，天下尽禅寺。以此类推，可见禅文化在中国传统文化中所占比例之大。

我的观点之二：

禅文化是中国传统文化复兴的重要载体。

近代以来，中国学西方文化，去中华文化，以致中华文化的传承出现割裂与断层。可是，所学的西方文化，并不适宜中国人，水土不服。今天，许多中国人坠入迷思，甚至价值失范，归属感缺乏，就是崇西贱中的结果！

习主席于2014年中央政治局集体学习时强调，培育和弘扬社会主义核心价值观，必须立足中华传统优秀文化。牢固的核心价值观，都有其固有的根本。抛弃传统，丢弃根本，就等于割断了自己的精神命脉。

习主席在巴黎联合国教科文组织总部讲话时更称，佛教传入中国后，同中国儒家、道家文化融合发展，最终形成具有中国特色的佛教文化，给中国人的宗教信仰、哲学观点、文学艺术、礼仪习俗等留下深刻影响。

可见，抽离佛教，尤其禅文化，包括千千万万的禅寺与禅僧，那么，中国传统文化的复兴载体，便显单薄！

我的观点之三：

禅文化与当代社会主流价值观可以相融相通。

第四届世界佛教论坛在无锡召开，主题是“同愿同行，交流互鉴”。全国政协主席俞正声给论坛发去贺电，其中说，在人类历史上，佛教为不同文明之间交流互融、互学互鉴，树立了成功典范，为增进各国人民友谊，构建了重要的桥梁纽带。中央统战部部长孙春兰于论坛开幕式上致辞说，宗教的生命力在于与社会发展同愿同行，宗教的影响力在于与各种文化的交流互鉴，宗教的感召力在于宗教界人士的积极引领作用。

于此可见，佛教文化是始终与社会发展同步而行的。佛教文化的核心精神，如慈悲、智慧、忍让、包容、自省、忏悔、中道、圆融、和合、共生等，对弘扬时代精神，辅助社会主义核心价值观的建设，具有积极意义。以禅作为媒介，其更是“一带一路”倡议中，人员往来、民心沟通以及文化交流、互学互鉴的有效途径与方法。

我的观点之四：

传承中华禅要秉承两个基本原则：一要把握中华禅在历史传承中的中国化精神，二要重视中华禅在海外传播中的本土化精神。

第一，印度佛教入华后，其理论、戒律、组织、制度乃至服装与饮食等皆形成了中国特色。习主席就说：中国人根据中华文化发展了佛教思想，形成了独特的佛教理论。而且，使之从中国传播到了日本、韩国、东南亚等地。

在2015年5月召开的中央统战工作会议上，习主席更是明确指出：积极引导宗教与社会主义社会相适应，必须坚持中国化方向。他还说：要引导宗教努力为促进经济发展、社会和谐、文化繁荣、民族团结与祖国统一服务。

中国佛教能传承不绝，中国化是其重要原因。

第二，印度佛教进入中国，成就中国化佛教。如把中国佛教推向世界，必成以中国佛教为主体的世界佛教。英国著名历史学家汤恩比说：19世纪是英国人的世纪，20世纪是美国人的世纪，而21世纪，是中国人的世纪。中国文化尤其儒家思想与大乘佛教将共同引领人类走出迷误与苦难。

本土化策略是中华禅在海外扎根的决定要素。为此，禅文化在海外传播的本土化体系之构建，也成为中国传统文化能够成功走出去并扎根发展的重要基础。

而法眼宗，是中华禅体系中重要的一环。为此，当我们谈传承中华禅与复兴中华传统文化时，我们不能忽略了法眼宗，也不应忽略了龙岩这片红色土地上的佛教法眼宗的传承与中兴。

最后，我想说的是：法有法眼，人有人魂，人生难得，人生苦短。每个人能够来到这个世界，都有我们特有的使命与方向，否则，我们只是行尸走肉。人的伟大或渺小，就看是否拥有这神圣与光明的使命与方向。尽管，这种使命与方向各不相同。愿我们大家，为了各自的使命与方向，加油！

从《宗门十规论》到《宗镜录》引发的思考

——讲于“法眼宗思想传承与当代文化建设”学术研讨会

释济群

（菩提书院院长、闽南佛学院研究生导师）

龙岩政府举办这个研讨会特别有意义。当今的中国社会，虽然物质高度发达，但要真正实现“中国梦”，离不开精神文明建设。而这种建设的源泉，就来自对传统文化，即儒释道的传承。尤其是佛教，自古以来就被称为“心学”，既有对心性的透彻解读，也包含针对各种根机施设的调心之道。举办这样的研讨会，在传承中国传统文化的同时，能有效促进国人的心灵建设、素质建设、人格建设和道德建设。

太虚大师曾经说过，中国佛教的特质在禅。在汉传佛教八大宗派中，禅宗就像一颗璀璨的明珠，熠熠生辉。不仅如此，它的兴衰还关系到整个汉传佛教的走势。从某种意义上说，它影响甚至导致了佛教在中国的衰落。为什么这样说？

禅宗最大的特点，就是在修行上直指人心，用最直接的手段，帮助我们认识众生本具的觉悟本性。禅宗在唐末开枝散叶，其时，也是中国本土文化的巅峰时期，学人普遍素质较高。在这样的特殊背景下，宗门大德辈出，走向鼎盛。一时间，“不立文字，教外别传”之风遍行天下。在某种程度上，导致了对教理学习的忽视，甚至是轻视。

宋元以降，随着佛教义理的式微，学人的整体素质也日益衰落。当缺乏堪为法器的上根利智者时，这种“一超直入如来地”的殊胜法门，就逐渐成为空中楼阁，看似美妙，却难以落地。

《十规论》指出流弊

法眼宗是禅门五家最后出现的宗派。其时，禅宗不重教理和次第的流弊已然开始显现，所以法眼文益禅师特别撰写了《宗门十规论》，指出当时禅宗的种种流弊，分别是："自己心地未明妄为人师第一，党护门风不通议论第二，举令提纲不知血脉第三，对答不观时节兼无宗眼第四，理事相违不分触净第五，不经淘汰臆断古今言句第六，记持露布临时不解妙用第七，不通教典乱有引证第八，不关声律不达理道好作歌颂第九，护己之短好争胜负第十。"

其中最重要的是第一点，即"心地未明，妄为人师"。禅宗修行强调明心见性，宗风凌厉，直截了当。相应地，对师长和学人都要求极高。所以禅宗属于精英教育，即使有开悟的明眼宗师引领，还须利根学人作为法器，才能承接法脉。

禅宗把学人根机分为利根和钝根两种。所谓利钝，区别就在于"迷"的深浅。就像云层有厚有薄，同样，每个人内心的迷惑和烦恼也深浅不一。迷得越浅，根机就越利，反之亦然。对于心灵尘垢非常薄的利根人来说，师长往往可以在某个契机下，用一句话、一声棒喝或一个动作，令其豁然开朗，当下见到自己的本心。

这种教授方式既须灵活多变，不得生搬硬套，又须拿捏精准，以免错失良机。可以说，用的是一种"四两拨千斤"的巧力。如果师长自己尚且"心地未明"，又怎么能在对的时间，用对的方式和力度一击奏效？

对学佛来说，三藏十二部典籍就像一张地图，帮助我们认清生命状态，从而摆脱妄心，体悟真心。所以，修行的重点不在经教，而在心地。禅宗自达摩传入东土之后，就提倡藉教悟宗——通过这个地图去了解自己的心。如果学人有好的根机，又有好的老师耳提面命，无须地图也能到达终点。但如果没有明眼师长，地图就至关重要了。否则，一定会在混乱的感觉里误打误撞，不明方向，不见出路。

《宗镜录》引教入宗

《宗门十规论》所说的种种流弊，和禅宗不重视教理有很大关系。正因如此，永明延寿禅师特别将教理导入宗下的修行。如《宗镜录》一百卷，就大量引入如来藏体系的经论，希望以此为学人指明方向。同时，永明延寿禅师还提倡禅净双修，也是对禅宗修行的补充。遗憾的是，虽然他做了这么多的努力，但禅宗还是颓势未减，一路走向衰落。

2013 年，我曾在南华寺举办的“纪念六祖慧能大师圆寂一千三百周年”法会上，作了题为《顿与渐》的讲座，旨在通过对顿悟和渐修的重新认识，纠正多数学人重顿悟轻渐修、重参禅轻教理的偏差。

我们今天继承和弘传禅宗，首先要处理好教与观的关系。凡夫都是活在二元对立的世界，禅宗祖师所做的，不论是“临济喝、德山棒”，还是“驱耕夫之牛，夺饥人之食”等手段，都是要帮助学人打破对能所的执着，从而超越二元，体认空性。但长期以来，明眼师长寥若晨星，可遇而不可求。

在没有向导的情况下，我们唯有通过对地图的精确解读，才能了解二元对立到底是怎么回事，了解心到底是怎么回事。只有了解之后，才不会陷入混乱的感觉，才知道在修行过程中，我们到底要用什么方法，解决什么问题，最终体认的又是什么。

其次，是顿与渐的结合。禅宗的直指人心，是直接指出修行的核心所在，如六祖在《坛经》中所说：“菩提自性，本来清净，但用此心，直了成佛。”每个人内心都蕴含着圆满无缺的觉悟本性，一旦体认觉性，就能证佛所证。

但这一方法起点太高，对于多数学人来说，因为根机驽钝，其实是够不着的。就像天边的云彩，只能远远地看一眼，无法直上云霄。所以，我们需要不断扫除内心尘垢，就像神秀所说的：“身是菩提树，心如明镜台。时时勤拂拭，勿使惹尘埃。”

近年来，汉地开始重视道次第的修行，包括印老的《成佛之道》《佛法概论》等，都在帮助我们建立修行的次第。只有通过渐修扫除心垢，才能让根机更利，更接近最后的突破点。事实上，迷惑深浅是缘起的，根机利钝也是缘起的。既然是缘起的，就可以通过修行去改变。当根机磨砺到一定程度，才能为顿悟做好准备。

第三，要重视基础的修行和发心，这对于我们今天弘扬禅宗非常重要。在禅宗发展过程中，有偏于自了的倾向，更多是强调个人解脱，缺乏积极利他的大乘菩萨道精神。所以，要强化信仰的基础，僧格的养成，以及大乘菩提心的建设。有了这样一些基础，再来修习禅宗，将不再是遥不可及的事。

我的发言就到这里。谢谢大家！

法眼宗法脉传承与闽西禅宗发展

——以龙岩法眼宗传播发展为中心兼论闽西禅宗文化建设

黄　诚

（贵州大学中国文化书院教授）

引　言

福建历来就是佛教禅宗兴盛与繁荣之地。法眼宗与福建有甚深因缘。法眼宗的创立者清凉文益禅师悟道在福建漳州，大传道法在江西临安（今抚州市），而其创立宗派乃在江苏金陵清凉院（今南京清凉山）。之后，法眼宗传至永明延寿之后绵延不久，因法脉不详淡出历史舞台而"中绝"①。至近现代，福建长汀八宝山峻峰寺明湛青持和尚立志要弘扬法眼宗一脉。有鉴于此，特向近现代禅门泰斗虚云大师表明心地，恳请虚云大师来接续法眼宗法脉。明湛青持和尚发愿弘扬法眼宗的诚心感动了虚云大师，故虚云大师应其之请，认真探究了佛教禅宗史料所载法眼宗之法系传承系谱。经过慎重研究，决定遥嗣清凉文益系下传承至法眼宗第七代传人祥符良庆禅师法脉。如是虚云大师"一肩挑五宗"，接续了法眼宗法脉而成为第八代传人。继而，虚云大师将法眼宗法脉付嘱明湛青持并让其重续法脉传承，承担起弘扬禅宗的重任。由此，明湛青持改称本湛青持，成为法眼宗的第九代传人。可见，近现代法眼宗的兴起，不仅与本湛青持密不可分，而且与虚云大师有关。虚云大师出生在福建泉州，本湛青持又是

① 之所以称其为"中绝"而不称其为断灭，乃是基于近现代虚云大师遥继法眼宗法脉并重兴之事实而言。关于法眼宗衰落之原因，可参见拙著《法眼宗研究》，巴蜀书社2012年版。

福建长汀人，因此，法眼宗的“中兴”与福建关系紧密，尤其是与龙岩长汀有不解之缘。就虚云大师应缘遥继法脉传承而言，可以说是因本湛青持的愿力所致而“中兴”了法眼宗，并对福建的法眼宗传播与发展产生了深远的影响。虚云大师之所以能够接续法脉，既说明了他敢于担当起历史的责任，同时也预示了法眼宗法脉必应相传而禅脉本不该绝。故就虚云大师、本湛青持师徒之间接续法眼宗法脉这一历史性事件而言，则意义十分重大，不仅延续了法眼宗的法脉传承，而且也推动了禅宗在新时期的发展。

一 “一花开五叶”，禅脉兴与衰：法眼宗历史源流与“中绝”

历史地看，禅宗创立之后，影响巨大、普传甚广，并演化出“五家七宗”，所谓“正宗至大鉴，传既广而学者遂各务其师之说，天下如是异焉。竞自为家，故有沩仰云者，有曹洞云者，有临济云者，有云门云者，有法眼云者，若此不可悉数”①。在中国禅宗“五家七宗”里，五家最后一个创立的是法眼宗，它不仅标明了五家宗派的最终形成，而且也证验了达摩“一花开五叶”② 的宗教预言。作为禅宗“五家七宗”之一的法眼宗，在五代时期获得了较快发展，思想影响广泛性地渗透到江南，推动了禅宗的整体发展和思想传播，在中国禅宗史上具有重要的地位和影响。

（一）文益禅师与闽地历史渊源

从禅宗法脉及其传承来看，禅宗也有向江浙闽粤一带传播和推进的趋势。③ 如怀让系下马祖道一，“曾至建阳佛迹岭，创寺而居，实开闽中禅学之始”④；系下弟子怀海“会马祖至南康，乃往谒，言下悟入，遂得秘

① 参见太虚《中国佛学特质在禅》一文，载张曼涛主编现代佛教学术丛刊②《禅学论文集》（禅学专集之二），台北大乘文化出版社 1976 年版，第 71 页。

② 达摩传法慧可时有偈语云：“吾本来兹土，传法救迷情。一花开五叶，结果自然成。”（《坛经·付嘱品第十》）

③ 黄诚：《法眼宗研究》，成都巴蜀书社 2012 年版，第 40 页。

④ 《福建佛教志二稿》（三），油印资料，第 20 页。

传，后出主新吴（今江西奉新）百丈山"[1]，自立禅院，创制"百丈清规"，倡导"农禅合一"，系下有黄檗希运禅师。马祖系下弟子还有莆田无了禅师及法孙福州大安禅师、神赞禅师（怀海之徒），等等。此外福建禅宗法脉，还有行思系下法脉，如泉州人雪峰义存，嗣下就有师备、慧棱、玄通、道溥、皎然、道忞等，他们的弘法活动大力推动了闽地禅宗之发展。玄沙师备系下桂琛门下之文益禅师，精研教理，践行禅法，而成为法眼宗之创始人。

文益禅师（885—958）生活在五代时期，是禅宗史上最具有代表性的思想人物之一。他出家较早，为了寻找真正的觉悟之路、成为真正的觉悟者而四处参访和求学。时有律匠希觉法师在明州说法，他也前往听习，而能究其微旨，在学习佛法、深研佛理之余还兼顾儒学，所谓"傍探儒典，游文雅之场"，因而受到希觉法师的高度赞誉，称他为"我门之游、夏也"。文益禅师为了在佛学上有所精进，早日实现其悟道的宏愿，在"玄机一发，杂务俱捐"[2] 之后，告别希觉，"振锡南迈，抵福州参长庆"，开始了他四处游学的求道生涯。福州长庆慧棱禅师，系雪峰义存一脉，为闽地福州禅门法匠。然文益参访长庆慧棱禅师却"不大发明"，更说不上有什么开悟，这也许就是佛教所说的因缘时节未至吧！由于文益禅师参学长庆慧棱禅师不大发明，且"虽缘心未息，而海众推之"[3]，于是欲出岭南，"结侣拟之湖外"，遇到大雨，而受阻碍，落脚于地藏院，因而获得了悟道之因缘。从悟道因缘来看，文益禅师在地藏院桂琛禅师处也经历了两个阶段：一是论"三界唯心"时，桂琛禅师指责他安一块石头在心上，而使文益心灵上受到一种震撼，这迫使他不得不思考执着于心的问题；二是当文益禅师面对桂琛禅师的诘难而词穷理绝时，桂琛禅师则以一句"若论佛法，一切现成"对文益禅师进行开示，而这一直指心源的言说之语，即犹如一道智慧之光照明了他迷雾中的心智，而使之醍醐灌顶，思想豁然开朗。故有学者称："文益言下大悟，深达一念缘起无生，

① 《福建佛教志二稿》（三），油印资料，第 20 页。

② 《景德传灯录》卷二十四，《大正藏》第 51 册，第 398 页中。

③ 同上。

性相不二之旨。"[①] 由此，文益禅师在罗汉桂琛禅师处"豁然开悟"，所谓"疑山顿摧，正路斯得"，从而领悟到了佛法之奥义。于是文益禅师与同行者决定拜桂琛禅师为师，而成为桂琛禅师的弟子，所谓"因投诚咨决，悉皆契会，次第受记，各镇一方"[②]。对于文益禅师悟道的这精彩一幕，有学者特别指出："法眼文益在桂琛下悟得'若论佛法，一切现成'，其生命获得大解脱，焕然一新，似乎这世界都充满了契机。"[③] 文益禅师之所以能够在桂琛处当即悟道，这与他先有律匠希觉师的言传身教和精神鼓励，后又深受慧棱禅师的思想熏陶密不可分，再加上他本人的勤于学习、不断探究，于是其悟道因缘逐渐趋于成熟，故唯有他能够在桂琛处通过多日参访和学习而终究体证禅悟之道。

从文益禅师求学和悟道这一重要事件看，他与福建佛缘匪浅，正是在福建漳州实现了其生命的重要转换与超越。故就这一悟道过程而言，乃是他人生经历中最为精彩的片段之一，也成为其佛教人生的重要组成部分，同时也种下了他与福建的甚深缘分！

（二）文益传法、弘道与法眼宗创立

（1）初传道法与弘法金陵。文益禅师在罗汉桂琛处悟道，是其生命成长过程中一次伟大转折，开启了其弘扬禅宗禅法的新路径。文益禅师在桂琛处悟道后，初传道法是从同修绍修禅师开始的。[④] 文益禅师悟道之后，又游历江南丛林，他受临川（今抚州）州牧之请，住江南崇寿院开坛说法，大力阐扬南宗禅法，所谓"住抚州崇寿寺，大振宗风"[⑤]。后因江南国主重视佛教，又迎请其住金陵报恩禅院，赐号净慧禅师。后又转住金陵清凉院，故称清凉文益禅师。文益禅师于金陵广传佛法，传法情境颇为壮观，"有存知解者翕然而至"，"海参之众，常不减千计"[⑥]，他"三

---

① 参见黄益毅《禅宗五枝派别述略》一文，载张曼涛主编现代佛教学术丛刊③《禅学论文集》（禅学专集之三），台北大乘文化出版社 1976 年版，第 59 页。

② 《景德传灯录》卷二十四，《大正藏》第 51 册，第 398 页中。

③ 邓克铭：《法眼文益禅师之研究》，台北东初出版社 1990 年版，第 95 页。

④ 黄诚：《法眼宗研究》，巴蜀书社 2012 年版，第 66 页。

⑤ 《景德传灯录》卷二十四，《大正藏》第 51 册，第 400 页下。

⑥ 《五灯会元》卷十，《卍续藏》第 80 册，第 197 页上。

坐大道场，朝夕演旨，时诸方丛林，咸尊风化。……玄沙正宗，中兴于江表”[①]。可见，玄沙一系禅法能在江南传衍，文益禅师可谓功莫大焉！

文益禅师在传道中，十分重视禅宗的心地法门。不仅显示了他对佛法有本体境域形上义的体悟性认识，而且也表达了其追求生命同体之悲和究竟圆成的超越性精神。他长期在金陵弘扬和传播禅法，对禅宗的思想理论建设有着重要贡献。

（2）法眼宗的创立，乃是多种因素和合共生的产物。文益禅师在传道的实践中坚持“以人施教”而不是“以法施教”，从而形成独特的教学风格和禅法特色。这一教学法符合禅宗教育的随机性与应缘施教原则，从而建立了“清凉家风”，显示了一代宗师的教学方法及其悟道见识，乃是构成法眼宗之教风和禅法的实质性内容。在禅学理论建设上，文益禅师著《宗门十规论》，提出了一系列“禅门革新”措施，并阐发了其禅学思想和理论立场，为一派创宗奠定了理论和思想基础。在人才队伍建设上，他广收门徒、普传道法，为禅宗内部培育了一大批禅学一流人才，受其法席者不下五百人，门下有法嗣 63 人[②]，弟子各为一方师，继而形成一定数量的僧人群体，具备了创宗的组织系统，且文益长期在南京清凉山有固定的传道活动场所，这是宗派形成的重要因素。无论是就文益禅师个人的实际影响来说，还是就其对禅门的革新贡献而言，客观形势的发展均已表明文益禅师一系禅派有形成宗派的事实，即所谓“设立门庭，广收学徒，师弟传承不断，逐渐形成了宗派”[③]。故文益禅师圆寂后，被南唐中主李璟谥为“大法眼禅师”，由其所开创的禅派亦随之被称为“法眼宗”。

（三）法眼宗法脉传承及其“中绝”

法眼宗创立之后，因受南唐、吴越国主的重视和扶持，发展较为迅猛，其势力范围涵盖江南大部分区域，并产生了深远的影响。

法眼宗在南唐的传播与发展，逐渐形成了以金陵为中心的法眼宗一

---

① 《金陵清凉院文益禅师语录》，《大正藏》第 47 册，第 594 页上。

② 根据《景德传灯录》所列禅徒名单统计。

③ 吕澂：《中国佛学思想概论》，台北天华出版社 1982 年版，第 175 页。

系僧人思想群体。文益禅师与其弟子道钦、匡逸、文遂、玄则、行言、智筠、泰钦、慧济等禅师皆长期活跃在金陵一隅，在弘法授徒的宗教实践中推动了法眼宗的发展与思想传播，奠定了法眼宗在江南的宗教地位，并使法眼禅法与思想能够薪火相传。法眼宗思想传播虽以金陵为中心，但是流布于南方江湖区域的法眼宗禅派也不容忽视，在传播过程中形成了以江湖区域为中心的南方法眼宗法派群体。传播法眼禅法者有清锡、道常与慧超等法眼子弟，且影响不小。法眼宗门人从显禅师曾一度在洪州观音院传法，并受到袁长史的尊重，在从显归寂后，袁长史建塔于西山，对其予以妥善安葬。由于清锡、道常与慧超等诸禅师长期活跃在江湖一带，对该区域的禅学发展产生了一定影响，从而推动了江南禅学的整体发展。

法眼宗与吴越佛教亦有莫大的因缘，其在吴越广为流传且获荣耀地位，乃是与天台德韶国师有极大关联。德韶是法眼宗的第二代祖师，因吴越国主对其执弟子礼，故被世人尊为“国师”。由于德韶具有法眼宗祖师和吴越国师的双重身份，故他对法眼宗的传播与发展起到了重要的推动作用。不过，除了德韶之外，在吴越大力推动玄沙一脉禅法和法眼宗思想传播的还有杭州报恩寺慧明禅师，他是使玄沙正宗兴盛于吴越的不可或缺的关键性人物。慧明不仅在教内具有了一定的影响力，而且在政治上也得到了忠懿王钱俶的进一步支持，于汉乾祐中，吴越忠懿王延入王府问法，命住资崇院，足见其在政治上受到的尊重和礼遇。值得一提的还有杭州永明寺道潜禅师、杭州灵隐山清耸禅师、杭州真身宝塔寺绍岩禅师、天台山般若寺通慧禅师等法眼子弟，均为传播法眼禅法以及法眼宗流入吴越做出了积极的贡献。

从法眼宗传承系谱来看，文益禅师系下有法嗣天台德韶及再传永明延寿，一脉传承中先后涌现出文益、德韶、延寿三位有代表性意义的禅门祖师。他们长期活跃在南唐、吴越之地，是学修并进、工夫与见地卓越，思想富于开创性的一代高僧大德。他们在思想文化转型时代，提出了新的禅宗教育方法，建立了一套适宜于禅学发展的思想理论体系，对推动禅宗的发展起到了重要作用，并将法眼宗的发展推向了高峰。然而，宋以后，因多种因缘法眼宗一脉“中绝”而不见于诸史载。

二　脉断而法不灭，法眼禅重返人间：近现代法眼宗之“中兴”

（一）虚云“一肩挑五宗”与闽地禅宗发展

虚云（1840—1959），俗姓萧，名古岩，字德清，别号幻游，系出兰陵，梁武帝之后。世居湖南湘乡，后其父赴任福建泉州府幕，而诞生于福建泉州。13岁时，因僧人至家作佛事，得见三宝而生欢喜心。17岁时，其父为其举行婚礼，娶田、谭二女为妻室，虚云与二氏同居而无染，与二氏说佛法，亦能领悟。20岁，依鼓山妙莲和尚，圆受具戒。27岁受山中苦行僧古月禅师影响而立志苦行。31岁赴浙江天台山顶龙泉庵参访融镜老法师求开示，后又至国清寺参学禅制、学习经教。36岁至江苏扬州高旻寺听敏曦法师讲《法华经》，后四处参学。42岁又至高旻寺礼朗辉和尚，禅功尤进。49岁由川入藏，日出而行，日落而息，行及一年。53岁与普照、月霞、印莲诸师同上九华山修翠峰茅棚同住，并研究经教。56岁至扬州高旻寺参禅打坐，“从此万念顿息，工夫落堂，昼夜如一，行动如飞”①，一日晚香时，“忽见大光明如同白昼，内外洞彻”②。“至腊月八七第三晚六枝香开静时，护七例冲开水，溅予手上，茶杯堕地，一声破碎，顿断疑根，庆快平生，如从梦醒。”③ 于是虚云开悟，因述偈曰：

> 杯子扑落地，响声明沥沥。虚空粉碎也，狂心当下息。④

又偈语：

> 烫着手，打碎杯，家破人亡语难开。春到花香处处秀，山河大地是如来。⑤

---

① 净慧主编：《虚云和尚全集·年谱》第5册，中州古籍出版社2009年版，第26页。

② 同上。

③ 同上书，第27页。

④ 同上。

⑤ 同上。

由此具见虚云大师“虚空粉碎，大地平沉”与“自然如是”“如如不动”“觉行圆满”之境地，亦进一步表明其已经大彻大悟，而成为觉者。悟道之后的虚云大师四处行化，担当起了弘法利生的佛教使命，继续推动禅宗发展。在其生命历程中，虽经历人生苦难，仍教化世间有情，“以出世之心，做入世之事”。1959 年在江西云居山真如寺圆寂，世寿一百二十岁，僧腊一百零一岁。

法眼宗“中绝”之后之所以能够继起，与虚云有极大关联。

虚云和尚一人承接五家法脉之举①，使禅宗法眼一脉得以延续。有学者指出：“（虚云）老和尚是中国近代禅宗的代表人物，他一身兼祧禅宗五家法脉——他于鼓山接传曹洞宗，兼嗣临济宗，中兴云门宗，扶持法眼宗，延续沩仰宗。他解行相应，宗说兼通，定慧圆融。”②“虚云和尚既传曹洞禅法，又兼传临济禅法，并且以‘中兴云门，匡扶法眼，延续沩仰’自任”，“遥嗣法眼为第八世”，“一人而兼祧禅宗五宗法脉”，“使禅门五宗得以延续下来”。③

虚云大师之所以遥继法眼宗，其因缘与福建尤其是与龙岩长汀有密切关系。虚云大师是应长汀明湛禅师发愿要弘扬法眼宗一脉之请而承嗣法眼法脉的。其特殊之前因后果，虚云曾记云：

> 癸酉春，有明湛禅者，由长汀到南华，谓在长汀创建八宝山，志欲绍法眼一宗，不知所由，恳授其法眼源流。因嘉其志，乃告之曰：此宗发源在金陵清凉山，早废。兹时不易恢复。从宋元来，绍化乏后。查诸典籍，自文益祖师七传至祥符良庆禅师止，其后无考。旧派益祖六世祖光禅师立二十字，后不知何人立四十字。虽有二派，子孙停流，鲜有继起。又查益祖出天台德韶国师与清凉泰钦禅师，传载韶、钦二公下五世良庆禅师。其中秉承，有继韶公者，有嗣钦公者，

① 关于虚云一人兼祧五宗法脉一事，可参阅《虚云老和尚五宗法嗣录》，见净慧主编《虚云和尚全集》第 12 分册，河北禅学研究所 2008 年版，第 194 页。

② 于凌波：《中国近现代佛教人物志》，宗教文化出版社 1995 年版，第 9 页。

③ 参见杨曾文《近现代佛教史上的杰僧虚云和尚——纪念虚云和尚圆寂五十周年》一文，载释纯闻主编《上虚下云老和尚佛学思想研究论文集》（内部资料），云居山佛学研究苑打印本 2009 年版，第 4 页。

纷纭不一。有记益、韶、寿、胜、元、慧、良为七世；有记益、钦、齐、照、元、慧、良为七世。今欲继起，艰于考证。惟有秉承韶公，续从良庆禅师与余各摘上一字，续演五十六字，以待后贤继续，传之永久。①

岑学吕居士也说："法眼失嗣更久，八宝山青持大师，请虚老续法眼源流。良庆（度）禅师为七代，虚老人应继为法眼第八代。"② 关于遥继法眼宗法脉之举，虚云和尚曾有偈语表证："虚灵本体圣凡同，只在平常迷悟中，云任卷舒循缘应，应不留情心自通。"③ 即为虚云老和尚遥续法眼宗一派法系之表信偈语，乃遥嗣祥符良庆（度）禅师。可见，虚云遥嗣法眼宗法脉，而将法眼宗传承世系确定为：第一世法眼文益禅师，第二世天台德韶国师、清凉泰钦禅师，第三世永明延寿禅师、云居道齐禅师，第四世灵隐文胜禅师、保福居煦禅师，第五世智者嗣如禅师，第六世宝林文慧禅师，第七世祥符良庆（度），第八世虚云古岩禅师。④ 此系谱亦非一脉单传之得法系谱，而是师资世袭之传承系谱。此后，虚云延续了法眼宗一派法脉，并作传承法派之《五十六字偈语》云：

良虚本寂体无量，法界通融广含藏。
遍印森罗圆自在，塞空情器总真常。
惟斯胜德昭日月，慧灯普照洞阴阳。
传宗法眼六相义，光辉地久固天长。⑤

其所传之法嗣有本湛青持、本禅、本性净慧、本智信清、本宽慧果。本湛青持于 1943 年 4 月在南华寺方丈室为虚云大师所印可而得其付法，虚云大师付法于本湛青持时有传法偈云："本自如来圆明体，湛寂真常凡

① 净慧主编：《虚云和尚全集·杂录》第 8 册，中州古籍出版社 2009 年版，第 169—170 页。

② 净慧主编：《虚云和尚全集》第 12 册，河北禅学研究所 2008 年版，第 342 页。

③ 净慧主编：《虚云和尚全集·诗偈》第 3 册，中州古籍出版社 2009 年版，第 208 页。

④ 净慧主编：《虚云和尚全集·杂录》第 8 册，中州古籍出版社 2009 年版，第 169 页。

⑤ 同上书，第 170 页。

圣同，青虚妙义无变异，持传万古度迷人。”[①] 即表明了本湛青持得到其所传法眼宗一派印心之法。本湛青持的法嗣则有寂本慧青、寂照慧瑛、寂照宏如等，而付法偈语却由虚云代付。然虚云所传法眼宗法脉并非一脉单传，相反而是一脉多传。虚云大师传法眼宗法脉印心之时，其弟子除了本湛青持得其所传之外，本禅、本性净慧、本智信清、本宽慧果也均获得认可而得其传法成为法徒。因传法偈语是得法的凭证或信物，虚云大师为了说明他的弟子皆得法脉正传，是法眼宗的正宗法嗣，而特为他们每人付嘱有传法偈语。虚云大师传法于本禅时有传法偈云：“本性玄通法法通，琉璃世界水晶宫，主人端坐绝伦匹，万象森罗应镜中。”[②] 1952 年在云门方丈室传法于净慧时有传法偈云：“摩醯顶上眼重开，方许吾宗大将才，法门幸有能承继，立志须从勇猛来。”[③] 得到虚云付法的净慧大和尚曾驻锡于柏林寺、黄梅四祖寺等寺。[④] 1957 年在云居山传法于本智信清时虚云有传法偈云：“本自如如不动，智光灼破大千，信得真如自性，清凉直下子孙。”按照虚云大师拟定的传法字偈，“本”字辈之后是“寂”字辈，故又有法孙寂本慧青承接法眼法脉，有传法偈语云：“寂常真性遍虚空，本来具足莫迷蒙。慧灯彻照除昏暗，青山绿水体皆同。”不过，此偈语乃虚云“代本湛传付”。而且，虚云 1946 年在云门寺方丈室也曾代本湛传法于寂照慧瑛，传法偈语云：“寂然灵光能显露，照破凡情圣智成。慧心得悟无生理，瑛莹无暇示迷人。”传法于寂照宏如时，传法偈语云：“寂静精真透心光，照彻法界万象彰。宏演法眼上乘义，如实了证性相通。”而“寂”字辈后为“体”字辈，虚云亦曾代传法于体华光升，有传法偈语云：“体含真常遍刹尘，华开处处尽皆春。光明洞照三千界，升天入地度迷人。”[⑤] 故上述获得传法偈语之人均可视为法眼宗的正宗法嗣，而且他们也是虚云之后法眼宗法派在新时期发展中的代表性人物。上述所论及的得法高僧，为延续法眼宗的法脉和弘扬禅宗事业用力颇多。

---

① 净慧主编：《虚云和尚全集·诗偈》第 3 册，中州古籍出版社 2009 年版，第 208 页。

② 同上。

③ 同上。

④ 净慧大和尚于 2013 年 4 月圆寂。

⑤ 净慧主编：《虚云和尚全集·诗偈》第 3 册，中州古籍出版社 2009 年版，第 208—209 页。

值得指出的是，虚云之所以要接续法眼宗法脉，预示法眼宗法脉必应相传，法脉本不该断；之所以能够接续法脉，是因为虚云作为禅门泰斗具有接续法脉的德行与证量工夫。此外，虚云在福建推动了禅宗的发展，尤其是在鼓山的传道弘法活动，推动了闽地禅宗发展。可见，闽地禅宗发展实与虚云驻锡福州鼓山涌泉寺密不可分。关于鼓山涌泉寺，据《鼓山志》记载：涌泉寺，“其先为潭，毒龙居之，唐建中四年（783 年），从事裴胄请灵峤入山，诵《华严》于潭旁，龙遂去不为害”。后建华严寺，有僧徒主持。“会昌灭佛”事件导致寺庙荒废、僧侣远遁，及至五代梁开平二年（908），雪峰义存之弟子神晏前来主持，聚徒千百，一时称盛。宋真宗咸平二年（999）命名为鼓山白云峰涌泉禅院，明永乐五年（1407）方改名为涌泉寺。[①] 虚云因在鼓山礼妙莲长老出家，故由此因缘而拉近了与鼓山的距离和亲缘关系。虚云出家在鼓山，也曾于此主持，足见其与鼓山因缘甚深。1929 年，鼓山从十方丛林一变而为子孙庙，遂由繁荣走向衰弱，适逢福建执政者杨树庄、方声涛，均为虚云皈依弟子，不满于此状，于是联合佛教界之开明人士与信众，从云南鸡足山迎请虚云大师住持鼓山，开始复兴鼓山。虚云住持鼓山，一是进行寺制改革，即禁止私授徒众，取消小锅饭菜而改为大锅食，量才用人并缩减空名闲置人员；二是整顿道风，即修理禅堂，恢复参禅制度，倡导念佛，倡导禅净教律共修；三是建立学戒堂，后改为鼓山佛学院，以培养人才；四是建造房屋，为寺僧提供活动空间与居所，营造修行的适宜环境。所谓，“鼓山偏处闽境，大海阻之，视金山、高旻，交通较为不便。虽号为十方，而各以披剃相承。及公（笔者按，虚云）主持，实行十方之制，一切旧习，革除殆尽”[②]。显然，虚云住持鼓山，成效十分明显，“学僧每日早晚课诵，上午下午佛学及国文等课五小时，入夕进禅堂坐香。两月以来，成绩尚有可观”[③]。故后有人评云：“以七十老翁，主持未满三年，成效如此，其毅力为何如哉！”[④] 且虚云主持鼓山时，亦产生了较大的社会影响，据《大公报》载：

① 《福建佛教志二稿》，油印资料，第 7 页。

② 净慧主编：《虚云和尚全集・传记资料》第 6 册，中州古籍出版社 2009 年版，第 14 页。

③ 同上书，第 302 页。

④ 同上书，第 14 页。

> 福州海潮庵住有带发修行之老少妇女三十余人，学佛有年，最近始同心发愿出家求度，于国历七月十九日齐赴鼓山涌泉寺，依虚云老法师削发，现尼相。各界以女子批薙为尼，原属常事，而三十余妇女同时落发，集团出家，实为佛教中空前之创举、希有之盛事，故争往鼓山观彼等行剃度礼。计是参加人数不下二千左右，无不赞叹同声，即不言佛者亦都力为感奋云。[①]

以上报道，足以表明虚云大师驻锡鼓山所产生的广泛性影响。虚云对长汀佛教也有深远影响，除了法弟子外，在驻锡江西云居山真如寺时曾多次任戒和尚为长汀僧俗传戒，长汀诸多僧尼多受具足戒于虚老座下[②]，如慧瑛、慧真、慧达等均为虚云老和尚亲传戒帖。虚云大师居闽期间，还赴粤传法。1934 年，时任第一集团军第三军副军长兼师长、粤北区绥靖委员的李汉槐致书虚云大师，邀请其赴粤主持南华事务而对粤地产生影响。据载："广东南华寺主持虚云和尚，十月中由韶关回福建，道经广州，驻锡南华寺驻省办事处。善信挽留，举行皈依礼，前往皈依者不下五六百人，中以善女人为多云。"[③] 足可证虚云大师对闽粤佛教禅宗发展之影响力。现当代闽西禅宗法派，似以虚云大师法脉系统为主体。

（二）本湛青持与闽西长汀法眼宗之"中兴"

本湛青持（1906—1946），原名明湛青持，福建长汀人，种田人家出身，生于 1906 年，《1943 年南华寺千佛戒坛同戒录》云："尊证阿阇黎，上青下持，字明湛，福建籍，生于天运丙午年七月十七日戌时，得戒于转尘和尚。"[④] 13 岁皈依能修和尚[⑤]，当时能修老和尚住在长汀的宝珠楼，

---

① 参见《佛学月刊》，1935 年第 109 期，载于《民国佛教期刊文献集成》卷 51，第 262 页。

② 参见普进《法眼宗在闽西的传承初探》一文（打印稿）。

③ 净慧主编：《虚云和尚全集·传记资料》第 6 册，中州古籍出版社 2009 年版，第 308 页。

④ 释光炳主编，罗岩编著，龙岩莲山寺编：《普与恒沙结胜缘——慧瑛和尚与中华山性海寺》，香港公元出版有限公司 2009 年版，第 12 页。

⑤ 当地人又称能透和尚，或称香花和尚。

在民间主要是以科仪方式超度亡灵为业，人称“香花和尚”，即以主持法会与科仪道场为主要职业，实为江湖游走僧。1931 年，本湛青持在福建泉州承天寺受戒之后思想发生转变。一日师问：“从哪里来？如何修学的？”本湛回云：“从长汀来。平日念经。”老和尚认为其对修学似有不明白之处，乃告之曰：“出家人不光是要念经，而是要了生死。”[①] 本湛青持恍然大悟，对于如何修行有所感应，于是告别师傅，四处游学。据说，1936 年本湛青持为躲避国民党抓壮丁，逃至八宝山隐藏，并发下心愿：如果没有被抓的话，就会来此地修庙供奉菩萨。[②] 他果然未被抓壮丁。为了履行诺言，他在八宝山上寻觅了一山洞，并在洞中修行三年，常敲幽冥钟、日诵《地藏经》，而有所证悟。1937 年，他在长汀八宝山创建了峻峰寺，邀请宁化的见镛至八宝山讲经说戒律，教育和培养僧界人才。后因虚云在南华寺住持，本湛青持为了印证自己的修行见地与体悟，于 1942 年赴广东曲江南华寺拜虚云为师，并在南华寺藏经楼阅读大藏经和参研佛法，后获得虚云大师认可。如前文所言“癸酉春，有明湛禅者，由长汀到南华，谓在长汀创建八宝山，志欲绍法眼一宗，不知所由，恳授其法眼源流”。基于此中因缘，1943 年虚云大师遥继法眼宗并传其法眼宗法脉，由是明湛青持遂改名为本湛青持，成为法眼宗的第九代传人。关于虚云传法行径之种种揣测，据怀西《师尊对我一生的影响——为纪念虚云老人上生内院百日而作》一文，则有所回应，记文云：

> 禅宗一法，古来祖师，实重亲证，以心传心。……不过，末法的今天，若是执定非悟不传，那末，宗门一法，我想早已断绝。是以后来大德，渐开方便之门，认为此人具法器之才，能严守戒律，扶持佛法，接引后昆，真心为佛门做事，便传法嗣，使其安心拥护道场。这样一来，所以有今日宗门衰落，全由后人滥传法嗣的现象。今日我传法给你们，因见你们平日真心为常住，道心亦很不错。若能百尺竿头再进一步，前程不可限量。由于你们都很年轻，而不以公开方式，而

① 黄诚：《福建龙岩法眼宗法脉传承考察手记》，依据本人于 2015 年 10 月 18—19 日，在考察龙岩法眼宗法脉传承时所作田野考察手记整理而成。

② 同上。

> 暗中传法，并不是像外道有什么秘密法，不给旁人知道；主要是常住人多，假如公开，恐怕人人要求传给他们，便成滥传法了。有几位菩萨，好几次私来我房，跪在地上，要求我传法，我都不答允。①

从上可以看出，虚云大师传法是有要求、有原则和有标准的：一是要有道心，能够真心为常住作想；二是具法器之才，能够严守戒律、扶持佛法、接引后昆、真心为佛门做事；三是要有精进勇猛心，不断追求修行工夫与境界的进步和提升。虚云大师之所以答应本湛青持之请求遥嗣法眼宗法脉，并愿意传法眼宗法脉给本湛青持，足见其对本湛青持人格、道心与修学见地的认可。由于虚云大师传法眼宗法脉与本湛青持，故提升了长汀八宝山本湛青持的地位，门下弟子因此也受到教内普遍尊重，举凡汀州府八宝山僧众外出挂单，均受到非常之礼遇。

此外，关于本湛青持传奇色彩的故事也颇多。如今门徒中还流传这样的说法：

> 老和尚（本湛）坐禅，不理头发，三年坐禅，面对幽冥钟，念《地藏经》。在师傅（本湛）禅坐期间，弟子慧达女尼担任了八宝山当家师，因为贫困而缺粮，于是她对师傅（本湛）说："师傅只光坐禅，没有米煮饭怎么办？"本湛师傅回答说："不要怕，有人会送来。"中午果然有城中居士挑粮食来。还有一次，本湛带徒弟走路至广东南华受戒，途中准备借住在一家一宿，休息再行，适逢家中请客吃饭，本想可以饱餐一顿，但恰好，他们家中在吵架，老和尚说人家不欢迎，没有福气，我们只能走（人家不和气，就不能住在这里）。若果有福气参加请客吃饭，是我们的福气，也是人家的福气。有事情，就不影响人家。②

由此可以看出本湛青持的慈悲心与"利他"精神，以及与人为善而

① 释怀西：《师尊对我一生的影响——为纪念虚云老人上生内院百日而作》，载净慧主编《虚云和尚全集·年谱》第5册，中州古籍出版社2009年版，第168—169页。

② 黄诚：《福建龙岩法眼宗法脉传承考察手记》，依据本人于2015年10月18—19日，在考察龙岩法眼宗法脉传承时所作田野考察手记整理而成。

不麻烦别人的大德风范。1946 年，本湛青持带学徒由广东南华寺去四川峨眉山朝山，返归成都近慈寺而圆寂。关于本湛青持之圆寂，又有一说：

> 本湛青持带八宝山青年僧众至广东南华寺参加虚云大师的法会，因本湛青持尊重和爱护青年僧众，故青年僧众不注重生活细节。由此在南华寺法会期间乱了很多规矩而影响了法会，于是本湛青持受到虚云大师的训斥，认为他管教僧众不严。本湛青持就此对随行来的青年僧众怒道，你们这么不懂规矩，我管不来你们，你们自己好好反省，我不回八宝山了，我要四处云游去了。于是，一气之下去了四川成都，在朝拜峨眉山时，在山下圆寂。当时，本湛青持老和尚早已自知命不长久，知道自己在山下已经是走不动了，而又深知身边侍者无力承担和处理自己的后事，故他很有智慧，于是让弟子先走，自身一人在峨眉山下挂单，并说有事处理，约好某时某地与弟子相会。弟子一人上山半日后，仍未见师傅出现，于是下山回来寻找，才在成都郊外的近慈寺发现了老和尚已经圆寂。①

本湛青持大师，可以视为八宝山峻峰寺的开山祖师。因本湛青持大师致力于法眼宗的弘扬，又有请求虚云大师遥继之举，并是法眼宗的第九代传人，且门下徒众较多，故成为“中兴”近现代法眼宗的代表性人物。由于本湛青持生于长汀，长于长汀，弘法传道也在长汀，故闽西长汀理所当然成为近现代“中兴”法眼宗的发源地，亦可称龙岩长汀为法眼宗的“中兴”祖庭。

（三）本湛青持法脉传承及其社会影响

论及本湛青持法脉传承，《长汀八宝山峻峰寺法眼正宗字派》云：“本体圆明，觉心虚净。元惟真如，自无乾坤。缘有迷悟，凡圣方生。修因证果，常行戒定。”② 《小派》又云：“慧光普照，谛理融通。法相全

① 黄诚：《福建龙岩法眼宗法脉传承考察手记》，依据本人于 2015 年 10 月 18—19 日，在考察龙岩法眼宗法脉传承时所作田野考察手记整理而成。

② 载《中华山性海寺传》，天宫山圆通寺翻印。该法脉谱系，为本湛青持弟子慧瑛法师亲手抄录书写。

幻，尘念永空。教观勤学，度生愿宏。智灯远朗，大道昌隆。”[①] 故本湛青持大师嗣下弟子谱系为慧、光、普、照。僧俗弟子有慧瑛、慧炬、慧贞、慧灿、慧明、慧亮、慧真、慧全、慧空、慧辉、慧珍、慧文、慧学、慧极、慧观、慧峻、慧行、慧兰、慧诚、慧岩、慧达、慧隐、跃湛、慧端、慧氤、慧宣、慧如、慧乘、慧琳、慧杨、慧月、慧庆、慧宽、慧定、慧新、慧念、慧保、慧同、慧应、慧华、慧菊、慧常，等等[②]；而系下再传光子辈僧俗弟子有光胜、光炳、光力、光良、光承、光浩、光明、光新、光跃、光通、光顾、光行、光顺、光航、光仁、光喜、光国、光裕、光朝、光乘、光慧、光净、光念、光礼、光敬、光招、光月、光贤、光达、光理、光善、光和、光自、光物、光中、光民、光常、光清，等等[③]；普字辈弟子若干，散布于闽西诸地。

由于弟子众多，对闽西的民众信仰世界不能不产生广泛影响。基于本湛青持的宗教影响，故有人称长汀八宝山是闽西佛教之源头[④]，也不无道理。现今龙岩长汀南禅寺还留有僧人之一祖衣，称为“三佛衣”，上面绣满了儒、释、道三教人物图案，形象地体现了具有“三教合一”宗教文化特点的民间信仰样态，亦说明了儒佛道三教思想与地方文化交融互动的复杂性面貌。

此外，本湛青持还接续了临济宗法脉，据《正法眼藏佛祖源流》（手抄本）记载：“传临济正宗第四十三代德清性彻虚云老和尚今将正法眼藏嘱咐四十四代本湛青持禅人善自护持。表信偈语：‘本自如来圆明体，湛寂真常凡圣同。青虚妙义无变异，持传万古度迷人。’”[⑤] 可见，本湛身兼弘扬法眼宗与临济宗的双重历史使命。因此，本湛青持和尚自南华寺虚云老和尚处得到法脉传承后，广收门徒，系下僧俗弟子无数，有统计表明闽

---

① 载《中华山性海寺传》，天宫山圆通寺翻印。该法脉谱系，为本湛青持弟子慧瑛法师亲手抄录书写。

② 笔者考察八宝山时，见寺庙中供案上有八宝山法眼正宗第九代本湛青持禅师法像，供案上书写有如上传承系谱。

③ 载《中华山性海寺传》，天宫山圆通寺翻印。该法脉谱系，为本湛青持弟子慧瑛法师亲手抄录书写。

④ 参见普进《法眼宗在闽西的传承初探》一文（打印稿）。

⑤ 《中华山性海寺传》，天宫山圆通寺翻印。

西各县僧尼 80% 为八宝山法嗣[①]，由此也足见本湛青持在接续法眼宗法脉传承之后对闽西禅宗发展之影响。

三　法法相传，禅脉不绝：现当代法眼宗之开展

（一）慧瑛法师与龙岩中华山性海寺

慧瑛（1925—1996），俗姓杨，名景富，字恒明，号百贵，又称寂照，福建连城新泉人，13 岁时即在中华山观音庵皈依佛门。16 岁时，在八宝山峻峰寺投师本湛青持门下并剃度出家，17 岁赴广东韶关南华寺向虚云和尚求受具足戒。19 岁返回连城灵芝庵住庙修持。1945 年 3 月，年方 21 岁的慧瑛，被国民党抓充“壮丁”押解县城，后经张梅瑞居士等相救方得释放。1947 年，23 岁，受到芷溪黄肇河和张大猷的礼请，而重返中华山驻锡。1955 年，赴北京中国佛学院学习深造，受业于巨赞、明真、正果等禅宗大德和周叔迦、赵朴初、虞愚等诸位善知识。1959 年毕业后，分至福建福州任鼓山涌泉寺监院，住持院务长达八年之久。1966 年，慧瑛调任福建省佛教协会任秘书，同年秋因“文革”影响，寺庙遭到破坏，僧徒被划为“四旧”对象而遭受迫害。1978—1980 年，随着党中央拨乱反正和落实宗教政策，他在连城朋口筹建了一所三百余平方米的留田精舍作为念佛场所，并当选为连城县政协委员和人大代表。1983 年当选为福建省人大代表，并赴北京出席全国佛教协会四届二次理事会，增补为全国佛协理事。1986 年出席福建省佛教协会第四届代表大会，并当选为福建省佛教协会副会长。1987 年成立连城县佛教协会，并当选为会长，同年创办“闽西佛学培训班”对僧人进行培训教育，培养了大量僧才。1996 年，慧瑛法师积劳成疾圆寂于连城县中华山性海寺，世寿七十二，僧腊五十四。

慧瑛法师一生酷爱书法，在书法艺术上颇有造诣，尤其精于隶书，如抄写的《正法眼藏佛祖源流》（手抄本）[②]、《观世音菩萨普门品》[③] 堪称

① 龙岩市新罗区宗教局提供统计资料。

② 载《中华山性海寺传》，天宫山圆通寺翻印。该法脉谱系，为本湛青持弟子慧瑛法师亲手抄录书写。

③ 参见释光炳主编，罗岩编著，龙岩莲山寺编《普与恒沙结胜缘——慧瑛和尚与中华山性海寺》，香港公元出版有限公司 2009 年版，第 54—55 页。

书法之精品，且有将诗歌、书法与佛法打成一片的思想诉求，如张展文先生提供的慧瑛字画云：“宽宏大度忍最高，遇事三思乃英豪。流言蜚语由他去，忍气饶人祸自消。释慧瑛书。”① 又有其抄录徐霞客《赠鸡足山僧妙行七律》诗云：“玉毫高拥翠芙蓉，碎却虚空独有宗。钟磬静中云一壑，蒲团悟后月千峰。拈来腐草机随在，探得衣珠案又重。是自名山堪结习，天花如意落从容。丁卯夏月释慧瑛书。”② 书法稳重端庄、遒劲有力，而自成一体，既展示了其书法艺术的飘逸风格及美感，又体现了以书法言佛法的人生洒脱境界。

就法脉传承而言，慧瑛法师为法眼宗第十代正宗传人。据龙岩中华山性海寺所传《正法眼藏佛祖源流》（手抄本）之记载：“传法眼正宗第八代虚云古岩老人代本湛青持禅师，今将正法眼藏嘱咐第十代寂照慧瑛禅人，善护持。表信偈曰：‘寂然灵光能显露，照破凡情圣智成。慧心得悟无生理，瑛莹无暇示迷人。’”③ 又《续法眼宗派说》云：“此宗是益祖启，七传至祥符良庆禅师止，典籍失传，旧派益祖下传六世祖光禅师立二十字后，不知何人立四十字？虽有二派，子孙传留，鲜有继起。又查益祖出自天台德韶国师与清凉泰钦禅师，传载韶、钦二公下五世良庆禅师，中间秉承，有继韶公者，有嗣钦公者，纷纭不一。今欲继启，又难考证。惟有秉承韶祖继其源流，虚从良庆禅师良字起，广演五十六字，以待否贤继续，传之永久。虚云识。字曰：良虚本寂体难量，法界通融广含藏。遍印森罗圆自在，塞空情器总真常。惟斯胜德昭日月，慧灯普照洞阴阳。传宗法眼六相义，光辉地久固天长。”④ 此说虽与净慧大和尚所编全集所述个别字词及五十六字有别，但大体意思一致，传法一事并非孤证，故可以进一步印证虚云传法之事实。此外，慧瑛法师在整理近现代禅宗的法脉传承上亦有一定贡献。其作《正法眼藏佛祖源流》（手抄本）记载：“正法眼藏佛祖源流，……传临济正宗第四十三代德清性彻。虚云书于曹溪南华寺

---

① 参见释光炳主编，罗岩编著，龙岩莲山寺编《普与恒沙结胜缘——慧瑛和尚与中华山性海寺》，香港公元出版有限公司2009年版，第52页。

② 同上书，第51页。

③ 载《中华山性海寺传》，天宫山圆通寺翻印。该法脉谱系，为本湛青持弟子慧瑛法师亲手抄录书写。

④ 同上。

方丈室。第四十五代常明慧瑛重整理于连城留田精舍。”[①] 由此，可以得知法眼宗传承系谱为：第一代法眼文益禅师—第二代天台德韶国师—第三代永明延寿禅师—第四代灵隐文胜禅师—第五代智者嗣如禅师—第六代宝林文慧禅师—第七代祥符良庆禅师—第八代虚云古岩禅师—第九代本湛青持禅师—第十代寂照慧瑛禅师。

慧瑛法师长期活跃在闽西，在长汀八宝山峻峰寺，连城麒山寺、灵芝庵、净土寺，朋口留田精舍，并常住中华山性海寺，勤学苦修，弘法利生，产生了较大的社会影响。故有人评其云：“为振兴闽西佛教，上求下化，不留余力。”[②] 关于慧瑛与中华山之关系，可谓因缘较深，有人称其“五进中华山”[③]。事实上，慧瑛在推动中华山佛教事业上做了大量工作：一是重修中华山古寺。1944 年，慧瑛 20 岁时，在杨佛求居士的帮助下，第一次进驻中华山，主持修葺古寺观音庵，该庵为明洪武年间圆亿和尚所创建，之后因逃“壮丁”离开寺庙，并四处求学。二是创建了中华山性海寺。1947 年，23 岁的慧瑛，受芷溪黄肇河和张大猷的礼请，二次重返中华山，组织徒众十余人在中华山开荒垦植，发动信众捐款修建庙宇，新建庙宇面积达二百余平方米，并依据《华严经》中“毗卢性海”（即心包太虚，量周沙界）之义，为新修寺庙取名“性海寺”。三是“文革”之后重建中华山性海寺。1981 年 7 月 1 日，经连城县人民政府批准，“将中华山 3080 余亩果茶林场无偿划归性海寺经营管理”[④]。之后，慧瑛亲自率僧尼二十余人接管中华山果茶林场，开垦荒地，生产粮食，扩种茶果杉木，创办砖瓦厂，重建性海寺。由此不难看出，中华山性海寺是慧瑛一手建设和发展起来的，尤其是在改革开放后，性海寺获得了新的更大的历史发展机遇，一跃而“成为闽西佛教的大丛林”[⑤]。1983 年，中华山性海寺获批成为对外开放的寺庙之一。可见，慧瑛法师创建的性海寺，不仅使僧侣有了安居和修行的场所，而且为世间的善男信女提供了焚香祷告和表达精神信仰的神圣场地，产生了巨

---

① 载《中华山性海寺传》，天宫山圆通寺翻印。

② 参见释光炳主编，罗岩编著，龙岩莲山寺编《普与恒沙结胜缘——慧瑛和尚与中华山性海寺》，香港公元出版有限公司 2009 年版，第 35 页。

③ 同上书，第 65 页。

④ 同上书，第 82 页。

⑤ 同上书，第 65 页。

大的宗教影响力。尤其是新建的性海寺大雄宝殿在其落成之日，就有“各地信众一千多人到中华山参加庆典”[①] 的盛况，足以反映出民众对中华山性海寺的认同程度和广泛性影响。1988 年，64 岁的慧瑛，自行设计和主持建造了法堂、卧佛楼、藏经楼等，建筑面积四百五十平方米，同时聘请莆田工艺美术师雕塑漆金的四大天王、弥勒佛、韦陀菩萨、地藏王菩萨、观音菩萨等大型佛像，铺筑从山门直达寺门的水泥道路三百余米，随着寺庙规模的不断扩大，影响力也不断增强，所谓“住僧众达 60 多人，香客与游人络绎不绝”[②] 即是最形象的说明。而中华山性海寺作为法眼宗的道场，山门楹联如是：“中土传心绍法眼，华藏空明衍宗风。”言明了该寺实乃法眼宗之道场的思想立场。

（二）慧瑛法师的“农禅合一”与“因材施教”

慧瑛法师继承禅门古典作风，提出并坚持“农禅并重”的修学方法与劳动途径。1954 年，慧瑛 30 岁，“带领众弟子在中华山，维修古庙和耕作农业，实行集体劳动，自力更生，‘农禅并重’的方针，粮食生产除自给自足外，每年还上交国家粮食 500 多斤”[③]。对此，赵朴初先生在 1987 年专门作了一首词（即《采桑子》），赠予慧瑛法师作为表彰。词云：“举起锄头开净土，无尽庄严。顿现人间，宝树琪花山后前。　如来家业须弥重，都在双肩。高唱农禅，普与恒沙结胜缘。”[④] 这是对慧瑛法师继承和发扬百丈禅师所倡导的“一日不作，一日不食”的“农禅合一”传统禅法与修行模式的进一步肯定和赞许。

慧瑛法师不仅提倡农禅合一，而且还坚持教禅不二、禅净双修。在弘法实践中，“坚持白天劳动，晚上念佛，走农禅并重，自食其力的道路”[⑤]，在芷溪大乘经寺讲经弘法，十方弟子前来投师皈依者众[⑥]，“在新

---

① 参见释光炳主编，罗岩编著，龙岩莲山寺编《普与恒沙结胜缘——慧瑛和尚与中华山性海寺》，香港公元出版有限公司 2009 年版，第 82 页。

② 同上书，第 81 页。

③ 同上。

④ 同上书，序言。

⑤ 参见释光炳主编，罗岩编著，龙岩莲山寺编《普与恒沙结胜缘——慧瑛和尚与中华山性海寺》，香港公元出版有限公司 2009 年版，第 80 页。

⑥ 同上。

泉念佛堂组建六合织布厂任厂长"①，"在朋口筹建一所300多平方米的留田精舍，作为念佛场所"②，"文革"后重建的性海寺"既诵佛陀经，又念'山海经'"③，无不体现"农禅并重"与禅、净、教合一的宗门风气。而杨启县为中华山性海寺楷书"中土传心开顿教，华严弹指悟无生"④的楹联，亦生动形象地点明了个中真义。

在教学实践中，慧瑛法师坚持因材施教原则，较好地体现了法眼宗"应病与药""相身裁缝"的禅风特点。如对目不识丁的信徒，慧瑛亦能因材施教，给予信徒以针对性很强的教育。笔者在中华山实地考察中，正好在性海寺厅堂里遇见一位八十多岁的女信徒，她自称是慧瑛的弟子，于是我问及慧瑛大师是如何教导他们的时候，她回答说："我的师傅（慧瑛），我问他如何修啊？他说：'你挖土时，挖一锄头，就喊一声阿弥陀佛。'就这个样子修行。"⑤显而易见，慧瑛针对不识字的女信徒，所采用的教育方法，恰恰是一种因材施教的方法，所谓针对不同的对象而给予不同的教法，体现的正是法眼宗"应病与药""相身裁缝"的禅风特点。实地考察中，当问及光胜师傅关于慧瑛和尚如何向他们讲法时，光胜师傅说："慧瑛师傅讲三宝，要'勤修戒定慧，去掉贪嗔痴'。"⑥可见，慧瑛教育方式朴实无华，但又蕴含了深刻佛法义理，如此的教人之法，与法眼宗平实、质朴的禅风是一致的。总之，慧瑛法师在中华山性海寺倡导"农禅合一"修行方法和"因材施教"的教学方式，为佛法的广泛流行和传播做出了积极贡献，亦彰显了禅宗的山林风气与法眼宗的禅风特质，成为禅林中的典范。

（三）慧瑛法师的法脉传承、地理分布及其影响

慧瑛法师法脉流布连城、龙岩、诏安、东山等地⑦，最具代表者

① 参见释光炳主编，罗岩编著，龙岩莲山寺编《普与恒沙结胜缘——慧瑛和尚与中华山性海寺》，香港公元出版有限公司2009年版，第80页。

② 同上书，第81页。

③ 同上书，第82页。

④ 同上书，第65页。

⑤ 黄诚：《福建龙岩法眼宗法脉传承考察手记》，依据本人于2015年10月18—19日，在考察龙岩法眼宗法脉传承时所作田野考察手记整理而成。

⑥ 同上。

⑦ 参见普进《法眼宗在闽西的传承初探》一文（打印稿）。

有光胜法师、光炳法师、光良法师，等等。慧瑛法师将衣钵付嘱光胜法师，所谓“传给徒弟三衣一钵（此钵是本湛法师传给慧瑛和尚）”①，即表明光胜可为法眼正脉传人。据《福建龙岩法眼宗法脉传承考察手记》所载：

> 年逾八十五岁的光胜师傅说其师传下白瓷钵盂一件，是为传法托付衣钵。钵盂正面镌刻有字云：“究竟清净，空无烦恼具足，盛满一切善法。丙戌春，峻峰古寺本湛和尚纪念。”背面也镌刻有字云：“如是应器。”②

镌刻有“本湛和尚纪念”之衣钵，似当为1946年本湛青持为传法嗣给弟子所作。然而，事实上虽光胜法师拥有钵盂，且为慧瑛法师的嗣法弟子，但传其法牒之人并非慧瑛本人，而是由虚云大师的弟子、与本湛青持同辈的本焕和尚在慧瑛圆寂两年之后代其而传。据《上本下焕大和尚为光胜法师传法送座题写表偈》言：“第十代寂照慧瑛大师传法眼正宗，本焕老和尚代寂照慧瑛大师，今将正法眼藏嘱咐第十一代体心光胜禅人，善自护持。表信偈曰：‘体空妙有弘法化，心性圆融智慧生。光明遍满大千界，胜利宏愿兴丛林。’……时维公元一九九八年阴历八月十八日释本焕印。”③

慧瑛法师僧俗弟子有几千乃至上万人，其中有光胜、光炳、光力、光良、光承、光浩、光明、光新④，等等。他们主要在闽西弘法利生，区域分布则以龙岩新罗区天宫山、莲花山，连城县中华山等为中心，且宗教力量辐射到了龙岩漳平、永定，闽南漳州等地，浙江和广东潮汕地区也受到他们的影响（参见《法眼宗传人慧瑛和尚弟子相关情况表》）。而系下弟子数百人，信众数十万人，有广泛的群众基础和社会影响力，这也是他们能够扩建寺庙推动发展的一大重要原因。

---

① 《天宫山圆通寺》（内部印刷资料：铜版纸图片），第68页。

② 黄诚：《福建龙岩法眼宗法脉传承考察手记》，依据本人于2015年10月18—19日，在考察龙岩法眼宗法脉传承时所作田野考察手记整理而成。

③ 《天宫山圆通寺》（内部印刷资料：铜版纸图片），第70页。

④ 参见《法眼宗传人慧瑛和尚弟子相关情况表》。

法眼宗传人慧瑛和尚弟子相关情况表

法号	内名	俗名	出生地	受戒处	得戒时间	现任职何处	弟子人数及分布情况	主要事功	备注
光胜	体心	陈庆贤	龙岩漳平和平镇	福州鼓山涌泉寺	1981.12	龙岩天宫山圆通寺方丈	出家弟子几百人，俗家弟子千余人（主要分布在广东汕头地区），信众数十万人	筹集两亿元兴建新罗区天宫山圆通寺等两处寺庙	
光炳	体明	陈光炳	龙岩新罗苏坂镇	福州鼓山涌泉寺	1981.12	龙岩莲花山莲山寺住持	出家弟子26人（主要分布于广东潮汕地区），俗家弟子3000人	筹集近亿元兴建新罗区莲花山莲山寺	
光力	体量	陈天淡	龙岩新罗苏坂镇	福州鼓山涌泉寺	1981.12	浙江普陀山广济寺			
光良	体善	吕学峰	龙岩新罗雁石镇	福州鼓山涌泉寺	1982.09	龙岩连城中华山性海寺方丈	出家弟子15人，俗家弟子1000人	筹集数千万元兴建新罗区天马山净慈寺及海印寺等	
光承	体意	沈琰发	漳州诏安城关镇	福州闽侯雪峰寺	1987	漳州诏安碧莲寺住持			
光浩	体洪	陈元浩	龙岩漳平新桥镇	莆田广化寺	1985	龙岩漳平高明寺原住持			

续表

法号	内名	俗名	出生地	受戒处	得戒时间	现任职何处	弟子人数及分布情况	主要事功	备注
光明	体功	林秒生	龙岩连城吕溪镇	福州闽侯雪峰寺	1997.05	龙岩永定高陂丰积寺住持			
光新		俗名胡	长汀童坊镇古灵村	福州鼓山涌泉寺	1980	1996年起任长汀佛教协会名誉会长		1991—1992年，长汀佛教协会换届任会长	

说明：该表依据田野考察和龙岩市新罗区委统战部提供资料编排而成，疏漏之处难免，有待补充和完善。

四　重兴与展开：当代闽西法眼宗分布与宗教影响

（一）光胜法师与龙岩天宫山圆通禅寺

光胜（1931—　），内名体心，福建漳平人，少年父亡，对佛教兴趣浓厚。1955年，开始在家吃斋学佛，每日坚持念佛课诵，从不间断。1970年，赴连城朋口投师慧瑛法师学习佛法。1979年，师从慧瑛师父剃度出家，赐名光胜，法号体心。1980年，赴福州鼓山涌泉寺佛学班学习，受教于中国佛教协会副会长正果等高僧大德。1981年底，在福州涌泉寺释正果主持的戒会下受具足戒，之后在福建省佛教协会工作。次年，中共龙岩市委向中共龙岩地委请示开放天宫山寺庙，中共龙岩地委《对〈关于开放龙岩天宫山寺庙的请示报告〉的批复》（岩委〔1982〕综88号）云：

> 中共龙岩市委：你委〔1982〕22号《关于开放龙岩天宫山寺庙的请示》收悉。地委同意你委意见，正式开放龙岩天宫山寺庙，作为佛教活动场所。对开放的寺庙应加强管理，并注意加强对信教群众的爱国守法和社会主义教育。同时，要和造林、管山、养山，保护森

林资源更好地结合起来。中共龙岩地委。一九八二年九月十五日。[①]

由于天宫山需要开放，光胜法师受中共龙岩地委统战部礼请至天宫山担任住持。1983 年，光胜法师返回天宫山，开始了天宫山的重建工作。1992 年，光胜法师当选为龙岩地区佛教协会会长。1998 年，光胜法师升座荣膺天宫山方丈，九十高龄的本焕大和尚亲临天宫山祝贺，并为光胜法师接法第十一代法眼宗法脉传承。

光胜的出家因缘，是与天宫山和天宫山观音庵的女尼分不开的，其中还有其本人耐人寻味的离奇故事。据光胜师傅说：

(天宫山) 庙宇始建于唐代，民国年间有称龙岩溪南观音阁，解放后由女尼普光法师主持观音庵。普光女尼俗姓黄，名光耀。1953 年鼓山戒会出家。一日，忽然听见空中有大钟鸣响之声，意思是说天宫山是观音菩萨的道场。于是在天宫山建造了普弘寺，普光女尼在普弘寺住了八年，有清师傅改其名为普光。1966 年“文革”期间，十几个红卫兵上山破坏观音庵，驱赶僧尼下山还俗，且庵堂被红卫兵焚毁，对此普光女尼泪流满面。1967 年，我上山拜佛菩萨看到庵堂已被烧掉，而留下遗迹一片。“文革”之后重新修建，并开放了天宫山寺庙。1982 年经我师慧瑛和尚改寺名为“圆通禅寺”并延续至今。1983 年由我主持，1998 年荣膺方丈。在 1964 年至 1966 年期间，解放军雷达兵曾驻于天宫山上。当时普光女尼曾对我说过：“有水则寺庙兴，无水则寺庙不兴。”她预计到有人将来破坏庵堂，雷达兵也将离开此地。1966 年天宫山庵堂被烧毁后，山上唯一的甘露泉也随即断流，迫使驻在山上的雷达兵也因无水供给而撤离。天宫山观音庵烧毁后，一日我上山拜佛菩萨，普光对我说：“甘露泉又出水了，观音菩萨还没有离开，观音庵重建有希望。”不久，普光女尼生病，被接回到龙岩县章铁心亲戚家护理，并于 1972 年往生，葬于龙岩县溪南被单厂。往生前她曾托付我做三件事：一件是她往生后，希望尸骨能够安放在天宫山；一件是希望在天宫山能够建造一座舍利塔（2001 年，我赴广东云门大觉禅寺向佛

① 《天宫山圆通寺》(内部印刷资料：铜版纸图片)，第 12 页。

源大和尚求得虚云舍利回天宫山建塔供养）；还有一件是在天宫山要雕刻三座佛像，以供人信奉。如今我都已经按其愿望完成，我已将埋在被单厂的普光女尼的尸骨烧了，并送至天宫山安葬；建造了舍利塔，安放了僧俗五人；应愿而雕塑了三座佛像。

我自己的出家因缘，我生于1927年（笔者按，访谈时本人言及），是天宫山的菩萨托梦让我出家的。在梦中，观音菩萨托梦对我说："让慧瑛挖一口井让你喝。"以前我是不吃斋的（笔者按，即没有出家念头）。一天我自己梦见自己变成了一个白胖的小婴儿在菩萨手掌中，渐渐地就长成了阿弥陀佛的样子，之后又不见了，且普光出现在梦中并对我说阿弥陀佛走了。梦醒后，自己有点相信是普光的托梦指引，此时恰好师傅慧瑛的信函也来了，信中提及普光已经超脱了。我觉得梦境与来信似乎有某种巧合，于是我就信了，决定要出家。但是1972年我还未出家，还在家种田，1973年在连城朋口留田庵见到师傅，我当时想出家，师傅说，"可以"。这样就跟随师傅慧瑛和尚出了家，三年后（1976年）在连城芷溪正式向慧瑛皈依。1980年在福州培训班上，在正果老和尚主持的戒会下受戒。①

光胜师傅还拿出另外一只钵盂，也刻有字，云："究竟清净，空无烦恼具足，盛满一切善法。岁在乙未桂月旦，天宫山圆通禅寺沙门光胜。"②光胜师做了一个与本湛青持相似的钵盂，其意义也许是为了今后作付法与人之用吧。

光胜法师与其主持的天宫山圆通禅寺在海内外有广泛的影响。不仅在

---

① 黄诚：《福建龙岩法眼宗法脉传承考察手记》，依据本人于2015年10月18—19日，在考察龙岩法眼宗法脉传承时所作田野考察手记整理而成。两个问题：一，关于释光胜的生日，其自述1927年出生，与《天宫山圆通禅寺》（内部印刷资料：铜版纸图片）记载不一致。《释光胜方丈简历》云："光胜法师俗姓陈，1931年生，福建省漳平市人。"参见《天宫山圆通禅寺》（内部印刷资料：铜版纸图片），第66页。二，关于出家剃度时间问题，其自述1976年出家，与《天宫山圆通禅寺》（内部印刷资料：铜版纸图片）记载也不相同。《释光胜方丈简历》云："1979年依慧瑛师父剃度出家，赐名光胜，法号体心。"参见《天宫山圆通禅寺》（内部印刷资料：铜版纸图片），第66页。

② 黄诚：《福建龙岩法眼宗法脉传承考察手记》，依据本人于2015年10月18—19日，在考察龙岩法眼宗法脉传承时所作田野考察手记整理而成。

闽西本土产生影响，而且在闽南厦门地区也有非常大之影响力。天宫山尤其是对广东汕头居士以及海外的新加坡居士有较大的影响。1998 年，汕头第一批居士詹佩华、蔡燕壁、郑庆英、陈惠卿、许素华等到天宫山护法，后又有广东汕头黄世豪、陈平丰、陈孝能、林锦屏、丁健雄、李静光、郑海明、廖烈兴，广东居士蔡东士，江西居士普醒以及新加坡居士李崇吉等前往天宫山护法。[①] 由此，也可以看出天宫山与光胜师傅在国内外的影响力及其宗教辐射力。而且，吸引了如此之多且地域范围广阔的居士信众们前来朝山参拜，无疑也推动了闽西佛教禅宗的发展。光胜法师的影响力对推动天宫山的发展起到了积极的作用，故有人说："天宫山因光胜老法师显得更加神圣，光胜老法师因天宫山显得更有所为。"[②]

（二）光炳法师与龙岩莲花山

光炳，内名体明，俗姓陈，龙岩新罗苏坂人，1981 年在福州鼓山涌泉寺受戒，现任龙岩莲花山莲山寺住持，仅广东潮汕地区出家弟子就近 30 人，俗家弟子 3000 余人，主要在闽西及广东潮汕区域活动。

光炳法师，以身为慧瑛法师门下弟子为荣，认同自己为法眼宗法派传承，对法眼宗的宗风"一切现成"别有洞见。近年来，光炳法师四处筹集到近亿元资金，用于兴建莲花山莲山寺，推动了莲山寺的建设。

（三）光良法师与龙岩天马山

光良，内名体善，俗姓吕，名学峰，龙岩新罗雁石镇人，1982 年在福州鼓山涌泉寺受戒，现任龙岩连城中华山性海寺方丈。他门下出家弟子有 15 人，俗家弟子有 1000 余人。目前，他正在筹集数千万资金兴建新罗区天马山净慈寺及海印寺等。

五 由边缘走向中心：重视法眼宗"近现代"传承发展研究的现实意义与地方文化的创新崛起

厘清法眼宗的历史源脉，是为了更好地认识、理解、研究和推动法眼

---

① 参见《天宫山圆通禅寺》（内部印刷资料；铜版纸图片），第 13—17 页。

② 同上书，第 37 页。

宗的研究、发展与传播，挖掘其中的思想内核，从而为现当代提供可以借鉴的思想资源。法眼宗兴盛在五代，入宋而“中绝”，有其自身的思想条件与外部社会历史因素。而法眼宗一门“四国师”的历史现象，即反映出了法眼宗思想能够进入政治社会视野，长期为政治社会精英所运用和推重，能够有效地为政治社会提供有益的精神性服务，在社会上产生一定的影响力。而这一为社会政治服务的历史事实，亦表明了其与政治生活是相关联的、相一致的，故其思想因子能够成为建立良性政治生态必要的借鉴要素。因此，研究法眼宗的思想传承与当代价值，具有重要的学术价值与现实意义。

（一）法眼宗传承与发展研究的“近现代”视域

为什么会提出法眼宗研究的“近现代”视域？这是基于法眼宗自身的历史发展特点而言的。历史地看，法眼宗的发展状态，乃是两个球状发展样态，类似于哑铃而又不同于哑铃，因为五代至宋代是一个球，近现代又是一个球，而法脉的谱系及其理念则是贯穿两个球体的红线（握杆），法眼宗“中绝”则意味着连接两球之红线（握杆）虚而不实，但它却是延展法眼宗法脉传承的内在因素，同时也是法眼宗能够传承与发展的关键。作为早期的“球体”，它所内含的是五代至宋代的历史信息和禅宗发展的必然条件。当时，法眼宗所面对的是禅宗兴盛的局面，即多宗并立、禅门林立，以及禅教合一、禅净合流的态势与格局。这种格局与态势乃是汉地禅宗与其他宗派共同发展的方向，且并未成为一种历史的终结形态。而宋元以降，尤其是明清以来的禅门衰微，使“五家七宗”除临济与曹洞二宗尚有明晰之法脉传承之外，其他宗门已成历史绝响。故《南雷文案》云：“五家宗派，出自南岳者二，出自青原者三，今沩仰、云门、法眼三宗俱绝，存者惟临济、曹洞耳。”[①] 后期，禅宗在发展中与净土宗融合，“禅净双修”似成为禅宗重要的修行路径与佛教发展路向的定格形态，从而湮没了禅宗自身的“以心传心”“直了见性”“顿悟成佛”之思想宗旨与实践品格，即所谓“一些寺庙则‘禅净双

---

① 转引自陈垣《明季滇黔佛教考（外宗教史论著八种）》（下册），河北教育出版社 2003 年版，第 496 页。

修’，名则传禅宗法脉，实则持净土的净行，虽敲禅宗钟鼓，却念阿弥陀佛号”① 的现象已成定式。禅宗之法，古来祖师，实重亲证，本应“以心传心”来绍续法脉传承，但在末法时期，“若是执定非悟不传，那末，宗门一法，我想早已断绝”②，法眼宗“中绝”似当与此因素有一定关联，这当是早期球体研究的主题。法眼宗“中绝”至近现代这一时段，由于资料所限而难以开展研究。然作为近现代的“球体”，法眼宗面对新的形势与发展状况，如何吸取过去的历史经验，继续延续中兴起来的法眼宗的传承与发展问题，理应成为当下关注的重点。法眼宗近现代的传承是以虚云大师和本湛青持为起点的，虚云大师认为，“能严守戒律，扶持佛法，接引后昆，真心为佛门做事，便传法嗣，使其安心拥护道场”，“今日传法给你们，因见你们平日真心为常住，道心亦很不错”。③ 这就是近现代宗门传法的标准。了解禅门的这一传法特点，才能真正了解当下禅宗传承的意义或根本，才能真正抓住禅宗传承的问题关键，面对“参禅者多，悟法者少”，“说理者多，修道者少”的禅宗局面，才能真正地延续禅宗法脉使其不断。因此，法眼宗研究的“近现代”视域理所当然成为焦点。闽西作为法眼宗的“中兴”道场，应当担当起法眼宗弘扬和传播的历史使命，要重视法眼宗“近现代”的传承与发展研究，以虚云大师为旗帜，以本湛青持系下传承为重点，深化和推进法眼宗及其他佛教宗派的研究，从而树立标杆，引领闽西乃至福建甚至全国的佛教整体发展，对于把以法眼宗为中心的禅宗文化由边缘推向中心将会产生不可估量的历史作用。

（二）法眼宗本质特征与福建地方文化的独特相融性

自古以来，福建就有悠久的历史文化传统。由于地缘和历史的原因，闽地除了有自身的本土性文化外，更多的则是延续着中原文化，特别是儒家思想的文化基因。研究法眼宗本质特征与福建龙岩地方文化的相融性，不仅对于弘扬和传承法眼宗意义重大，而且对于推动龙岩的地方文化建设影响深远。

---

① 何绵山：《闽台佛教论》，宗教文化出版社 2010 年版，第 30 页。

② 净慧主编：《虚云和尚全集·年谱》（第 5 册），中州古籍出版社 2009 年版，第 169 页。

③ 同上。

首先，福建地方文化具有多元性特质，与法眼宗开放和包容的特点有一致性。由于福建多中原移民（闽南河洛人、客家人），信仰世界多元化，其风俗更多地表现出了多样性和多态性。故有学者称："福建文化正如这传说中的桑莲，它扎根八闽大地，吸收传统文化的丰沛营养，根深蒂固；又嫁接异域文化的精华，花繁叶茂。因而它是博大的，丰赡的，是本土的，又是多元的，具有独特魅力，焕发着沉雄葳蕤的生命气象。"① "地域文化多样性是福建文化的鲜明的特色。"② 而法眼宗思想，在本质上是具有包容性特点的，所谓"以心性论为基础而融贯唯识宗之'万法唯识'思想，在主张'理事不二'思想的同时又引入了华严宗的'理事圆融'思想，并顺应'禅教一致'的发展趋势和迎合'禅净合流'的思想潮流，以海纳百川的开阔胸怀来沟通禅、净、教之间的关系，且提倡'唯心净土'的修学方法，从而推动和扩大了法眼宗思想及其宗派之发展"③。法眼宗思想的包容性特质与福建多元性、多样性的文化交融，并不会发生根本性之冲突，故具有包容性特点的法眼宗思想更容易在闽地传承与发展。因此，法眼宗与闽地本土文化有较好的相融性，这也是法眼宗能够在福建龙岩长汀重兴与在闽西发展的一大要因。

其次，法眼宗主张"理事不二"和"理事圆融"的思想，与福建本土"务实求真，注重实干"的工作生活作风相融合。由于福建所处的地理环境相对而言比较闭塞，即受武夷山脉的影响相对独立，加之自古以来基本上都是中原移民居多，与本土居民混居在一起，而使语言具有多样化的特征。多种方言，难以交流，导致语言不通，在一定程度上影响了思想的交流与沟通，容易养成福建本土"少说话，多干事"的生活作风，长此以往而形成"务实求真，注重实干"的工作态度，其实践精神亦体现了明代心学大师王阳明先生所提出和倡导的"知行合一"思想旨趣。法眼宗主张"理事不二"和"理事圆融"的思想，强调的是佛理与事相的不离、不异之相即关系，即理不离事，事不离理。而以理见事，所见之事皆是道。虽然不完全与"知行合一"思想相一致，也不完全与"理论与

---

① 参见王巨才《包容与守望》，《人民日报》2015 年 7 月 6 日第 24 版。

② 参见王荣国《论闽文化底蕴与福建的文化旅游》，《厦门大学学报》（哲学社会科学版）1999 年第 1 期。

③ 黄诚：《法眼宗研究》，巴蜀书社 2012 年版，第 172—173 页。

实践相结合”原则相同一，但却涵摄有“知行合一”思想的要旨，同时也包含了“理论与实践相结合”原则的要义[①]，体现了行即理的一面，即行是全理的展现。法眼宗重视“行”（实践），与闽地“求真务实，注重实干”之工作生活态度与实践精神，亦具有相容性。因此，可以开掘法眼宗的这一思想，为现代闽西发展提供思想借鉴。

再次，闽西位处山区，而山区人具有比较质朴、直爽和刚毅执着的人格个性特征，从而塑造了闽西人平和、谦逊与含蓄，且具“怀德重教”的心灵境界。福建人乡土观念十分浓厚，对宗祠建筑、祖先牌位，都十分尊重。换言之，重视家谱传承，如“颍川衍派”“陇西人家”的门楣以及镌刻于木石廊柱上的楹联，无不显示福建人慎终追远的伦理意识和道德情怀。[②] 闽西人朴实的性格、平和的个性，与法眼宗“温和平实、质朴简明”[③] 的禅风也有一定的一致性，有利于二者产生良好的互动影响，更易于闽地僧众接受法眼宗的禅法思想。而闽人重视家族传承以及谱系的传统，可以影响到僧人与信众对法眼宗法脉传承和系谱的重视。

最后，福建重视佛教的传统，为禅宗的发展提供了良好土壤，有利于法眼宗在此生根、发芽和抽枝。福建宗教比较兴盛，堪称全国第一。宋代理学家朱熹称：此地古称佛国，满街都是圣人。据 20 世纪 80 年代末调查：“全国现存汉传佛教寺院 5000 多座，而福建省就有 4000 多座，全国僧尼 17000 多人，而福建僧尼约 10000 人。”[④] 以福建龙岩长汀为例，佛教传入龙岩长汀，至迟也不晚于五代十国时期。据《长汀县志》记载，南唐时期，就有僧人于此弘道传法。惠寘大师，本姓叶，宁化人，在长汀开元寺出家，遂彻心性，时州有虎害，师驯服之，众号伏虎禅师。此外，佛教各大宗派也不断地传播和渗透到该区域。长时期以来佛教发展的影

---

① 笔者以为，无论是“知行合一”，还是“理事不二”或“理事圆融”，其意义与“理论与实践相结合”原则有重大区别。“理论与实践相结合”原则的范式，其认知立场是建立在西方二元论基础上的二分法知识体系，且着重于二者的关系把握与实践性立场；而“理事不二”“理事圆融”与“知行合一”，皆属于心物一元论的思想范畴，是认知、体察与证悟的心灵觉知，是涵摄、统合，一体两面而又归于一体，超越了有无对待，不执一边，且显示了“不二”义的智慧范畴。

② 参见王巨才《包容与守望》，《人民日报》2015 年 7 月 6 日第 24 版。

③ 黄诚：《法眼宗研究》，巴蜀书社 2012 年版，第 286 页。

④ 何绵山：《闽台佛教论》，宗教文化出版社 2010 年版，第 23 页。

响，既为龙岩地方孕育了丰厚的宗教文化基因，又推动了本土文化和佛教文化的交融与涵化。此外，人们对于信仰非常虔诚，对神的敬仰和敬畏深入骨髓，信仰的力量成为心灵世界的精神支撑，而以关公、马祖及其他神祇信仰为系统的民间宗教，似乎比之内地更有广泛的社会基础和认同度。宗教信仰，既有利于增进社会的和谐稳定，也有利于成为沟通海内外华人的重要桥梁。良好的宗教氛围，为法眼宗在闽地的传播发展奠定了较好的思想基础。

正是基于法眼宗与福建地方文化的相融性特点，因此，要积极探索和开掘法眼宗思想内核的理论资源和价值元素，为当代地方社会的文化建设提供可以借鉴的历史文化因子。

（三）龙岩法眼宗重兴的前景瞻望与必备的基本条件

佛教十分注重因缘时节。因此，当下要弘扬法眼宗或以法眼宗为代表的禅宗，必须要契理契机。此次由龙岩市委统战部和中国社会科学院世界宗教研究所共同在龙岩举办的“法眼宗思想传承与当代文化建设”学术研讨会，就是一项契理契机的重要举措。它的召开必将引起社会各界认识的重视，也必将产生深远的社会影响，也一定会推动法眼宗的研究与发展，推动法眼宗传播、发展与研究由边缘走向中心。同时，也可以进一步丰富地方文化建设的思想内容，积极地为社会主义精神文明建设提供有益的、可以借鉴的思想资源。与此同时，以“龙岩法眼”作为当地可持续发展的一条文化建设主线，在龙岩建立“中国法眼宗思想文化研究中心”，以此为平台推动禅宗及传统文化的建设与发展，助推中华民族伟大复兴梦早日实现。

那么，作为地方政府来弘扬法眼宗应该具备什么样的条件呢？

一是要抓住法眼宗在龙岩重兴的机遇，充分认识推动闽西法眼宗与禅宗的传播发展，是历史赋予福建龙岩的机会。法眼宗“中绝”后，近现代虚云大师遥继祥符良庆是因为长汀人本湛青持的因缘，得法眼宗正脉传承的本湛青持又在龙岩弘道，可谓占据天时、地利与人和。因此，作为法眼宗中兴之地的福建龙岩，要真正担当起弘扬禅宗文化的重任，首先要在思想上重视法眼宗与龙岩特殊的地缘关系。

二是要上升至文化遗产保护的高度，大量收集法眼宗所有的相关资

料，包括碑刻、文献、字画、实物、图片、牒谱、摩崖资料等，一切与法眼宗有关的资料，都要分门别类收集和整理；对法眼宗系下僧人要作长期的追踪，要开展口述史的记录与整理工作，不断完善法眼宗的研究资料。开展以法眼宗为代表的宗教文化遗产保护机制、利用机制的多元性和多科性研究，在保护寺庙自主独立性的基础上合理开发与利用宗教文化遗产，实现旅游业、文博业和宗教事业本身的有机整合，有效提升文化生产力与软实力的经济社会效用。同时，可以拓展到法眼宗之外的禅宗资料以及其他宗教和民间资料的收集与整理，建立闽西乃至福建宗教文献数据中心，条件成熟时还可以在本土建造一座有特色的多功能性宗教历史博物馆或宗教数字博物馆，建立东西方宗教对话的机制与平台，以提升闽西在福建、全国乃至世界的宗教地位，从而成为全球宗教会议中心和宗教文化之旅的重点活动基地。

三是要加强人才队伍建设，大力培养禅宗人才，特别是通晓法眼宗的教内外人才，建设一支高素质的专业研究人才队伍。通过举办培训班、专题讲座、学术论坛，以及与高校宗教研究机构合作的方式，加强对僧众佛教知识与历史文化知识的培养，造就一批学修并进的僧尼人才。

总而言之，要积极开展以法眼宗为中心的学术研究，从研究中吸取思想精华，为地方文化建设提供有益的精神养料，丰富地方文化建设；同时大力推动闽西法眼宗和闽西文化建设并努力形成特色，从而实现从边缘地带走向中心地带的宏伟目标，使福建龙岩成为中国法眼宗的中心。

余　论

边缘与中心，既是一个地域概念，也是一个政治概念或文化概念。相对于中原大地，闽西乃至福建当属于边缘地带，其特点就是多山、临海，但恰恰这一独特的地理环境特点，造就了福建“仁山智水”式的山地与海洋相耦合特质的文化形态，既象征了诚实与智慧，又代表了勤劳与勇敢，是新时期闽地实现跨越发展的内在动力。而这恰恰与近年来所倡导的“爱国爱乡、海纳百川、乐善好施、敢拼会赢”的福建精神相契合。然而就文化而言，区域性的文化未必不能成为全国中心式的文化高地，如

“以闽文化为代表的海洋文化是今天中国改革开放不可或缺的本土资源”[①]；以法眼宗为代表的禅宗文化，展示的是山林佛教的特色，具有法眼宗“中兴”祖庭的符号意义，这些都是福建独特的文化资源。因此，在创建和构筑闽西本土文化高地中，需要坚持文化的本土性，提倡思想的多元性、多样性和多态性，只要不断地增强本土文化的自信心与自信力，建立文化自觉与文化自信，有多大的投入就会有多大的回报，闽西文化建设就一定能成为区域文化的代表而走向全国，走向世界。实践表明，区域可以影响世界，边缘也可能成为中心，这将助推中华民族伟大复兴梦的早日实现。禅兴应盛世，法眼照龙岩！

① 参见张燮飞《闽商文化的特征与现实意义》，《湖州大学学报》（哲学社会科学版）2008年第4期。

宏开法眼　烛照未来

释理海
（法眼祖庭南京清凉寺住持）

法眼宗是我国禅宗五家七宗之一，出于南宗青原行思之法系，为南唐高僧文益禅师（885—958）所创。文益禅师受南唐中主李璟礼请住金陵清凉院（今南京清凉寺）传法，因此世称“清凉文益”。圆寂后，南唐国主赐谥为“大法眼禅师”，故此宗以“法眼”得名。

一　法眼祖庭的历史地位

（一）清凉寺的历史沿革

清凉寺位于江苏南京鼓楼区清凉山。唐以前，长江直逼清凉山西南麓，江水冲击拍打，形成悬崖峭壁，成为阻击北敌南渡的天然屏障。吴主孙权在此建立石头城，作为江防要塞，故南京又有“石头城”之称。相传三国时诸葛亮观金陵形势为“钟阜龙蟠、石头虎踞”，这只蹲踞江岸的老虎即指清凉山。清凉山因寺而得名，清凉寺寺址所在，就在清凉山中，是南京历史最悠久的古刹之一，建寺以来，屡遭毁废。

其历史沿革如下：创建于南朝，年代不详，唐中和年间渐兴。五代十国之杨吴顺义（921—927）中，大丞相徐温重建，名兴教寺，请悟空休复禅师住持。南唐开元（938）初，元宗李璟扩建兴教寺为清凉大道场，礼请文益禅师住持。北宋太平兴国五年（972）改称清凉广惠禅寺。明建文四年（1402），周王朱橚重修山寺，成祖朱棣题额“清凉禅寺”。清末太平军占领南京时，对南京城内的文化胜迹进行了大规模毁坏，清凉寺也未幸免于难。清同治年间，寺院在原址恢复重建。“文化大革命”时又被迫终止了佛事活动，但仍有僧众居住，直至20世纪90年代。2009年1月1日正式交给佛教界作为宗教活动场所开放，同年6月20日，举行了恢复开放暨佛像开光。

（二）清凉大道场的文化价值

作为南唐首刹，鼎盛时期的清凉大道场是南京佛教文化、清凉山精英文化、金陵地域文化的重要代表，清凉寺周围的许多历史遗存，如石头城、扫叶楼、崇正书院、古清凉台、翠微亭遗址、驻马坡等，无不展示着深厚的文化底蕴。

1. 佛教敲击“幽冥钟”的起源在清凉寺，“清凉钟声”驰名中外

据《翻译名义集》记载：南唐上元县一民暴死，三日复苏，云死至阴间，见先主[①]缧械甚严。曰：“吾为宋齐丘所误，杀和州降者千余人，以怨诉囚此。凡闻钟声，得暂息苦。汝还，语嗣君，为吾造一钟，长时击之。彼若不信，以吾藏玉天王像于瓦棺寺佛左膝，人无知者，以此为验。”民具告，验实，遂造一钟于清凉寺，镌其文曰：“荐烈祖孝高皇帝，脱幽出厄。”[②] 这就是天下道场敲击幽冥钟的由来。

2. 清凉寺开创了皇帝以国家形式支持佛教兴办放生池之先河

唐代著名书法家颜真卿曾任升州（今南京）刺史，他上书唐肃宗，在全国各州设立放生池，得允，共立81处，其中最著名的就是如今清凉山下的乌龙潭，颜鲁公为之亲书《天下放生池碑铭并序》。清凉寺创建后，乌龙潭即成为其放生池。

3. 金陵四十八景之一的“清凉问佛”盛况空前

清康熙年间的《金陵名胜图》载，清凉山又名小九华，相传为地藏菩萨驻锡地。每逢农历七月初一至七月三十日，前来清凉山礼佛者络绎不绝，川流不息。据说仅供香客休息的进香茶棚，就从大中桥一直摆到清凉山，此一车水马龙、人流如织的繁荣盛况，形成了金陵四十八景之一的“清凉问佛”，传诵至今。南宋诗人刘克庄在清凉寺诗记中说：“塔庙当年

---

① 指南唐建立者李昪。

② （宋）法云编：《翻译名义集》，《大正藏》第54册，第1168页下—1169页上。

甲一方，千层金碧万缁郎。”[①]

4. 雄冠江南，名满天下的崇正书院

明清两代江南最大的书院——崇正书院[②]，就坐落在清凉山上的地藏寺旧址，它与以明末清初的金陵八大家之首龚贤而闻名的扫叶楼（善庆寺内）相呼应，共同融入不朽的清凉文化。

5. 还阳泉、三绝等或存或佚的吉光片羽

还阳泉指南唐义井，俗称保大井，井栏上有僧广慧刻字纪年。传说常饮此水，年迈不衰，须发不白，“还阳泉”由此得名，至今泉水清澈。

据《圣宋书画录》载，清凉寺内曾有李中主八分书[③]、董霄远草书和董羽画龙，被誉为“三绝”；“解铃还须系铃人”的典故出于大法眼禅师座下的泰钦禅师；此外，历代文人墨客的遗迹更是多不胜举，如苏轼曾供阿弥陀佛像于清凉寺并题像赞……南京这座文化名城的根在清凉山，而清凉寺的佛教文化毫无疑义是清凉文化的核心所在。

（三）清凉文益与法眼宗

1. 清凉文益禅师生平简述

文益禅师（885—958），俗姓鲁，余杭（今浙江杭州）人，7 岁到新定智通院依全伟禅师出家，20 岁到越州（今浙江绍兴）开元寺受具足戒；后至明州（今浙江宁波）阿育王寺学习律学及儒家经典。文益禅师善做文章，被希觉禅师誉为佛门子游、子夏[④]。

文益禅师被禅宗玄妙旨趣所吸引，遂舍旧学，南下参访。先至福州长庆院，师事雪峰义存的弟子慧棱禅师，无所契悟。后至漳州，因避雨走进城西石山地藏院，见到桂琛禅师，经过点化，有所证悟，遂师事桂琛。后来又游方至临川（今江西抚州市），临川刺史请他住持崇寿院，名声大振，前来学禅决疑者多达千人。南唐国主李璟闻名，请文益禅师至金陵住报恩院传法，赐号“净慧禅师”，又住持金陵清凉院，门下弟子众多，不

---

① （宋）刘克庄《清凉寺》：“塔庙当年甲一方，千层金碧万缁郎。开山佛已成胡鬼，住院僧犹说李王。遗像有尘龛坏壁，断碑无首立斜阳。惟应驻马坡头月，曾见金舆夜纳凉。”

② 为明嘉靖年间督学御史耿定向讲学所筑。

③ 隶书中的艺术书体，亦称“分书”或“分隶”。

④ 子游、子夏乃孔子的著名弟子，名列“孔门十哲”。

仅有国内的禅僧前来学习禅法，也有来自新罗、高丽、日本等外国僧人，可谓盛况空前。

文益禅师于后周显德五年（958）七月十七日剃发澡身，告别僧众，跏趺而逝，颜面如生。寿七十四，戒腊五十四。南唐中主李璟曾在他病中亲往礼问，于江宁县丹阳乡起塔，塔名“无相”，南唐公卿皆穿素服送葬至江宁县丹阳乡。

2. 法眼宗思想及宗风特色

法眼宗的主要思想，源于文益禅师所著《华严六相义颂》中提出的“理事不二，贵在圆融”，以及《三界唯心颂》中“不著他求，尽由心造”的宗旨。理事圆融即是“一切现成”，并非人为安排，本来如此。德韶继承进而发扬为“佛法现成，一切具足……无欠无余”。再传弟子延寿发挥文益禅师的“不著他求，尽由心造”宗旨，提出“举一心为宗，照万法如镜”，并认为“佛佛手授授斯旨，祖祖相传传此心”。

法眼宗为禅宗五家最后创立的宗派，故博取众家之长，应时之需。在禅宗五家七宗中，法眼宗对佛教经典尤为看重，通过汲取楞严三昧、金刚般若、圆觉了义、维摩不二、楞伽妙谛、华严法界等教乘菁英，铸成其“法眼”。

关于法眼宗风，宋僧晦岩智昭在所著《人天眼目》中说：“法眼家风，对病施药，相身裁衣，随其器量，扫除情解。”① 清僧祖源超溟也在《万法归心录》里说：“法眼家风，对症施药，垂机迅利，扫除情解。”② 而元僧天如惟则在《宗乘要义》中称：“法眼宗闻声悟道，见色明心，句里藏锋，言中有响。往往随顺器根，调停化法，亦犹相体裁衣，对病施药者耳。”③ 清代三山灯来禅师则说：“法眼家风，则闻声悟道，见色明心。句里藏锋，言中有响。三界惟心为宗，拂子明之。”④ ……

虽然各有阐发，但随对方人之机宜，接得自在，确乎为众所共识的法

① （宋）智昭：《人天眼目》卷四，《大正藏》第48册，第325页上。

② （清）超溟：《万法归心录》卷三，《卍续藏》第65册，第420页上。

③ （元）惟则：《天如惟则禅师语录》卷九《宗乘要义》，《卍续藏》第70册，第833页下。

④ （清）性统编：《五家宗旨纂要》卷三，《卍续藏》第65册，第281页下。

眼宗风。对此，《五家参禅要路门》也说："法眼宗先利济。"[①]

3. 法眼宗的法统

禅宗自梁武帝时代的初祖菩提达摩起，经二祖慧可、三祖僧璨、四祖道信、五祖弘忍之后，分为六祖慧能的南宗禅及神秀的北宗禅。其中，北宗禅主张渐悟，不久即衰落；南宗禅主张顿悟，在中唐以后渐兴，成为禅宗主流，进而由南岳怀让和青原行思传衍出五家七宗，即沩仰宗、临济宗、曹洞宗、云门宗和法眼宗，加上由临济宗分出的黄龙派和杨岐派，合称为七宗。其中法眼宗与曹洞、云门同出于南宗禅青原行思一系。

法眼宗的法统传承，从南唐至五代期间，据《五灯会元》[②]《传法正宗记》[③] 统计，其传承约一百八十三人，而《禅宗宗派源流》[④] 统计则有三百六十余人。在法眼文益禅师法嗣中，著名的有天台德韶、清凉泰钦、百丈道恒、净德智筠、永明道潜、永明延寿、灵隐清耸、报恩慧明、报慈行言、报恩法安、归宗策真等。

近代，禅门泰斗虚云禅师兼祧禅宗五家法脉，兴废续绝，其中承嗣法眼宗的因缘，是应福建长汀青持明湛法师之请。经查阅典籍，虚云老和尚确定法眼宗法脉传承为法眼文益、天台德韶、永明延寿、圆照宗本、智者嗣如、宝林文慧、祥符良庆，共七世，自续为第八世（虚云古岩）。并从良庆禅师与自己各摘一字，继演五十六字：

> 良虚本寂体无量，法界通融广含藏。遍印森罗圆自在，塞空情器总真常。
>
> 惟斯胜德昭日月，慧灯普照洞阴阳。传宗法眼六相义，光辉地久固天长。

由是，宗门有续，而法眼一脉也得以在八闽大地流布生根，第十一世传人龙岩天宫山圆通禅寺的光胜禅师，与体空理海所承的本宽慧果（第九世）、寂照宏如（第十世，灵意老和尚）一脉，乃至流布于江西、河

---

① ［日］圆慈：《五家参禅要路门》，《大正藏》第 81 册。

② 宋释普济将《景德传灯录》等五种重要灯录汇集删简而成，共二十卷。

③ 宋佛日契嵩撰《传法正宗记》，收在《大正藏》第五十一册。

④ 吴立民主编：《禅宗宗派源流》，中国社会科学出版社 1998 年版。

北、山西、内蒙古等地的法嗣遥相呼应，禅风广被。

二 法眼宗的文化影响

佛教是中国传统文化的重要组成部分，其慈悲祥和的安民济世功能、止恶扬善的心灵净化功能、丰富深厚的文化艺术功能等，对中国乃至世界的诸多方面产生过重大影响和积极作用。

中国佛教的特色在于禅（宗）。作为禅宗五家中最晚形成的一个宗派，法眼宗博采众长、应时所需的特色尤为突出。从这个意义上说，法眼宗对现代生活的指导意义是丰富而极具特色的，可以说行天下而不朽，历岁月而常新，亟待大力阐发和弘扬。

其特别符合时代和众生修证需求的特色主要集中于两个方面。

（一）自信与自省

习主席曾明确指出中华优秀传统文化是中华民族的突出优势，是我们最深厚的文化软实力。① 佛教界也应该以这样的文化自信迎接信仰回归时代的来临。

当年罗汉桂琛说：“若论佛法，一切现成。”文益禅师于其言下大悟，并进而提出了“不著他求，尽由心造”的宗旨。这是对佛法的认识，更是对自心的了悟，是对自信最好的表达。

回顾20世纪80年代以来佛教界的发展，可以说就是一个恢复信心、重塑信仰的历程。

1983年，赵朴老在《中国佛教协会三十年》的报告中郑重提出：当代社会主义中国的佛教徒，对于自己信奉的佛教，应当提倡一种思想，发扬三个传统，即“人间佛教”思想和农禅并重、注重学术研究、国际友好交流的传统。这是中国佛教界经历十年浩劫之后，重新思考并明确方向和使命的自信表达。

如今，已圆满举办了四届的“世界佛教论坛”，其主题从“和谐世界，从心开始”，到“和谐世界，众缘和合”，再到“和谐世界，同愿同

---

① 摘录于2013年8月全国宣传思想工作会议上的讲话。

行”，直到“同愿同行，交流互鉴”，彰显出佛教界的时代责任与历史使命。

学诚法师曾提出“以大乘佛法的基本观念同当代思潮相结合，回应这个时代人文、科学及精神领域的各种问题”[①]，这正是“不著他求，尽由心造”的现实意义，也正是法眼宗应时之需的特色所在。

同时，法眼宗因形成最晚，博采众长，而又特别重视经教，故其思辨精神卓尔不群，对于当代佛教的弘扬乃至社会的发展具有厚重的现实意义。

为纠正当时禅修者的偏差和弊端，顺应学人参禅悟道的需求，文益禅师著有《宗门十规论》，指陈当时禅宗存在的十种弊病，并有针对性地提出了革新措施。

这篇“诠诸妄之言，救一时之弊”的《宗门十规论》，虽然在当时流布不甚广泛，但其立足之高，体悟之深，针砭之切，历久弥新。

《宗门十规论》中，法眼文益揭举禅家十项流弊，以纠时偏，高瞻远瞩，痛下针砭，可以看成是对唐末五代禅风所做的最后整理和总结，即使在崇尚不立文字而又提倡藉教悟宗的禅门，也不能不说具有十分特别而又重要的价值。

尽管时代变迁，禅门日异，但法眼宗师犀利自省的态度及其强调修行目标，匡正修学方法，重申修证精神的主要思想，对于当今佛教界乃至当代社会文化的正本清源、激浊扬清，仍具有非常实际的指导意义。

（二）个性与圆融

爱因斯坦曾经说过，如果有一个能够应付现代科学需求，又能与科学相依共存的宗教，那必定是佛教。佛教法门微妙，典籍浩瀚，其“随缘不变、不变随缘”的智慧特质，尤其是禅宗的活泼空灵，特别能够契合现代社会理性、民主、平等、宽容等价值观念，也特别能够从容应对多元化、个性化的社会文化格局。

法眼禅师在接引学人的过程中随缘应机，因材施教，强调“对病施药，相身裁衣，随其器量，扫除情解”的禅风，还有灵活巧妙的“法眼

---

① 摘录于2013年大公报记者史利伟独家专访《学诚法师访谈录》。

四机”[①] 等，其本身就极富个性色彩，也非常符合现代人尊重个性的要求。众生的根性千差万别，对佛法的需求更是细致而多元，从这个角度来看，“先利济”的法眼宗风对于当代社会文化与生活各个领域的继承及发展都有着深刻的启示。

如果说法眼宗的个性色彩在于兼收各宗之长，以教乘菁英熔铸法眼，具有深刻洞悉的力量，那么“理事不二，贵在圆融”的思想理念，则更是超越地域和时代，也超越文字与宗派，于世出世间对人们的修行与生活产生着广泛而深刻的影响。

在这个回溯传统、文化归根的时代，人们认识到了信仰的重要性，急于弥补巨大的缺漏，而又缺乏鉴别能力，往往会从盲从滥举走向执着分别，这对正道修行有着不可忽视的障碍。如果能正确领会自性的具足与佛法的圆融，人们就可能更好地接受经典的熏染和善知识的指导，及时修正错误与偏差，在菩提之路上走得更加稳健。

社会生活的实践中，圆融的态度与方法也是极具智慧的。且不说上下五千年里所有辉煌的时代都有开放和兼容的前奏，就看如今中国的政治、经济、外交、文化等诸多领域的策略卓见成效，无不是坚定与圆融之功。因此，法眼之洞察与深邃，正是应时所需。

三　宏开法眼的责任与担当

佛教在任何时代都不曾放弃“庄严国土、利乐有情”的传统，在中华民族伟大复兴的历程中，充分发挥“诸恶莫作，众善奉行”的文化影响力，引领社会走向光明的未来，更是佛教当仁不让的历史责任。

当前，人类处于前所未有的发展阶段，同时也面临着前所未有的危机。尤其是我们这个承载着悠久历史和伟大梦想的国家，多元的社会格

---

① 法眼宗指导学人所用之四种机法：①箭锋相拄，谓师家之接化，针对学人上中下等各种机根而弯弓投矢，机锋相当，接化与领受之双方，紧密相契，无有间隙。②泯绝有无，谓令学人超越有与无二元对立之分别见解，而不令执着于父母未生以前之自己。③就身拈出，谓佛性真如原本即显现于世间各种千差万别之现象界中，师家遂借此种具显于人人眼前之现成佛性，信手拈来，一一皆可随缘点化。④随流得妙，谓师家依学人根器，灵巧运用接化之机法，而令学人体得佛性之殊妙。

局、滑坡的伦理道德、繁重的工作压力、污染的生活环境，使得人们的生存压力日益增大而安全感、幸福感日渐缺失，亟须从根本上加以扭转。

在现代文明歧路徘徊的历史关口，以慈悲与智慧为核心的佛教文化必将承担起无可替代的社会责任，特别是对传统与道德的唤醒和引领，对民主与科学的契合及支撑。

从这个意义上说，宏开法眼，烛照未来，正是法眼传人的历史担当。

文益禅师在清凉大道场弘宗演教时，曾有高丽僧慧炬禅师随其修行而得悟，后高丽国主遣使来请，遂成高丽道峰山法眼宗之国师。宋初，高丽王仰慕延寿学德，又复遣使致书，叙弟子礼，并遣僧侣三十六人前来祖庭接受道法，后回高丽，教化一方。再后来，法眼宗在我国渐趋衰微，却盛行于海外，尤其是在高丽，兴盛一时。祖庭恢复后，还常有韩国的学者、僧众前来寻根礼祖。这些珍贵的历史始终激励着今天的我们。

恢复后的清凉寺虽然规模尚小，但中兴祖庭、弘法利生的责任丝毫不敢懈怠。近七年来，我们始终致力于建设如法、如律的道场，不仅重视日常法务的规范和庄严，强化道场教育大众的功能，而且特别注重加强教内外的交流和宣传，与时俱进，开拓新媒体时代佛教文化传播的新风格、新方式，为古都金陵的祖庭文化建设做出了有益的尝试，也对社会和谐发展起到了应有的引领作用。

如今，清凉寺遗址保护及展示工程已纳入市政府的整体规划，至2014年底，遗址的考古已经全部完成，明代寺址的规模与格局清晰可辨。

寺院的规划是以建设法眼宗纪念馆的形式，将文物保护与宗教文化展示有机结合起来，以不破坏花草、树木，保护绿地为原则，充分考虑佛教传统与现代相结合，寺院与园林相融入，信众与游人共分享的多种元素，最大可能地体现清凉山的佛教文化、南唐帝王文化和历史人文景观的特色，将清凉山厚重的历史文化挖掘、展现出来。

为此，我们提出的理念是，重视适应性，鼓励现代化，同时保持超越性，防范世俗化。在设计和规划上，我们特别关注其在区域文化内与其他亮点的呼应，突出不同的历史特色和禅宗韵味，遵循简单、质朴、开放、和谐的原则，表达绿色环保、低碳节能等可持续发展的现代理念，以适应现代都市人群的审美品位和精神需求；在推进和落实上，则注重保障寺院清净超越的宗教特色，避免因过多的行政归属、经济契约等世俗压力影响其精神引领的高度和纯度。

与此同时，我们也注重文物、史料的搜集，努力加强对法眼宗历史、思想、文化、法脉的研究，希望能充分挖掘法眼宗文化的内在价值、学术价值和社会价值。

千载以来，法眼祖庭清凉寺在成住坏空、缘灭缘生中成就了诸多福德因缘，而法流东南，光耀龙岩，也留下了无尽奇珍。那么宏开法眼，让禅风法雨更深广地泽被时代与大众，毫无疑问应该是法眼一脉的共同使命。

结　语

综上所述，法眼宗作为禅宗五家中最晚形成的一个宗派，博采众长，应时所需，其宗风兼具自信和自省、个性与圆融的特色，对现代生活具有丰富的指导意义，可以说行天下而不朽，历岁月而常新，亟待大力阐发和弘扬。

法眼宗祖庭南京清凉寺，是南京佛教文化、清凉山精英文化、金陵地域文化的重要代表，具有深厚的历史价值和文化影响。2009 年道场恢复后，正着手规划以建设法眼宗纪念馆的形式，将文物保护与宗教文化展示有机结合起来，注重文物、史料的搜集，努力加强对法眼宗历史、思想、文化、法脉的研究，充分挖掘法眼宗文化的内在价值、学术价值和社会价值，宏开法眼，不负因缘，让禅风法雨更深广地泽被时代与大众，为和谐社会助力，为人类前行燃灯。

虚云大师续衍法眼一脉传承与宗风刍议

马海燕

（闽南师范大学闽南文化研究所副教授）

一 法眼“师祖”之选定

关于法眼一宗的法脉传承，《禅门日诵》中有《法眼源流诀》云：“雪峰师备琛，法眼益千钦。道齐并义海，虽迟人最盛。”[①] 虚云大师《法眼宗派》则派列如下：

> 东土六祖慧能大师—青原行思禅师—石头希迁禅师—天皇道悟禅师—龙潭崇信禅师—德山宣鉴禅师—雪峰义存禅师—玄沙师备禅师—地藏桂琛禅师—法眼第一世法眼文益禅师……[②]

实际上，虚云大师所述的传承源流大部分与《禅门日诵》相同，但也不是毫无疑问的，且不论法眼二世以后的传承，即法眼之前的师承在中国禅宗史上也是议论纷纭。依冉云华《永明延寿》第二章所列永明延寿禅师的德韶一系传承如下：

> 义存—桂琛—文益—德韶—延寿。[③]

---

① 《禅门日诵》，莆田广化寺印本，第364页。

② 《法眼宗派》，《虚云和尚全集》第8册，中州古籍出版社2009年版，第169页。

③ 冉云华：《永明延寿》，台北东大图书公司1999年版，第43页。

也就是说，罗汉桂琛是雪峰义存弟子，法眼文益与玄沙师备并没有传承关系，可惜的是，该书未说明根据所在。不过，贾晋华所著《古典禅研究：中唐至五代禅宗发展新探》第十章所论法眼门风即说法眼文益“自认出玄沙—地藏一系”①（笔者按：地藏即罗汉桂琛，下同）。

关于法眼一系“自认”归属的问题，或从《五灯会元》卷十《报恩慧明禅师传》中可得一些线索。该传提及法眼禅师法嗣慧明禅师之时，说“吴越部内，禅学者虽盛，而以玄沙正宗置之阃外，师欲整而导之”②。慧明住持资崇院时，“盛谈玄沙及地藏、法眼宗旨臻极”③。另外，《宋高僧传》卷十三法眼弟子德韶传亦言其“大兴玄沙法道，归依者众”④。可见，法眼法嗣弟子中有以弘扬玄沙正宗为己任者，而且确实得到了成效，“今江表多尚斯学”⑤。“至今浙之左右，山门盛传此宗，法嗣繁衍矣。”⑥

此外，《宋高僧传》中还透露出一些信息。细读赞宁《宋高僧传》中关于雪峰、玄沙、地藏等传记，不免令人心存疑惑。

首先是雪峰与玄沙之关系。按一般学界所说，雪峰是玄沙之师，二人是师徒关系，这点赞宁雪峰传下亦言及，但似乎他别有隐情，故而说雪峰“徒之环足，其趋也，驰而愈离，辩而愈惑”，又说玄沙“乘《楞严》而入道，识见天殊”，“故有过师之说”。⑦ 而玄沙传中则曰：“备同学法兄，则雪峰存师也，一再相逢，存多许与，故目之为备头陀焉。”⑧ 又变成所谓的“同学法兄”关系了。

其次是地藏桂琛的师承。根据赞宁桂琛传，桂琛“初谒云居，后诣雪峰、玄沙两会”，“得旨于宗一大师（引者按：即玄沙师备）”⑨。在赞

① 贾晋华：《古典禅研究：中唐至五代禅宗发展新探》，上海人民出版社2013年版，第276页。

② 《五灯会元》卷十，中华书局1984年版，第582页。

③ 同上书，第583页。

④ 《宋高僧传》卷十三，中华书局1987年版，第317页。

⑤ 《宋高僧传》卷十二，中华书局1987年版，第288页。

⑥ 《宋高僧传》卷十三，中华书局1987年版，第306页。

⑦ 《宋高僧传》卷十二，中华书局1987年版，第288页。

⑧ 《宋高僧传》卷十三，中华书局1987年版，第306页。

⑨ 同上书，第309页。

宁玄沙传中，也明确说明玄沙弟子中，“众推桂琛为神足”①。赞宁还特别感慨道：“琛得法密付授耳。时神晏大师，王氏所重，以言事胁令舍玄沙嗣雪峰，确乎不拔，终为晏谗而凌轹，惜哉！”② 于此可见，冉云华之说大概是依据鼓山神晏一系的意见而来。

值得一提的是，桂琛传中“确乎不拔”一词在《宋高僧传》文益传中再次出现：“由玄沙与雪峰血脉殊异，益疑山顿摧，正路斯得，欣欣然挂囊栖止，变途回轨，确乎不拔。”③ 细细玩味，则“确乎不拔”应指的是“变途回轨”后的自我认同，也就是肯定“玄沙与雪峰血脉殊异”。不论是桂琛还是文益，他们的确是自认为玄沙传承的。

可以肯定的是，以承续宗脉为己任、严于法系考证的虚云所确定的法眼传承谱系是经过一番抉择的，他就是基于鼓山系的法系认同（同为雪峰法脉）。一方面，“义存—玄沙—桂琛—法眼”模式于古有据（本于《禅门日诵》），桂琛出玄沙而非义存，但只要玄沙出自义存，雪峰之地位仍然不可小觑；另一方面，它否定了历史上曾经轰动一时的说法：临济宗人普遍认为历史上有两个道悟，一个是天王道悟，一个是天皇道悟，前者出自马祖门下，后者是石头门下，云门、法眼所出的道悟是马祖门下的。此说在费隐通容《五灯严统》中最为显明，它将《五灯会元》中天皇道悟以后原属于青原系下的云门、法眼二宗一律改列南岳系。鼓山系明末大师永觉元贤曾作《龙潭考》批驳此说，其中特别提及：

> 宋《景德传灯》止载天皇悟嗣石头，而不知同时有二道悟，一嗣马祖，住荆州城西天王寺；一嗣石头，住荆州城东天皇寺。历考唐归登撰《南岳让碑》圭峰答裴相国宗趣状，权德舆撰《马祖塔铭》皆可据。及后达观颖所引丘玄素符载二塔铭，载之益详，此无可疑

① 《宋高僧传》卷十三，中华书局1987年版，第306页。

② 同上书，第309页。按：杜继文、魏道儒《中国禅宗通史》认为神晏对桂琛的压制“大约与他继承师备的密教有关”（见杜继文、魏道儒《中国禅宗通史》，江苏人民出版社2007年版，第373页）。实际上，禅宗中的“秘重妙法”未必就是什么“密教”，师徒之间的印许、问答本来就是很玄妙的。另外，即便承认有所谓密教传承，按今天很多佛教界的传言，雪峰—神晏一系也有密教传承，可见从所谓密教来讨论神晏与桂琛的冲突是不恰当的。

③ 《宋高僧传》卷十三，中华书局1987年版，第314页。

者。但丘铭中，以龙潭信嗣天王悟，此则不能无疑焉。予尝考《雪峰语录》，峰对闽王自称得先德山石头之道。又鼓山晏国师《语录序》中亦称，晏为石头五叶孙，此二书在五代之际，去龙潭不远，岂应遽忘其所自哉！据此，则知龙潭信所嗣者天皇悟，非天王悟，其证一也。①

在此诤中，元贤即主要以雪峰为论，毕竟雪峰乃是鼓山法脉之源，对此虚云大师是不会不受影响的，他认同了鼓山元贤关于“天皇与天王诤”的考订。当然，《龙潭考》在关于道悟问题之外，元贤还特别讨论了雪峰禅法风格问题，他说：

古来同禀一师而机锋各别者多矣，岂必尽同，如云门、法眼，同出雪峰。若云门当归马祖，则法眼又当归石头耶。……且予尝考《雪峰全录》，其禅备众格，波澜阔大，故其语有时似临济，有时似曹洞，其徒如玄沙、长庆、保福、鼓山、安国、镜清等皆然。②

这一段论说正可回应《宋高僧传》“玄沙与雪峰血脉殊异”之论。鼓山法系作为东南尤其福建影响最大的法系，其关于禅宗相关问题的认识基本得到本系后来者的一致认同，虚云禅师也不例外。

综上所述，关于法眼的传承，可以有“玄沙—桂琛—法眼”，“义存—桂琛—法眼”，“义存—玄沙—桂琛—法眼”三说，其间不是“对错”的问题，而是特定宗派的自我认同问题，这点在今天的曹洞宗传承上同样可见。对于虚云大师所示的法眼源流，不能以某些宗派的意见而对其进行非议和指责，因为它是续起的“一代宗师”在开宗立派时基于本派观点自我设定的，本身就具有鲜明的宗派意识。

二　法眼宗之闽缘及其宗风

虚云自述说：“此宗发源，在金陵清凉山，早废，兹时不易恢复。从

① （明）元贤：《龙潭考》，《永觉元贤禅师广录》卷十七，《卍续藏》第72册，第480页。
② 同上。

宋元以来，绍化乏后，查诸典籍，自文益祖师七传至祥符良度禅师止，其后无考。旧派益祖六世祖光禅师立二十字，后不知何人立四十字，虽有二派，子孙停流，鲜有继起。”[①] 此中需要说明，“旧派”，“虽有二派”，其中的“派”指的是字派。虚云所论不外《禅门日诵》中云：

> 自六祖下，七传至雪峰存，存传玄沙备，备传地藏琛，琛传到法眼文益禅师，后人立为法眼宗，至第六世翠岩嗣元祖光禅师，演派计二十字：祖智悟本真，法性常兴胜。定慧广圆明，觉海玄清印。后未知何人，续演四十字：佛天通至宝，万圣承斯命。同等般若船，誓度众生尽。后续：衍传蟠际久，茂育见天根。洞悉三藏训，云岸自我登。[②]

内中提及“第六世翠岩嗣元祖光禅师”，其为瑞岩义海禅师法嗣，住明州翠岩，[③] 其曾演派二十字。法眼数世之后的传承确实“难于考证”，[④] 虚云《法眼宗派》法眼二世以后所列传承为：

> 第二世　天台德韶国师，清凉泰钦禅师
> 第三世　永明延寿禅师，云居道齐禅师
> 第四世　灵隐文胜禅师，保福居煦禅师
> 第五世　智者嗣如禅师
> 第六世　宝林文慧禅师
> 第七世　祥符良庆禅师
> 第八世　虚云古岩禅师[⑤]

此中，天台德韶国师，缙云人，俗姓陈，始入天台山建寺院道场，在

---

① 《法眼宗派》，《虚云和尚全集》第 8 册，中州古籍出版社 2009 年版，第 170 页。
② 《禅门日诵》，莆田广化寺印本，第 364 页。
③ 《五灯会元》卷十，中华书局 1984 年版，第 641 页。
④ 《法眼宗派》，《虚云和尚全集》第 8 册，中州古籍出版社 2009 年版，第 170 页。
⑤ 同上书，第 169 页。

江浙间有“大和尚”之誉。[①] 清凉泰钦禅师，魏府人，初住洪州双林寺，后住金陵清凉寺，为当时江南国主所重。[②] 永明寺是杭州一大寺，第一任住持是道潜禅师，亦是法眼嗣法弟子之一，其圆寂后，德韶弟子永明延寿继任，其活动亦以江浙为主。[③] 云居道齐禅师，洪州人，清凉泰钦禅师弟子，在江西云居山。[④] 灵隐文胜禅师，云居道齐禅师弟子，住杭州灵隐寺。[⑤] 余皆见《增订佛祖道影》，虚云禅师有补赞。[⑥]

实际上，法眼宗虽盛行江浙，但与福建因缘殊胜，且不说法眼文益之师祖雪峰、玄沙、桂琛等都在闽弘化，文益大师自己“遂参宣法大师曾住漳浦罗汉，闽人止呼罗汉，罗汉素知益在长庆脱颖，锐意接之，唱导之”[⑦]。《五灯会元》中所列举的法眼后人，其中福建的法眼弟子及其传人主要以福州、闽南为主。[⑧] 即便以第八世续起的虚云大师，也是出生于闽南泉州，出家于福州鼓山，而这两处的禅佛教都离不开雪峰义存的影响。此外，明末以来，鼓山中兴大师永觉元贤同时弘化闽南，高举雪峰宗风，重新印行《雪峰禅师语录》，这对重视鼓山祖师文献整理的虚云应有着深刻的影响，他的重续法眼法脉，是否也是为了重续闽人的法眼法缘？法眼在吴越弟子多以玄沙为正宗，其闽赣弟子中是否可能有接近于雪峰的不一样的风格？此有待进一步探讨。

而现代法眼法脉的续起是出于来自福建的本湛法师所请。虚云自述云：“癸酉春，有青持明湛禅者，由长汀至南华，谓在长汀创八宝山，志愿欲绍法眼一宗，不知所由，恳请授其法眼源流，因嘉其志，乃告之。”[⑨]

---

① 《宋高僧传》卷十三，中华书局 1987 年版，第 317 页。

② 《五灯会元》卷十，中华书局 1984 年版，第 575—577 页。

③ 冉云华：《永明延寿》，台北东大图书公司 1999 年版，第 46 页。

④ 《五灯会元》卷十，中华书局 1984 年版，第 621 页。

⑤ 同上书，第 633 页。

⑥ 《增订佛祖道影传赞增补》，《虚云和尚全集》第 2 册，中州古籍出版社 2009 年版，第 262—263 页。

⑦ 《宋高僧传》卷十三，中华书局 1987 年版，第 314 页。按：关于文益参桂琛的时间地点等问题，王荣国与谢重光诸学者有论文讨论之，可以参阅。

⑧ 而据学者统计，北宋初年入闽传法的法眼宗禅师比五代时期增多，而且主要是第三世弟子。法眼宗第四世弟子仅有一人在闽，此后法眼宗在闽法系不明。见王荣国《福建佛教史》，厦门大学出版社 1997 年版，第 218—220 页。

⑨ 《法眼宗派》，《虚云和尚全集》第 8 册，中州古籍出版社 2009 年版，第 169 页。

但他处所记略有不同，云："此即长汀八宝山峻峰寺明湛，1943 年癸未年十月初八日佛旦，传付于南华丈室。"① 如果说虚云对于法眼宗的责任感可能起于对雪峰法脉的认同，本湛法师选择弘扬法眼一宗则很可能是基于多方面的考虑。②

要之，法眼宗与福建有着深厚的法缘，作为出生于福建、出家于鼓山、承法鼓山并曾经住持鼓山的福建高僧，虚云面对福建僧人的恳请，毅然地为断绝已久的法眼宗续脉也在情理之中。只是弘法在人，续起的福建法眼法脉应如何发展，丕振宗风，实有待后来者之努力。

自 1943 年受本湛禅师之请，虚云大师重续法眼宗派，虚老自续祥符良庆为法眼第八世，续传之派字为：

> 良虚本寂体无量，法界通融广含藏。
> 遍印森罗圆自在，塞空情器总真常。
> 惟斯胜德昭日月，慧灯普照洞阴阳。
> 传宗法眼六相义，光辉地久固天长。③

依素闻法师整理，自"本"字辈传承者有本湛青持禅师、本禅禅师、本性净慧禅师（1952 年传于云门）、本智信清禅师（1957 年传于云居山）四人；"寂"字辈传承者三人，即寂本慧青禅师（代本湛禅师传）、寂照慧瑛禅师（1946 年代本湛禅师传）、寂照宏如禅师；"体"字辈弟子有体华光升禅师。④ 当然，其间有所遗漏，可待增补，如"体"字辈弟子目前

---

① 《虚云老和尚五宗法嗣录》，《虚云和尚全集》第 8 册，中州古籍出版社 2009 年版，第 147 页。

② 当然，虚云大师与本湛法师个人的因缘也不得不提。众所周知，虚云大师是从鼓山妙莲禅师处得法的。妙莲，讳地华，别号云池，福建归化人（即今明溪县，属闽西北）。闽西北一带罗祖教盛行，妙莲禅师早年亦是罗祖教徒，闽西罗祖教民国二十一年宗谱记载有妙莲法师，罗祖教内称其为彻宝法师。后受具为比丘，他在闽西北一带罗祖教徒众中深有影响。本湛法师亦是来自闽西，而且早年也是出身罗祖教下，他与妙莲禅师至少有着相似的经历。感谢李志鸿师兄告知，他有相关论文研究，可以参考。

③ 《法眼宗派》，《虚云和尚全集》第 8 册，中州古籍出版社 2009 年版，第 170 页。

④ 《虚云老和尚五宗传法偈》，《虚云和尚全集》第 3 册，中州古籍出版社 2009 年版，第 208—209 页。

尚有龙岩天宫山圆通禅寺光胜禅师等。

本湛法师在闽西创八宝山峻峰寺，志弘法眼，他对续起的法眼宗风为何当有所了解，可惜文献无征。不过，从有限的资料来看，他是早有自己的志向了：第一，针对闽西当地罗祖教盛行的情形，他重视佛教教理教义的学习，毕竟罗祖教修学主要以《五部六册》为主，倘能在经论方面多受熏习，佛教正信即能由此确立；第二，针对罗祖教提倡修行不在出家之说，他注重僧人戒律的修持，对于出家受戒尤为重视，毕竟闽西北很多僧人“感罗公祖师开方便教接引群蒙，使我早入善路，后得披剃孔门，受佛具足大戒，得获无量胜益，以此不忘其本”[①]，受具足戒是罗祖教徒“历经旁门，终归正道”的关键；第三，力行苦行，提倡净土念佛，组织莲社活动，引导在家信众归向正信。[②] 而在这三方面法眼宗相较于他宗更为特出。

虚云续派中明确提出“传宗法眼六相义”，可见他不仅要续法脉，更重在阐扬宗风。那法眼之宗风如何呢？首在“六相义”。法眼认为：“门庭建化固有多方，接物利生其归一揆，苟或未经教论，难破识情。”[③] 也就是说，禅宗各宗门庭施设可以不同，在接引方式上形成各自独特门风，但最后宗旨却是共同的。可以说理事圆融构成了法眼思想的中心，《宗门十规论》云：

> 论曰：大凡祖佛之宗，具理具事。事依理立，理假事明。理事相资，还同目足。若有事而无理，则滞泥不通。若有理而无事，则汗漫无归。欲其不二，贵在圆融。且如曹洞家风，则有偏有正，有明有暗。临济有主有宾，有体有用。然建化之不类，且血脉而相通，无一不该，举动皆集。又如法界观具谈理事，断自色空。海性无边，摄在一毫之上；须弥至大，藏归一芥之中。故非圣量使然，真猷合尔。又非神通变现，诞生推称，不著它求，尽由心造。佛及众生，具平等

---

① 民国十三年《大乘正教宗谱》，感谢中国社会科学院世界宗教研究所李志鸿师兄提供。承蒙李师兄提供部分资料并提供修改意见。

② 叶兵：《虚云和尚承嗣禅宗五家法脉的因缘》，《虚云和尚全集》第8册，中州古籍出版社2009年版，第249页。

③ （五代）法眼：《宗门十规论自叙》，《宗门十规论》，《卍续藏》第63册，第36页。

> 故。苟或不知其旨，妄有谈论，致令触净不分，浇讹不辨，偏正滞于回互，体用混于自然，谓之一法不明，纤尘翳目。自病未能剿绝，他疾安可医治？大须审详，固非小事。①

“六相义”是法眼体会《华严》法界、思考理事关系的关键，所谓“六相”指的是同异、总别、成坏。其作《华严六相义颂》：“华严六相义，同中还有异。异若异于同，全非诸佛意。诸佛意总别，何曾有同异。”② 又弟子道潜禅师来参，二人问答之间即以华严“六相”为主：

> 永明道潜禅师，河中府人。初参师，师问云：子于参请外，看甚么经？道潜云：《华严经》。师云：总别、同异、成坏六相，是何门摄属？潜云：文在《十地品》中。据理，则世出世间一切法，皆具六相也。师云：空还具六相也无？潜懵然无对。师云：汝问我，我向汝道。潜乃问：空还具六相也无？师云：空。潜于是开悟，踊跃礼谢。③

法眼以总别本末论理事，总为同，别为异；总为成，别为坏，事总是表现理。再配合《华严经》“三界唯心”之论，他提倡“一切现成”。法眼主张禅完全建立在理事圆融的基础上，他对经教甚为重视，侧重《华严经》的研究，其所说的禅大都能够融通教义，不是凌空而论。④

其次是法眼宗人对于禅净关系的抉择。佛教界流传的“四料简”据说出自法眼宗三世永明延寿禅师。⑤ 四料简一出，引发了禅净修学者之间无尽的纷争。净土宗学人有执“有禅无净土，十人九蹉路”等语批评禅宗学人，并编造了许多故事说明之，例如说戒禅师后身为苏子瞻，严首座后身为王龟龄等，“此数公者，向使精求净土，则焉有此？为常人，为女

① （五代）法眼：《理事相违不分触净第五》，《宗门十规论》，《卍续藏》第63册，第37、38页。

② （五代）法眼：《金陵清凉院文益禅师语录》，《大正藏》第47册，第591页。

③ 同上。

④ 这点吕澂先生所论甚多，可以参阅吕澂《中国佛学源流略讲》，中华书局1979年版，第243—249页。

⑤ （宋）延寿：《永明料简》，《永明延寿禅师全书》，宗教文化出版社2008年版，第1993页。

人，为恶人，则辗转下劣，即为诸名臣，亦非计之得也”[①]。对此虚云大师认为以上都不可以说是“参禅误之”，因为修行人后身，在人不在法。他还特别提及：“我平常留心典章，从未见到四料简，载在永明何种著作中，但天下流传已久，不敢说他是伪托的。”[②] 虚云提醒学人，对于四料简的解读必须参合《楞严经·圆通偈》：“归元无二行，方便有多门。圣性无不通，顺逆皆方便。”也正基于此，他“平生没有劝过一个人不要念佛，只不满别人劝人不要参禅”[③]。

最后是重视佛教戒律的弘扬。末法之世，应更重视僧人戒律修持，唯有“以戒为师”，方能续佛慧命。法眼《宗门十规论》论及僧团中不良现象时说：“盖有望风承嗣，窃位住持……以佚滥为德行，破佛禁戒，弃僧威仪，返凌铄于二乘，倒排斥于三学，况不检于大节，自许是其达人。然当像季之时，魔强法弱，假如来之法服，盗国王之恩威，口谈解脱之因，心弄鬼神之事，既无愧耻，宁避罪愆。今乃历叙此徒，须警来者。”[④] 法眼宗三世大师永明延寿亦言：“古圣施设，岂有他心？只为末法僧尼少持禁戒，恐赚向善俗子多退道心，所以广行遮护。”[⑤] 延寿另有《受菩萨戒法》一卷，肯定持戒的重要性。[⑥] 虚云大师则更是重视戒律的弘扬，特别是推行规范传戒，他在鼓山涌泉寺、广东南华寺、江西云居山等寺院都曾推行传戒，尤其是在鼓山涌泉寺的传戒改革，轰动一时，意义非凡。[⑦]

总之，法眼宗在禅法经教以及净土念佛、戒律修持上都有其鲜明特

---

① 李志锋选编，虚云大师语录：《虚云大师禅修体系》，文化艺术出版社 2009 年版，第 159 页。

② 同上书，第 160 页。按：据传四料简出自《宗镜录》，但现存《宗镜录》中未见记载。现存最早收录四料简的是《净土指归集》，关于此文是否为延寿所作，学界目前也无定论。见《永明延寿禅师全书》，宗教文化出版社 2008 年版，第 1992 页。

③ 李志锋选编，虚云大师语录：《虚云大师禅修体系》，文化艺术出版社 2009 年版，第 157、162 页。

④ （五代）法眼：《护己之短好争胜负第十》，《宗门十规论》，《卍续藏》第 63 册，第 38 页。

⑤ （宋）延寿：《永明寿禅师垂诫》，《永明延寿禅师全书》，宗教文化出版社 2008 年版，第 1659 页。

⑥ （宋）延寿：《受菩萨戒法》，《永明延寿禅师全书》，宗教文化出版社 2008 年版，第 1981—1991 页。

⑦ 拙著：《授戒法系与鼓山现代传戒改革论析》，《闽南师范大学学报》2014 年第 1 期。

点，能够对治末法时期佛教发展中的一些现实困境，况且虚云大师在这些方面都为当时佛教界所瞩目，这应有助于理解本湛禅师为何奔赴广东南华寺面见虚云大师，于临济传承之外，特别请求其续脉法眼了。[①]

三 余 论

诚如当代学者顾伟康先生所论，禅宗的发展表现出较为明显的阶段性，从达摩禅始一共经历了“六变”[②]，到了晚期，“历代禅师身上那种特有的朝气、那种特殊的魅力，在晚期禅师身上再也感受不到”[③]。因此，对于虚云大师续起的法眼法脉，无须苛求它在禅法原创性上的发展，只要法脉接续并传之久远，即可谓功莫大焉！

当年本湛禅师向虚云大师恭请续法眼一脉的具体情形我们不得而知，但从虚云《复云南圆通寺自性、宏净二和尚》信函可以推知一二：

> 接汝来函，谓住持丹霞圆通寺，要续源流。闻之不禁悲喜交集。喜汝发心，是为难得，悲斯时世，实非容易。见古人时时以道德为念，度生为怀，损己利人，果因不昧，慎重行持，切勿错过，诫之诫之。[④]

虚老一身挑起五宗法脉，其所担负的使命与责任也非同寻常。法眼《宗门十规论》曾批评世人：“祖师哀悯，心印单传。俾不历阶级，顿超凡圣。只令自悟，永断疑根。近代之人，多所慢易。丛林虽入，懒慕参求。纵成留心，不择宗匠，邪师过谬，同失指归。……谤大乘愆，非小罪报。”[⑤] 面对请法弟子，虚云心中一定是战战兢兢，悲欣交集，毕

---

① 他也有临济传承。《虚云老和尚五宗传法偈》，《虚云和尚全集》第3册，中州古籍出版社2009年版，第202页。

② 顾伟康：《禅宗六变》，台北东大图书公司2006年版，第34页。

③ 同上书，第239页。

④ 虚云：《虚云老和尚法汇》，黄山出版社2006年版，第180页。

⑤ （五代）法眼：《自己心地未明妄为人师第一》，《宗门十规论》，《卍续藏》第63册，第37页。

竟佛教法脉之存亡兴绝，重在得人，每一宗派的付法都必须慎之又慎。相信续起之法眼宗派传人，定能不辱师命，承先启后，使得法眼一宗绵延长久。

《宗镜录》成书考

——兼论五代吴越国法眼宗僧团

陈文庆

（福建社会科学院历史研究所助理研究员）

《宗镜录》的成书问题，王翠玲已有专文论及，但那是十多年前的成果①，其结论有重新检讨的必要，例如其时间推定（954—970）相当宽泛，而且把延寿组织的三宗辩论与纂集宗镜混而为一，其实这是两个不同的历史过程，这些都需要进一步澄清。不过王文提供了很好的思路，特别是把问题放在当时吴越与日韩典籍交流的大背景下来考察，五代以降的中国佛教史很多问题都需要从整个东亚的视角来研究才能说明问题，《宗镜录》的成书也不例外。

近年发现了很多新材料，特别是宋代元照重编的《永明智觉禅师方丈实录》及明版《南屏净慈寺志》，这两份材料对于解决上述问题提供了许多新的证据。我们将把《宗镜录》的成书过程分为三部分：东亚典籍的环流，台贤慈三宗辩论及《宗镜录》的文本创作。这样处理符合《宗镜录》文本形成的发展次序，应该可以解决该书的成书问题。

一　五代宋初东亚教典回流

《宗镜录》这部佛学巨著的问世，应该说是因应时代、地域发展的结

① 王翠玲：《〈宗镜录〉の基础的研究》，东京大学大学院硕士学位论文，1995 年；《〈宗镜录〉の成立》，《印度学佛教学研究》第 48 卷第 1 号，1999 年，第 358—355 页；《永明延寿の研究——〈宗镜录〉を中心として》，东京大学博士学位论文，2000 年，第 107—117 页。

果。中国佛学在隋唐两代真正完成，依次产生天台、三论、慈恩、贤首、禅诸宗，佛教达到入华以来的发展高峰，但安史之乱（755—763）以后的两个多世纪，先后有会昌法难、唐末农民战争及五代政权的频繁更迭，政局一再动荡，中国佛教呈现出衰微的态势。特别如唐武宗会昌五年（845）“大剪释氏，巾其徒，彻其居，容貌于土木者沈诸水，言论于纸素者投诸火”[①]，这对于以庄园经济为基础的佛教义学是一沉重打击[②]，其中经籍被焚影响尤为深远，其结果是“自湖以南远人畏法，体朝廷之严旨，焚彻经像，殆无遗余，故今明命虽颁，莫能得其经籍”[③]。其影响是全国性的，南方偏远地区也是严格执行毁佛政令，教典一旦散失就很难再重新找回，据《佛祖统纪》卷四十二记载，唐宣宗大中八年（854），潭州岳麓寺沙门疏言往太原府搜寻教典，在当地官员的帮助下寻得经律论五千零四十八卷[④]，成果还是很大的，不过史书记载仅此一例，教典辑佚并不是一件易事。

佛教章疏论著散佚的情况一直延续到五代宋初，其中天台教典的散失尤为严重。《宋高僧传》卷七记载：“先是智者教迹，远则安史兵残，近则会昌焚毁，零篇断简，本折枝摧，传者何凭？”[⑤] 又北宋遵式（964—1033）《方等三昧行法序》也说：“天台教卷，自唐季多流海外，或尚存目录而莫见其文，学者思之，渺隔沧海。”[⑥] 经过历次法难，到唐末时天台章疏论著已毁灭殆尽，剩下残篇断简，学者只能从经录记载而想见其文。《佛祖统纪》卷八记载吴越王钱弘俶因读《永嘉集》“同除四住”诸语不解而辗转问到螺溪羲寂，乃知此出《法华玄义》，“自唐末丧乱教籍散毁，故此诸文多在海外”[⑦]。弘俶以一国之主欲览教典而不可得，还要从海东诸国寻回，经典佚失之重于此可知。与教门的衰弱沉寂相反，禅宗因主张不藉经教，走农禅结合的道路，迅速发展起来，禅宗五家分派就是

① 《佛祖统纪》卷四十二，《大正藏》第49册，第388页上。

② 佛教义学指以佛陀经教为据，研究教义理论的学问，如天台、华严、唯识诸宗，它们均有自家数量众多的章疏论著，又被称为教门，以区别于禅宗。

③ 《佛祖统纪》卷四十二，《大正藏》第49册，第388页上。

④ 同上书，第387页下。

⑤ 《宋高僧传》卷七《螺溪羲寂传》，《大正藏》第50册，第752页中。

⑥ 《方等三昧行法》卷一，《大正藏》第46册，第943页上。

⑦ 《佛祖统纪》卷八《羲寂传》，《大正藏》第49册，第190页下。

在唐末五代先后建立的，佛教变成了禅宗的天下。这是唐末五代佛教发展的基本格局。

延寿（904—976）生活的吴越国僻处中国东南，可谓清净安乐的国土。从唐景福二年（893）钱镠受封镇海节度使到宋太平兴国三年（978）钱弘俶纳土归宋，吴越王国延续了八十六年，在十国之中算是享国最久的，延寿生于斯，长于斯，一生行履未出吴越一隅。自钱镠以来的历代吴越王均奉中原为正朔，实行保境安民的政策，发展积极的海外交通。如农业上，钱镠时即创置屯田，到两宋时“江淮两浙，承伪制皆屯有屯田”[①]；到钱弘俶时下令募民垦荒，《资治通鉴》卷二八八《后汉隐帝》记载：“吴越王弘俶，募民能垦荒田者，勿收其税，由是境内无弃土……弘俶仗之国门，国人皆悦。”[②] 这些政策还是很有成效的，到钱弘俶纳土归宋时，吴越户口已有五十五万六百八十人[③]，这在全国中比例算是高的。吴越王室一直实行保护佛教的政策，如钱镠据有两浙时即下令保护天台山，《佛祖统纪》卷八就记载十四祖高论清竦说：“王臣外护得免兵革之忧，终日居安可不进道以答国恩?”[④] 吴越佛教的繁荣与钱氏的支持是分不开的。

由于周边其他割据政权的阻隔，吴越国对外交通一般采取海路，与中原王朝的联系也以海路为主。《五代史补》卷五《契盈属对》记载：“时潮水初满，舟楫辐辏，望之不见其首尾。王喜曰：‘吴国地去京师三千余里，而谁知一水之利，有如此耶!’”[⑤] 吴越国的海外交通，在五代十国中是异常发达的。据木宫泰彦梳理，五代时期（909—959）中日船舶往来共有十五次，除去不知名的船员，其他十一次均为吴越人，特别是这些船舶均为中国商船，没有一艘日本船[⑥]，可见中日间的交流主要以吴越地区为主，且吴越是主动者。吴越国还与中亚地区的大食（今伊朗）通商，

---

① 《宋史》卷九十五《河渠志五·河北诸水》，中华书局点校本 1977 年版，第 2366 页。

② 有关五代吴越国的社会经济发展可参阅韩国磐《五代时南中国的经济发展及其限度》，《厦门大学学报》1956 年第 1 期，收入氏著《隋唐五代史论集》，生活·读书·新知三联书店 1979 年版，第 234—266 页。

③ 《宋史》卷四《本纪第四·太宗一》，中华书局点校本 1977 年版，第 58 页。

④ 《佛祖统纪》卷八，《大正藏》第 49 册，第 190 页下。

⑤ 转引自韩国磐《隋唐五代史纲》（修订本），人民出版社 1977 年版，第 454 页。

⑥ ［日］木宫泰彦：《日中文化交流史》，胡锡年译，商务印书馆 1980 年版，第 222—224 页。

输入猛火油用于作战。[①] 吴越国与海外航海贸易，特别是与东亚日韩两国的联系，为佛教典籍复归中土提供了重要的物质条件，教典的海外访求即通过航海贸易的途径进行。

五代吴越国的教典整理主要是访求佚籍，这与其时天台和禅宗诸大师的努力分不开，更为重要的是有钱弘俶大力支持。据《人天宝鉴》卷一记载："时天台智者教法，自会昌之变硕德隐耀，所有法藏多流海东，螺溪寂法师痛将蔑闻，力网罗之，先于金华藏中仅得《净名》一疏而已。"[②] 唐末五代的天台学，由于教典散佚，只能勉强传承下来，被视为正统的十四祖高论清竦也是游谈无根，羲（又作义）寂（919—987）投师清竦后，有感于自宗教法陵夷，致力网罗古师著述，也只是在金华古藏中搜集到《净名疏》而已。天台教典的重现，主要还是依靠海外搜求，这其中王室的支持便凸显出来，志磐在《佛祖统纪》中即高度肯定钱弘俶于其宗的意义：

> （钱弘俶）慨然遣使赍重宝，求遗书于高丽日本，于是一家教卷复见全盛，螺溪得以授之宝云，宝云得以传之四明，而法智遂专中兴之名，推原其自，实忠懿护教之功为多也。[③]

有关此次天台教典复归的具体历史细节，《佛祖统纪》卷十《谛观传》这样记载：

> 初吴越王因览《永嘉集》"同除四住"之语以问韶国师，韶曰："此是教义，可问天台羲寂。"即召问之，对曰："此智者《妙玄》位，妙中文，唐末教籍流散海外，今不复存。"于是吴越王遣使致书，以五十种宝往高丽求之，其国令谛观来奉教乘。[④]

---

① 《吴越备史》卷三《文穆王》。按：猛火油估计就是现在的石油。韩国磐：《隋唐五代史纲》（修订本），人民出版社 1977 年版，第 454 页。

② 《人天宝鉴》卷一，《卍续藏》第 87 册，第 99 页中。按《宋高僧传》卷七《螺溪羲寂传》，《佛祖统纪》卷八《羲寂传》两书也有记载。

③ 《佛祖统纪》卷十，《大正藏》第 49 册，第 206 页上。

④ 同上。

《妙玄》指《法华玄义》，由隋智𫖮述说，门人灌顶笔录，此书在唐末已经散佚，或仅剩残篇，不能得全书大全。《永嘉集》凡一卷，全称《禅宗永嘉集》，六祖法嗣玄觉（665—713）撰，庆州刺史魏静辑。[①]玄觉早年曾学天台，该书即以天台止观解释宗门禅法，是体现台禅融合的早期著作。该书引用多部天台著作，《妙玄》是其一。钱弘俶叩问德韶的时间，《人天宝鉴》记载是五代后汉乾祐（948）弘俶嗣位之年，《佛祖统纪》卷二十三《历代传教表》将弘俶遣使高丽事系于建隆元年（960），谛观来华则为建隆二年（961）。[②] 从弘俶向德韶问学到其遣使高丽，中间跨越了十二年，有一时间差，这期间的事情，《统纪》并没有更多记载。

同样是传世文献，《杨文公谈苑》记载的求取天台教典与《佛祖统纪》的说法明显不同，《谈苑》说：

> 吴越钱氏多因海舶通信，天台智者教五百余卷，有录而多阙，贾人言日本有之，钱弘俶买书于其国王，奉黄金五百两，求写其本，尽得之，迄今天台教大布江左。[③]

钱弘俶向日本求取天台教典的记载，以前只有《谈苑》此条，因此中日两国学者均表示怀疑。直到20世纪50年代在日本太宰府发现的一份僧人日延牒文为杨亿的说法提供了有力佐证，牒文内容说：天历七年（953）日本天台座主延昌应天台德韶之请，命人抄写中国散佚的天台教籍，并派日延为缮写法门度送使送至中国。[④] 这份资料在日本学界引发不少震动，以前中日韩文献资料只记载有中国向高丽购求教典，而日本方面则很少有明确记载。据日本资料《本朝文粹》记载，该年蒋承勋以吴越

① 收于《大正藏》第48册。

② 《佛祖统纪》卷二十三《历代传教表》，《大正藏》第49册，第249页上。

③ 此书已经佚失，《宋朝事实类苑》卷七十八日本条有征引。转引自江少虞《宋朝事实类苑》，上海古籍出版社1981年版，第1023页。另李裕民辑录自《参天台五台山记》卷五，《杨文公谈苑》辑校本，上海古籍出版社2012年版，第16页。

④ 转引自《中日文化交流大系·典籍卷》，浙江人民出版社1996年版，第338页。

王钱弘俶使者的身份来到日本，献上书信及锦绮等真品。[①] 蒋承勋出使日本的一项重要任务应该就是访求天台遗佚教典。该牒文的发现说明，天台教籍复归中土，并非史书记载那么简单，其实际情况要复杂得多，当时钱弘俶应该是多次派遣使节向海东日韩诸国求取经籍，谛观来华是最为成功的一次。

五代宋初天台教典的复归，传世佛教文献的记载多有抵牾，如《佛祖统纪》卷八《羲寂传》记载教典的访求国是日本，与同书上揭《谛观传》就不同，另外《宋高僧传》也是说日本，因此学界对教典复归一直存在争议，吕澂认为天台典籍得自高丽[②]；汤用彤则认为天台求经于日本，而华严求经于高丽[③]；最近沈海波作文于此史实做过辨正，主张取自日本[④]；张风雷则采取折中的办法，认为两者皆有可能[⑤]。这些都有道理，但都不完全正确。笔者以为，教典的复归并非完成于一时一地，而是经过了几十年甚至是上百年时间才请回大量典籍，史书也只是就各自所知而作片面记录，其中的歧异也属正常。《佛祖统纪》前后记载虽然各异，但在多处地方是日本高丽两者并称，如卷十《钱弘俶传》就说“求遗书于高丽日本”，卷四十三也说“遣使之高丽日本”[⑥]，《统纪》前后不同可以视为对具体某次求经的记载差异。华严典籍复归中土，是入宋以后的事，由高丽义天带回。[⑦] 这当然是后话了。

至于上引《佛祖统纪·谛观传》的真实性，沈海波曾归结三点表示怀疑，这三点也经不起推敲[⑧]，我们从谛观所携教典——特别是《法华玄

---

① ［日］木宫泰彦：《日中文化交流史》，胡锡年译，商务印书馆1980年版，第224页。

② 吕澂：《中国佛学源流略讲》，中华书局1979年版，第266页。

③ 汤用彤：《隋唐佛教史稿》，武汉大学出版社2008年版，第273页。

④ 沈海波：《北宋初年天台教籍重归中土的史实》，《中华佛学研究所》2000年第4期，第187—205页。

⑤ 张风雷：《五代宋初天台教籍复归中土问题的再检讨》，载《吴越佛教学术研讨会论文集》，宗教文化出版社2004年版，第265—288页。

⑥ 《佛祖统纪》卷十，《大正藏》第49册，第206页下；《佛祖统纪》卷四十三，《大正藏》第49册，第394页下—395页上。

⑦ 有关华严宗在宋代的复兴可参阅王颂《宋代华严思想研究》，宗教文化出版社2008年版，第42—43页。

⑧ 沈海波：《北宋初年天台教籍重归中土的史实》，《中华佛学研究所》第4期，第192—193页。

义》在当时的实际影响来看，即可判断此条材料的真伪。《谛观传》末尾志磐评论说："吴越王杭海取教，实基于'同除四住'之语，及观师制《四教仪》至明圆教中故特标永嘉云者，所以寓当时之意，俾后人无忘发起也。"[①] 谛观所著《四教仪》系删补灌顶《天台八教大意》而成，是阐述天台教义的大纲和观心要略的入门书，该书特别拈出上揭玄觉"同除四住"之语进行疏释[②]，末尾并指明"若要委明之者，请看《法华玄义》十卷"[③]，谛观来华携带的经籍应该就有此十卷本《法华玄义》。《玄义》在当时佛教界常被宣说和引用，《宋高僧传》卷七记载说羲寂"平素讲《法华经》并《玄义》，共二十许座"[④]；《佛祖统纪》卷八也记载说寂传讲天台三大部各二十遍[⑤]；另《宗镜录》中延寿也多次引用该书，详见文末表格，因此包括《法华玄义》在内的天台经卷在宋初自高丽复归中土当是无疑的。

天台教典复归中土，佛家史传一般只记载天台德韶、螺溪羲寂及钱弘俶诸人，延寿作为五代的佛学大师，则鲜少提及。据笔者所知，延寿与海外教典回归有关的记载只有陈瓘《智觉禅师真赞并序》：

> 初吴越天台智者教有录而多阙，师（延寿）谓钱氏曰：日本国有之。钱氏用师之言，贻书致金，求写其经本。今其教盛行江左，发信之士，得而习证，师之力也。[⑥]

按陈瓘（1057—1122）[⑦]，北宋后期著名佛门居士，自号"华严居

---

① 《佛祖统纪》卷十，《大正藏》第 49 册，第 206 页中。

② 《天台四教仪》全一卷，《大正藏》第 46 册，第 779 页中下。

③ 同上书，第 780 页下。

④ 《宋高僧传》卷七《螺溪羲寂传》，《大正藏》第 55 册，第 752 页中。

⑤ 《佛祖统纪》卷八《羲寂传》，《大正藏》第 49 册，第 190 页下。

⑥ 《乾道四明图经》卷一一《碑文》，《续修四库全书》第 704 册，据烟屿楼校本影印，第 610 页。

⑦ 依据陈瓘年谱"宣和四年卒，年六十五"，杨殿珣编《中国历代年谱总录》，北京图书馆出版社 1996 年版，第 131—132 页。按《宋史·陈瓘传》又作"宣和六年卒，年六十五"，待考。《宋史》卷三四五《陈瓘传》，中华书局点校本 1977 年版，第 10964 页。

士”，陈氏曾撰有《延寿塔铭》[①]，于延寿生平行实有较多了解，此则记载当不是无中生有。另外，延寿与钱氏一族关系密切，其父曾做过钱镠麾下的节度先锋兵马使[②]；他自己与钱弘俶也是过从甚密，其师天台德韶就说“汝与元帅有缘，他日大兴佛事”，延寿献言钱弘俶往海外寻求教典还是很有可能的。因此虽然是孤证，在没有新材料推翻此说的情况下，还是应该采取“疑案从有”的原则。

二　台、贤、慈三宗论衡

《宗镜录》的创作过程，延寿本人并未明言，目前知道的只有觉范慧洪（1071—1128）一家记载而已，后世有关《宗镜录》一书的论述也多以此为据，这些主要收录在慧洪的两部著作中，《林间录》卷二记载：

> 予尝游东吴，寓于西湖净慈寺。寺之寝堂东西庑建两阁，甚崇丽。寺有老衲为予言：永明和尚以贤首、慈恩、天台三宗互相冰炭，不达大全，心（疑衍）馆其徒之精法义者于两阁，博阅义海，更相质难，和尚则以心宗之衡准平之。又集大乘经论六十部，西天此土贤望之言三百家，证成唯心之旨，为书一百卷传于世，名曰《宗镜录》。[③]

又《禅林僧宝传》卷九：

> 智觉以一代时教流传此土不见大全，而天台、贤首、慈恩性相三宗，又互相矛盾，乃为重阁，馆三宗知法比丘，更相设难，至波险

---

① （明）释大壑：《南屏净慈寺志》卷三、六，重庆图书馆、华东师大图书馆藏明万历刻清康熙增修本，《四库全书存目丛刊·史部》第243册，齐鲁书社1996年版，第223、313页。

② （宋）释元照：《永明智觉禅师方丈实录》，国家图书馆藏宋刻残本。定源法师就该文献的版本概况、编辑者及史料价值做了初步整理，详见释定源《国家图书馆藏〈永明智觉禅师方丈实录〉——永明延寿传记新资料》，载《吴越佛教》第八卷，九州出版社2013年版，第546—559页，文后附有录文。

③ 《林间录》卷二，《卍续藏》第87册，第645页中。

处，以心宗旨要折中之，因集方等秘经六十部，西天此土圣贤之语三百家，以佐三宗之义，为一百卷，号《宗镜录》，天下学者传诵焉。[①]

永明寺后改额“净慈”，《林间录》所记是当时口述资料的原始记录，系慧洪采访所得；《僧宝传》的记载引自同书延寿传记，是慧洪根据采访所得而融入传记书写之中，这两则材料需要统合起来观察。另外还有寺院史志资料，释大壑《南屏净慈寺志》十卷编定于明万历年间，为首部志书，该书“断碣摩崖，冥搜必录”，前后经二十余年完成，四库馆臣评价较高。[②] 清嘉庆中释际祥又续修有《敕建净慈寺志》二十八卷[③]，学界一般也以此书做参考，而对大壑万历本尚未引起注意。延寿的法眼宗虽然没传几代，但其驻锡的永明寺却祖师辈出，香火不断，一直延续到现在，递代相承的说法有一定的参考价值，其实归根到底，慧洪的说法也源自该寺的传说。以上是我们考察《宗镜录》成书的基本材料，笔者将以文献考异的方法，在文本辨析的基础上，复原当时的实际情况。

《林间录》并《僧宝传》两条记载均表达出两层意思：延寿先是召集台、贤、慈三宗义学僧人辩论，后在此基础上纂集《宗镜录》，慧洪特用“又”“因”两字点出。三宗辩论不等于《宗镜录》的编撰，两者有先后次序，这从材料中是可以明显看出的，冉云华即认为《宗镜录》是“一部华严、唯识、天台、禅宗四家的辩论纪录，也是一部集体讨论的成果”，“《宗镜录》的编成，正是那种学术讨论会的报告书”[④]，此评价还

---

① 《禅林僧宝传》卷九，《卍续藏》第79册，第479页上—中。按晁功武《郡斋读书志》卷十六著录内容与此同，系从《僧宝传》抄出，不过地点错抄成灵隐寺，详见孙猛点校整理《郡斋读书志校证》，上海古籍出版社2011年版，第795—796页。

② （明）释大壑：《南屏净慈寺志》十卷，重庆图书馆、华东师大图书馆藏明万历刻清康熙增修本，《四库全书存目丛刊·史部》第243册，齐鲁书社1996年版，第177—412页；《四库提要》详见该书后附页。

③ （清）释际祥编：《敕建净慈寺志》二十八卷，光绪十四年（1888）钱塘嘉惠堂丁氏重刻本，《中国佛寺史志汇刊》第一辑第17—19册，台北明文书局1980年版。

④ 冉云华：《延寿佛学思想的形成——文献学上的研究》，载氏著《从印度佛教到中国佛教》，东大图书公司1995年版，第204、221页。

是很到位的，可惜王翠玲将两者混而为一①，以为三宗论衡与《宗镜录》纂集是同一过程。

大壑《南屏净慈寺志》卷六说寺院改额是在南宋高宗建炎二年(1128)②，而慧洪寓居净慈的时间，据其自述说是二十九岁时③，即北宋元符二年（1099），其时不应有净慈之名，另据慧洪圆寂正好也是建炎二年，大概《林间录》的编定在其暮年时期。《林间录》条在大壑寺志中又题作“宗镜堂记略”④，按该文并非碑记体风格且无宗镜堂之名，大概是后来净慈寺僧从《林间录》摘抄而出，宗镜堂名称的出现应在南宋建炎之后。慧洪所见净慈寺上距延寿逝世（976）只有一百余年，这是现存有关《宗镜录》创作活动的最早史料。

慧洪看到的寝堂是禅林中住持之寝室，禅宗丛林制度建立后一般会在方丈室之外，别置寝堂⑤，慧洪所见寝堂应该就是延寿的起居之所，延寿即在此纂集《宗镜录》，后世因此而改称宗镜堂，寺院史志记载：

> 宗镜堂五楹在毗卢阁后，即演法堂也，显德元年（954）建，后为永明寿禅师会三宗义学集《宗镜录》于此，因改今额。⑥

---

① 《〈宗镜灵〉の成立》，《印度学佛教学研究》第48卷第1号，1999年版，第358—355页；又《永明延寿の研究——〈宗镜灵〉を中心として》，东京大学博士学位论文，2000年，第107—117页。

② 《南屏净慈寺志》卷六《檀护》，重庆图书馆、华东师大图书馆藏明万历刻清康熙增修本，《四库全书存目丛刊·史部》第243册，齐鲁书社1996年版，第304页下；释际祥误作绍兴十九年（1149），《敕建净慈寺志》卷一《兴建》，光绪十四年（1888）钱塘嘉惠堂丁氏重刻本，《中国佛寺史志汇刊》第一辑第17—19册，台北明文书局1980年版，第117页。

③ 《石门文字禅》卷二十四《寂音自序》，《嘉兴藏》第23册，第696页；又晓莹《罗湖野录》卷一记载其“时年二十有九，及游东吴，寓杭之净慈”，《卍续藏》第83册，第977页中。

④ 《南屏净慈寺志》卷二《建置》，重庆图书馆、华东师大图书馆藏明万历刻清康熙增修本，《四库全书存目丛刊·史部》第243册，齐鲁书社1996年版，第213页；又《敕建净慈寺志》卷二《兴建》，光绪十四年（1888）钱塘嘉惠堂丁氏重刻本，《中国佛寺史志汇刊》第一辑第17—19册，台北明文书局1980年版，第234页。

⑤ 《佛光大辞典》，北京图书馆出版社2005年版，第5793页。

⑥ 《南屏净慈寺志》卷二《建置》，重庆图书馆、华东师大图书馆藏明万历刻清康熙增修本，《四库全书存目丛刊·史部》第243册，齐鲁书社1996年版，第213页上。

今天杭州西湖净慈寺还留有此宗镜堂，另外寝堂东西两面分别又称作永明室和三宗室，寺志说“永明室一名寿光室，旧在宗镜堂左，即寿禅师勘辩诸方参学处”①，“三宗室在宗镜堂右，永明禅师尝集三宗义学之徒于此”②。据此看来，延寿住持净慈寺后，就近在自己居住的寝堂边，组织召集台贤慈三宗义学僧徒，居住在寝堂右边堂庑，辩论的场所则设在左边堂庑。

延寿住持永明寺的情况，以前只能据灯录、僧史记载而知其大概，如《景德传灯录》卷二十六说：

> 建隆元年（960）忠懿王请入居灵隐山新寺为第一世，明年复请住永明大道场为第二世，众盈二千。③

《禅林僧宝传》卷九：

> 初说法于雪窦山，建隆元年（960）忠懿王移之于灵隐新寺，为第一世，明年又移之于永明寺，为第二世，众至二千人。④

传世文献说延寿在建隆元年（960）移锡灵隐，明年又转永明寺，徒众多达二千人。新近发现的元照重编《永明智觉禅师方丈实录》记载：

> 入雪窦山资国观音院，聚徒十载，庚申岁（960），国城新创灵隐寺，王命出山，赐“智觉禅师”号。未逾年，又奉命住永明寺，携锡一来，聚徒千众。凡投师出俗，不择豪贱，才登寺门，便与剃

---

① 《南屏净慈寺志》卷二《建置》，重庆图书馆、华东师大图书馆藏明万历刻清康熙增修本，《四库全书存目丛刊·史部》第243册，齐鲁书社1996年版，第219页上。《敕建净慈寺志》卷三，光绪十四年（1888）钱塘嘉惠堂丁氏重刻本，《中国佛寺史志汇刊》第一辑第17—19册，台北明文书局1980年版，第307页。

② 《南屏净慈寺志》卷二《建置》，重庆图书馆、华东师大图书馆藏明万历刻清康熙增修本，《四库全书存目丛刊·史部》第243册，齐鲁书社1996年版，第219页上。

③ 《景德传灯录》卷二十六，《大正藏》第51册，第421页下。

④ 《禅林僧宝传》卷九，《卍续藏》第79册，第478页中。

落，前后计一千五百余人。[①]

《实录》透露的信息，相较传世文献要丰富得多，建隆元年（960），钱弘俶在杭州城营建灵隐寺，从雪窦寺请出延寿来主持新寺，此前延寿驻锡雪窦达十年之久，寺志说其后周广顺二年（952）来到雪窦，从《实录》来看时间大体不差。延寿在灵隐前后不到一年即移锡到永明寺，原因大概是其时永明开山道潜禅师圆寂寺院，无人住持。按道潜嗣文益，为法眼二世，《宋高僧传》卷十三及《景德传灯录》卷二十五收有专传[②]，宋传说道潜于建隆二年（961）九月十八示寂，十月荼毗，延寿接手永明寺的时间大概是在是年年末。延寿来永明寺后，徒众达千人，传世文献说“众盈二千”应该是夸大了。

永明寺开山，据寺志说钱弘俶“显德元年（954）奉诏创建”[③]，上揭寝堂（宗镜堂）也于是年建成[④]。从显德元年（954）到建隆二年（961），道潜经营永明寺长达八年之久，殿堂楼阁蔚为大观[⑤]，更为重要的是“永明大道场常五百众”[⑥]，这些僧徒大多是法眼徒裔，为后来延寿组织三宗论衡提供了师资储备。法眼宗主禅教一致，于佛家典籍多所注意，史书记载道潜曾于衢州古寺阅读大藏经[⑦]，另外作为敕建寺

---

① 元照重编：《永明智觉禅师方丈实录》残本，国家图书馆藏宋刻本；《吴越佛教》第八卷，九州出版社2013年版，第557页。

② 《宋高僧传》卷十三，《大正藏》第50册，第788页下；《景德传灯录》卷二十五，《大正藏》第51册，第412页中。按大壑《南屏净慈寺志》卷四《法胤》道潜条即综合以上二书材料编辑而成，重庆图书馆、华东师大图书馆藏明万历刻清康熙增修本，《四库全书存目丛刊·史部》第243册，济南齐鲁书社1996年版，第243页上。

③ 《南屏净慈寺》卷六《檀越》，重庆图书馆、华东师大图书馆藏明万历刻清康熙增修本，《四库全书存目丛刊·史部》第243册，齐鲁书社1996年版，第302页下；按《佛祖历代通载》卷十七将其系于显德五年（958），《大正藏》第49册，第655页下。

④ 《南屏净慈寺志》卷二《建置》，重庆图书馆、华东师大图书馆藏明万历刻清康熙增修本，《四库全书存目丛刊·史部》第243册，齐鲁书社1996年版，第213页上。

⑤ 详见《南屏净慈寺志》卷二《建置》，重庆图书馆、华东师大图书馆藏明万历刻清康熙增修本，《四库全书存目丛刊·史部》第243册，齐鲁书社1996年版。

⑥ 《景德传灯录》卷二十五，《大正藏》第51册，第513页。

⑦ 《宋高僧传》卷十三，《大正藏》第50册，第788页下；又《景德传灯录》卷二十五，《大正藏》第51册，第412页中。

院，吴越王赏赐的经籍当不在少数[①]。可以想象，延寿新接手的永明寺是一所徒众众多、经籍完备的皇家寺院，在此举行三宗论衡可以说是人和地利。

按晁公武《郡斋读书志》卷十六记载延寿召集三宗学僧的地点为灵隐寺[②]，此说根本不足信，延寿驻锡灵隐的时间不满一年，在这么仓促的时间里组织学僧辩论应该不大可能，且灵隐新创，寺院的重点是在工程建设，延寿更是无暇顾及[③]；另外作为新建道场，其所收佛教典籍是很有限的，不能满足学僧“博阅义海”的要求。又《雪窦寺志》记载说《宗镜录》初稿在其寺完成，此说也不足信，但不能排除延寿在住持雪窦期间即发下宏愿要召集义学僧人辩论，故而有此传说。除人和地利之外，三宗论衡还要有天时的条件——海外教典的回归。

延寿组织的三宗论衡无疑要有卷帙浩繁的佛教典籍作基础，参加的僧徒“博阅义海”，又纂集《宗镜录》也是前后征引共三百家言，这样的佛学讨论只有在钱弘俶从海外迎取教典后才有可能实现。上文说到《法华玄义》久已失传，后谛观从高丽带回，延寿在《宗镜录》中有多次征引，表列整理如下：

表一　　《宗镜录》引用《妙玄》情况表

编号	《宗镜录》卷次	T48 位置	《玄义》卷次	《全书》页码
1	卷 2	p421. b20—21	卷九上	p40
2		p425. c6—8	卷二上	p52
3		p425. c11—24	卷二上	p53
4	卷 9	p461. c14—p462. a23	卷二上	p154—155
5	卷 11	p474. c24—p475. a15	卷四下	p189—190

---

① 永明寺赐经，史书虽无明文，依惯例应该有之，如《佛祖统纪》卷十三记载钱弘俶曾“赐经卷一藏”于全晓法师新建的寺院，《大正藏》第 49 册，第 217 页中；《佛祖统纪》卷十又记载弘俶“尝造金字法华经二十部，散施名山”，并附注“今国清所藏是其一”，《大正藏》第 49 册，第 206 页下。

② 详见孙猛点校整理《郡斋读书志校证》，上海古籍出版社 2011 年版，第 795—796 页。

③ 冉云华：《延寿佛学思想的形成——文献学上的研究》，载氏著《从印度佛教到中国佛教》，东大图书公司 1995 年版，第 219—220 页。

续表

编号	《宗镜录》卷次	T48 位置	《玄义》卷次	《全书》页码
6	卷 12	p481. c20—21	卷八	p209
7		p481. c22—23	卷八	p209
8	卷 23	p544. b18—c2	卷五上	p385
9		p546. b19—p547. a25	卷九上	p390—392
10	卷 25	p556. b15	卷九上	p418
11	卷 30	p592. a27—29	卷七上	p518
12	卷 35	p619. b28—29	卷三	p594
13		p620. b25—c3	卷二	p597
14		p621. a10—23	卷十下	p598
15	卷 37	p631. c17—p632. a9	卷八上	p627
16		p632. a9—25	卷八上	p627—628
17		p632. a26—b14	卷八上	p628
18		p632. b14—18	卷一	p628
19	卷 40	p653. c24—25	卷二上	p686
20	卷 61	p765. b3—13	卷七上	p991
21		p765. b16—p766. c3	卷六上	p991—994
22	卷 65	p781. c2—p783. c15	卷八上	p1036—1041
23	卷 67	p795. b13—p797. b16	卷二上	p1073—1079
24	卷 70	p808. a29—c9	卷七上	p1109—1110
25	卷 76	p839. c11—18	卷二上、卷三上	p1197
26	卷 86	p887. a15—22	卷八上	p1330
27		p887. c2—3	卷四	p1332
28	卷 87	p891. a12—25	卷九	p1342
29	卷 88	p897. a24—25	卷五上	p1358
30		p897. a29—b8	卷十上	p1359
31	卷 90	p906. b29—c7	卷五上	p1386
32		p909. a17—18	卷五	p1392
33		p909. a19—20	卷五	p1392

续表

编号	《宗镜录》卷次	T48 位置	《玄义》卷次	《全书》页码
34	卷 94	p926. a27—b7	卷十上	p1440
35	卷 100	p954. c16—18	卷八下	p1527

备注：此表制作参考了刘泽亮师《延寿全书·宗镜录》的整理校记。

按《宗镜录》在北宋元祐年间曾经法涌诸人的校定，据杨杰序文说“钱塘新本，尤为精详”，并说法涌等“遍取诸录，用三乘典籍、圣贤教语，校读成就”[①]，法涌只是据原有引书而作增补，应该没有添加其他典籍，《法华玄义》应该是延寿时代即已引用。从梳理的情况看，《宗镜录》引用《法华玄义》有35处，征引的篇幅长短不一，简短的如卷十二“以略代总，故知略心能含万法”（编号：6），卷八十六“无心亡照，任运寂知”（编号：27），长篇的如卷六十五（编号：22）将近四千字。特别需要指出，《宗镜录》卷八十八中也引用了“同除四住”的引文（编号：29）。《宗镜录》中的引文涵盖了《玄义》卷一至卷十各卷次，《法华玄义》有十卷和二十卷本，延寿引用的是十卷本。

三宗论衡的议题应该包括《法华玄义》的内容，谛观来华之年是在建隆二年（961）[②]，其后持天台论疏至螺溪谒见羲寂，延寿召集学僧辩论不会早于是年，加上经籍传抄的时间，那估计就是建隆三年（962）。吕澂把《宗镜录》的创作定在延寿移锡永明寺的建隆二年（961），显然是早了[③]，冉云华在《延寿年表》中把《宗镜录》编撰之年系于建隆三年，只能算是三宗论衡的时间[④]。

参加三宗论衡的学僧，《禅林僧宝传》只说“三宗知法比丘”，《林间录》稍微具体一点，称“其徒”，其他并没有透露更多信息，其人数、姓名等均不得而知。到底“其徒”指的是台、贤、慈三宗自家的僧徒，还是延寿门下的学僧，好像两者都有可能。王翠玲根据当时教门的状况——慈恩消亡，贤首不振，天台教典未备，排除这三宗参加的可能，认为参加

① 《宗镜录》，《大正藏》第48册，杨杰序，第415页中。

② 《佛祖统纪》卷二十三《历代传教表》，《大正藏》第49册，第249页上。

③ 吕澂：《新编汉文大藏经目录》，齐鲁书社1980年版，第142页。

④ 冉云华：《永明延寿·年表》，台北东大图书股份有限公司1999年版，第254页。

辩论的人员主要是延寿门人[①]，此说还是很有道理的。唐末五代的禅宗僧人通常兼习他宗，特别是作为法眼三祖的延寿重视经教，其门下宗徒善习教典者应该不在少数，加上永明寺原有的法眼宗僧人，可以推想延寿门下会有一批精于法义之士。

我们还可以用逆推的方法，慧洪只是泛称参加辩论的学僧为“知法比丘”“其徒”，说明参与者应该不大知名，如同时代的羲寂是天台十五祖，德韶是禅宗法眼二祖，还有同在杭州城的慈光院志因与晤恩师弟[②]，这些义学高僧延寿并没有网罗进来。针对台、贤、慈三宗长期以来的教学争议，特别是天台教典复归中土后佛教界激起的义学热情，在这种背景下，延寿住持永明寺后，挑选门下善法义者住于寝堂边让他们阅读教典，进行义学辩论，因此更确切地说，所谓的三宗论衡更像是一场模拟的辩论会。

三 《宗镜录》的文本纂集

三宗论衡持续时间应该不会太长，当时义学衰微，教典不全，学僧们讨论的议题恐怕不会太深入，再者参加人员并非义学出身，只是客串而已，勉强划个时间的话，估计在一年左右。现在的佛学工具书，一般将《宗镜录》的成书年代定在建隆二年（961）[③]，时间恐怕是早了，延寿于是年年末才到永明寺，天台教典也刚到中土，三宗论衡还没有展开。延寿编撰《宗镜录》是在三宗论衡基础上所做的总结，其时间当不会早于乾德元年（963）。

说《宗镜录》的撰写是延寿与其门下共同完成的，恐怕也未必。该书落款《高丽藏》本题作“大宋吴越国慧日永明寺主智觉禅师延寿集”[④]，“集”的意思应该指该书内容系抄录祖佛言语、经教典籍而成，还

① 王翠玲：《永明延寿の研究——〈宗镜录〉を中心として》，东京大学博士学位论文，2000 年，第 108—109 页。

② 《宋高僧传》卷七《宋杭州慈光院晤恩传》，《大正藏》第 50 册，第 751 页下—752 页中。

③ 吕澂：《新编汉文大藏经目录》，齐鲁书社 1980 年版，第 142 页；又《佛光大藏经》，第 3169 页。

④ 《宗镜录》卷一，《大正藏》第 48 册，第 415 页中。

有钱弘俶在《宗镜录序》中明确提到“智觉禅师所撰也”[①]，这些是文本透露出来的信息。从僧人的一般修行过程看，在出家受具后一般会选择游方行脚，其中还会有阅藏经历，延寿也不例外，《永明实录》说其在离开金华天柱山后即到东阳双林寺披寻大藏经[②]，延寿于教典应该相当谙熟，加之博学多识，以一人之力创作百卷巨帙当不是难事，《宗镜录》出自延寿之手还是可信的。

《宗镜录》全书分为三章：标宗章、问答章、引证章，这与《法华玄义》的体例有很多相合之处，笔者怀疑延寿在纂集过程中即参考了《玄义》。《玄义》的组织是以释名、辨体、明宗、论用、判教五重玄义为骨干，并有七番共解，其中第一番即是标章，内分列释名、辨体、明宗、论用、判教五章的名称及其要略，第二番为引证，援引佛语来证拂立五章的根据。《宗镜录》有模仿《法华玄义》组织结构的嫌疑。

《宗镜录》完稿的时间，王翠玲根据中韩两国佛教交流，特别是天台教典的复归，判断其在圆空智宗归国（970）前几年[③]，这与传世文献的记载大相吻合。《南屏净慈寺》卷六转引《六合塔铭》说延寿在开宝三年（970）奉诏于钱塘月轮山建六和塔[④]，此时《宗镜录》业已完稿。不过此断代还是较宽泛，这方面元照重编《永明智觉禅师方丈实录》同样给我们提供了更多线索，《实录》卷末说：

> 元帅大王亲为序引，仍施钱三百千缮写，散入诸藏。宣德大王施财写一十部，后传至海东诸国，高丽王差使赍寄销金袈裟、紫水精念珠、金净瓶等，以伸敬信。[⑤]

---

① 《宗镜录》卷一，《大正藏》第48册，第415页中。

② 元照重编：《永明智觉禅师方丈实录》残本，国家图书馆藏宋刻本；《吴越佛教》第八卷，九州出版社2013年版，第557页。

③ 《〈宗镜录〉の成立》，《印度学佛教学研究》第48卷第1号，第355页。

④ 《南屏净慈寺志》卷六《檀护》，重庆图书馆、华东师大图书馆藏明万历刻清康熙增修本，《四库全书存目丛刊·史部》第243册，齐鲁书社1996年版，第303页；《永明道迹》卷一，《卍续藏》第86册，第982页上；又冉云华《永明延寿·年表》，台北东大图书股份有限公司1999年版，第254页。按《永明实录》系年为辛未年（971），第559页。

⑤ 元照重编：《永明智觉禅师方丈实录》残本，国家图书馆藏宋刻本；《吴越佛教》第八卷，九州出版社2013年版，第559页。

"元帅大王"当指吴越王钱弘俶，弘俶在建隆元年受封"天下兵马大元帅"①，《宗镜录》钱弘俶序文即署此官衔。高丽国王遣使吴越这件事在《宋高僧传》中也有相关记载。②"宣德大王"则不好判断，五代宋初赐号宣德的人，在传世文献中只有一位钱弘偡（929—966），系钱弘俶之弟。后周显德六年（959）钱弘俶奏请升湖州为宣德军，弘偡任节度使③，"宣德"之号即此而来。按唐末五代官职较为混乱，"宣德大王"应该不是封号，而是非正式称谓。

另1978年云南大理崇圣寺千寻塔出土有"杨和丰铜像铭文"，有"追为坦绰杨和丰称宣德大王"诸字④，据研究系五代时期东川节度使杨干贞自立建国后追封其父而铸造的铜像，时间约在公元929年至937年之间，杨和丰无论从时间上还是地点上，显然都不是《实录》所说之人，"宣德大王"应该指的就是钱弘偡。《吴越备史》记载弘偡卒于乾德四年（966），因此《宗镜录》的完成当不会晚于是年，根据现有的资料综合判断，延寿纂集《宗镜录》大约在乾德元年至乾德四年，即963—966三年之间。

余 论

唐末五代时期，佛教义学衰微，教典陵夷，而禅宗则一枝独秀，佛教变成了禅宗的天下。由于海外交通的繁荣，特别是吴越王室的大力支持，一批久已散佚的佛教典籍重新由海外复归中土，这激起了佛教界研讨义学问题的热情，佛教义学出现了复苏的迹象。《宗镜录》即在这样的背景下

① 《宋史》世家三，中华书局点校本，第13898页。

② 《宋高僧传》卷二十八，《大正藏》第50册，第887页上；另《南屏净慈寺志》卷六转引《佛祖统纪》将此事系于开宝六年（973），按《佛祖统纪》并无此记载，寺志不知何据，《南屏净慈寺志》卷六，重庆图书馆、华东师大图书馆藏明万历刻清康熙增修本，《四库全书存目丛刊·史部》第243册，齐鲁书社1996年版，第303页。

③ 《吴越备史》卷四己未条，第15页；又《旧五代史》卷一一九《周书》，中华书局点校本1976年版，第1580页。按《宋史》卷四八〇《吴越钱氏世家》作开宝三年（970），误，其时弘偡已卒，中华书局点校本，第13914页。

④ 此文物现收藏于云南省博物馆，图版收录于《大理丛书·金石篇》第1册，云南民族出版社2010年版，第18页。此条信息由郭鹏兄提供，谨致谢忱！

完成。建隆元年（960），永明寺开山道潜禅师示寂，是年末，延寿移锡永明寺。依托永明寺庞大的法眼宗僧团，特别是皇家寺院的丰富藏书，延寿大约在建隆三年（962）开始组织门下弟子居住在寝堂两边，阅读佛教典籍，并进而模拟天台、贤首、慈恩三宗进行义学辩论。延寿作为论坛组织者，同时代表了禅宗一家，在辩论过程中，试图用禅宗心学对教门的歧异进行会通。在三宗论衡的基础上，约在乾德元年至乾德四年，即963—966三年之间，延寿在寝堂着手就三宗辩论的情况进行结集，这就是《宗镜录》。

从《宗镜录》的成书过程可以看出，法眼宗僧团在其中扮演了重要的角色。辩论召集人和文本创作者永明延寿，嗣法天台德韶大师，为法眼宗初祖文益禅师的再传。法眼宗在延寿时代达到了鼎盛，之后则逐渐退出历史舞台。延寿驻锡的永明寺是法眼宗的重要道场，其前任道潜禅师也是法眼宗徒。所谓的天台、贤首、慈恩三宗辩论，根据我们的考察，其实是延寿召集法眼宗僧人举行的模拟辩论会。《宗镜录》的创作思想更是贯彻了法眼宗“禅尊达摩，教尊贤首”的理论宗旨，可以说《宗镜录》一书属于法眼宗的著述范畴。《宗镜录》一书对于研究延寿法眼宗的禅学思想有重要的文献价值和学术意义。

法眼宗在当代的传承与弘扬

葛长森

（南京文史学者）

唐五代时，南唐君主礼请文益禅师入住金陵清凉寺。文益在此创立了禅宗最后一个宗派“清凉之宗”。文益禅师圆寂后，南唐中主李璟赐谥号为“大法眼禅师”，此宗被称为“法眼宗”。法眼宗盛传于唐末、宋初。

北宋以后，法眼宗开始衰微，以至于绝嗣。

民国时期，虚云禅师遥嗣了早已绝嗣的法眼宗，该宗开始复兴。

21世纪以来，法眼宗的传承与弘扬出现了勃勃生机。

虚云开启当代法眼宗的传承

宋代以来，禅宗各宗派大都处于衰微趋势。近代禅宗泰斗虚云对禅宗的衰微非常痛惜，他说，在唐宋之时，禅风遍天下，何等昌盛？现在衰微已极，惟有金山、高旻、宝光之处，撑持门户而已。所以现在宗门下的人才甚少，就是打七，大都名不副实。

虚云立志振兴禅宗。他深究经藏，修习禅定。他又以广阔的胸怀融汇诸宗，禅净双修，广弘禅教。他以一身直嗣延续了禅门五宗各自的源流，为各宗的传承续演派法字，为五家宗派都传有弟子。

民国二十二年（1933）虚云应青持明湛和尚之请，遥接了第七世法眼宗祖师祥符良庆和尚的法脉，为法眼宗第八世。虚云曾写到，有明湛禅者，由长汀到南华，谓在长汀创建八宝山，志欲绍法眼一宗……此宗发源在金陵清凉山，早废。兹时不易恢复。从宋元以来，绍化乏后，查诸典籍，自文益七传至祥符良庆师止，其后无考……今欲继起，艰于考证。唯

有秉承韶公，虚从良庆禅师与余各摘上一字，续演五十六字，以待后贤继续，传之永久。

虚云这段话明确指出：虚云应明湛禅师发愿要弘扬法眼宗一脉之请而承嗣法眼宗；法眼宗源于金陵清凉寺，因种种原因，现在那里不宜承继该宗；经查各代资料，确定法眼宗传承世系，从第一世法眼文益到祥符良庆为第七世；取第七世祥符良庆的“良”字，取承嗣的第八世虚云的“虚”字，续演派法字，作传承法眼宗法脉《五十六字偈语》，以待后贤代代传承。

虚云在所写的偈语中有“良虚本寂体无量”句，即第八世虚云以后，各辈依本、寂、体、无、量等字偈顺序，一辈辈延续下去。虚云自己应请而发愿承嗣法眼宗时，特写了一首偈语：

> 虚灵本性圣凡同，只在平常迷悟中。
> 云任卷舒循缘羸，应不留情心自通。

偈语表明了虚云与法眼宗有因缘，是“循缘”而接法脉，并表征了自己与法眼宗禅学思想是心心相通的。

虚云遥嗣法眼宗第八世后，即思考了法眼宗法脉的传承，认真考察了身边众多弟子。根据悟道能力和因缘机遇，传法眼宗法嗣给本湛青持、本禅、本性净慧、本智信清、本宽慧果等人，为法眼宗第九世。虚云并为他们每人写了传法偈语。

本湛青持禅师传法眼宗法嗣给寂照慧瑛、寂照宏如、寂本慧青等人，为法眼宗“寂”字辈第十代传人。虚云禅师曾代本湛青持写偈语，传付给这几位“寂”字辈的弟子。虚云还曾代传法给法眼宗第十一代传人体华光升，也代写了传法偈语。

虚云向弟子传法时，弟子合掌跪地。虚云把历代祖师法卷上所写，念给弟子听，并一一解释后，将法卷及所写的传法偈语交给弟子，弟子三拜，礼谢虚云，成为法眼宗的正宗法嗣。然后，他们在各自住持或持修的寺院担承着弘传法眼宗禅学思想的重任。如本湛青持在福建长汀八宝山峻峰寺，本性净慧在湖北黄梅四祖寺，体华光升在江西青原山净居寺。

虚云禅师生当社会剧变、佛教多难的时代，但他为维护佛教命脉奋进不息。他以振兴禅宗为己任，其中遥接久已绝嗣的法眼宗，使之传承继续。虚云开启了当代法眼宗的传承，为现当代提供了传法、弘法、修行的楷模。

法眼宗在当代得以弘传的因缘

改革开放以来，欣逢盛世，社会稳定，法眼宗得以继续传承，法眼宗禅学思想也得以弘扬。现在，法眼宗的影响已遍及全国各地。江苏、江西、福建、浙江、山西、河北、内蒙古、青海等省市及港、澳、台地区都有法眼宗的传承。

法眼宗还影响到世界上其他一些国家。近几年，马来西亚、韩国、日本、新加坡等国的一些学佛之人专程到南京清凉寺法眼宗祖庭寻根问祖。美国、加拿大、日本、韩国等国家都有佛学学者研究法眼宗。

（一）法眼宗得以传承弘扬，是得益于当前传法弘法的大好形势，以及人们对佛教文化的日益重视

近几年，习近平总书记讲话中多次提到佛教文化。他曾说：中国人根据中华文化发展了佛教思想，形成了独特的佛教理论，佛教给中国人的宗教信仰、哲学观念、文学艺术、礼仪习俗等留下了深刻影响。习总书记对佛教文化的强调不是偶然的。当今，我国在经济现代化实现以后，文化发展、精神现代化的重要性日益凸显出来，人们的道德与文明程度明显地与经济发展水平不相匹配。习总书记明确提出：中华文明历来把人的精神生活纳入人生和社会理想之中，随着中国经济社会不断发展，中华文明也必须顺应时代发展焕发出更加蓬勃的生命力。这里讲到的中华文化，就包括法眼宗禅学思想在内的具有中国特色的佛教文化。

（二）法眼宗得以传承弘扬，也与法眼宗的内在价值、理论价值、社会价值有关，法眼宗禅学思想中积极的部分顺应了当代思想文化建设的需要

法眼宗是禅宗最后出现的一个宗派，它有条件去吸收诸宗之长，并有所创新，其旨趣有了自己独特的风格。法眼宗禅学思想是以唯识论和理事论为基础，一方面在理论上受华严宗的影响较多，发挥法界缘起和理事圆

融的思想；另一方面，继承了罗汉桂琛“一切现成”之旨，强调“佛法现存，一切具足”。同时对慧能之后佛教界流行的禅风中之不正弊端，特别是青原、南岳以下发展起来的有违禅门的现象提出了具体批评。

文益禅师很看重佛教经典，积极提倡禅众阅读经典。当时，禅宗界有一种反对阅读佛经、钻研佛理教义的传统倾向，这种倾向影响着禅师对经典的正确理解。禅师传法时往往不通教典，乱有引证，棒唱乱施，不懂装懂，诱惑广大信众。因此，文益提倡阅读经典。他说，举扬宗乘，援引教法，须先明佛意，次契祖心，然后可举而行，校量疏密。在文益号召下，江南禅师中开始形成读经说教的风尚。

文益禅师极力倡导禅宗各派别间的融合。文益曾比较禅门各派的长处，认为曹洞则敲唱为用，临济则互换为机，韶阳则涵盖截流，沩仰则方圆默契，如谷应韵，似关合符。在文益看来，诸宗虽差别于规仪，但无碍于融会。文益强调禅宗诸派之间的融合，不要违背祖师相传的正法，回到达摩、慧能正统的禅宗原旨上来。在传法中善于会通理事，结合自己的体验启迪学人，引导弟子或参禅者的目的是领悟禅宗源自达摩祖师“直指人心、见性成佛”的根本宗旨或“血脉”。

文益禅师在传法时注意用通俗、明白、形象的语言阐述佛理。既隐藏机锋，又言中有响；既调机顺物，又言简意赅；既对病施药，又温和亲切：以机锋巧语启发学人，为学人创造了如沐春风的参学氛围。后人辑集的法眼宗“公案”，是法眼宗精神特质的载体。历史上，法眼宗禅学思想的传播，很大程度上是历代禅僧及文人居士对这些公案的反复演绎与切身体验，从而形成一种文化风尚，这也充分表明了法眼宗有其智慧的内涵。

法眼宗理论上的博采众长，圆融自在，实践上的广行万善，济世安邦，其理行并重的融合精神，禅净双修的圆融精神，对禅宗中存在弊端的革新精神，以及生动活泼的传法弘法方法，都是值得当今人们吸取的营养，能成为促进社会和谐的正能量，成为净化世道人心的甘露妙法。

（三）法眼宗得以传承弘扬，还因为一些寺院创出带有个性特色的经验，起到了引领作用

河北柏林禅寺

住持柏林禅寺的净慧长老是继虚云禅师之后，又一位起衰继绝、荷担

宗门的一代宗师。净慧曾两度亲侍虚云，得以朝夕亲承虚云耳提面命，获益良多。1952 年，承虚云殷勤付嘱，亦以一身而兼承禅宗五门法脉，其中承续法眼宗为第九世，得法名净慧本性，并得虚云的传法偈语："第一世法眼文益禅师至八世德清虚云禅师——九世净慧本性禅师。虚云示表信偈曰：摩醯顶上眼重开，方许吴宗大将才。法门幸有能承继，立志须从勇猛来。"

1988 年净慧长老住持柏林禅寺，2003 年为湖北黄梅四祖正觉禅寺方丈。净慧长老基于对佛教历史的深刻反省和对中国佛教现实的深入观察，创立和弘扬"生活禅"的理念，在弘法上进行了有益的探索。他说，所谓生活禅，即将禅的精神，禅的智慧普遍地融入生活，在生活中实现禅的超越，体现禅的意境、禅的精神、禅的风采。与生活禅弘法理念相应，他在柏林禅寺举办"生活禅夏令营"，在黄梅四祖寺举办"禅文化夏令营"，都是一年一次。组织青年佛教爱好者，在寺院参加上殿课诵、坐禅出坡、聆听佛法讲课、吃茶谈心、云水行脚等活动，为当代佛教弘法，为佛教积极参与现实，从而达到化导人心的目的，进行了有益的尝试，收到了较好的效果。

青海北海禅院

2006 年开建的位于青海省海北州的北海禅寺，在明贤法师住持下，突出弘传法眼宗禅学思想，2012 年即在禅院内树立"教启中观，行归法眼"的宗风牌。

"行归法眼"就是说，北海禅院道场的宗风行门直接落实在法眼宗，把法眼宗作为实践和行持的指引方向。该禅院特别强调"法眼宗是一个鉴别种种宗门流弊的宗派"，以文益的《宗门十规论》为镜子，对照检查当前弘法中存在的弊病，以法眼宗思想来检验当今禅门宗风中传承的合法性，严格运用思想简鉴的方法，回归到六祖大师指出的"何期自性，本不生灭"的大道上。北海禅院开建时间不长，但发扬法眼宗勇于揭露禅宗存在的弊病并大胆革新的精神，禅院香火旺盛，前去问禅修行的人很多。每年夏季开办的禅修夏令营吸引了很多佛教爱好者前去参加。

福建天宫山圆通寺

位于福建龙岩的天宫山圆通寺是闽西最大的佛教道场，现有 1.5 万多平方米的建筑面积，规模宏大，清净庄严。

福建与法眼宗有很深的渊源。法眼宗创建者文益禅师就是在福建学禅、悟道、得法。文益有63位著名弟子，有三位来自福建。民国时期，也是福建的寺僧礼请虚云续接法眼宗法脉。虚云传法眼宗法嗣第一人是福建龙岩长汀本湛禅师。本湛禅师传法眼宗法嗣第十世的寂本慧青也是福建人。现今，龙岩天宫山圆通寺住持光胜法师也是法眼宗传人，他曾于2010年专程去南京清凉寺法眼祖庭寻根问祖。

福建龙岩不仅佛教历史文化深厚，与法眼宗因缘深，而且这里还是知名的革命老区、享誉海内外的客家祖地。这次，由龙岩市委统战部牵头举办“法眼宗思想传承与当代文化建设”学术研讨会，邀集全国佛学研究专家会聚一堂，专题探讨法眼宗思想与当代文化建设。这一举措本身就说明法眼宗传承与弘扬，在龙岩有很大的影响。龙岩市全力打造法眼宗思想文化品牌，努力挖掘法眼宗思想中适应时代需要的理论内涵，这对发扬古田会议革命传统，深入贯彻新古田会议精神，对传承客家文化中开拓创新的精神，推动经济建设和社会前进步伐，对促进佛教文化的发展，都有着积极的意义。

清凉寺推进祖庭的中兴

唐末，禅宗出现了“一花五叶”的盛况，形成多个门派。这些禅派都有创始人和主要继承人，他们同被奉为祖师。祖师的庭院，即他们开创或住过的寺院，称为“祖庭”，这些祖庭是禅宗各门派的发源地，在禅宗史上有极为重要的地位，有些本身也是著名的名胜古迹。

唐中和四年（884）有僧人在南京石头山南麓建“先才寺”，后更名为“兴教寺”。南唐先主重视佛教，扩建兴教寺后，定名为石城清凉禅寺。南唐中主继位后，将该寺简称为清凉院（清凉寺）。文益禅师入住后在此创立了法眼宗，清凉寺成为法眼祖庭，石头山也改称为清凉山。

清凉寺建在三国时孙权开创的石头城的中心地带，它留下过王导、谢安、朱元璋、乾隆等政治家的足迹，也留下李煜、王安石、苏轼、陆游、萨都剌、王阳明、袁枚、释寄禅、赵朴初等名人抒写的诗词。南京清凉寺具有独特的地理、历史及人文风貌，承载着不可替代的历史意义。

清凉寺历经沧桑，兴废交替。就法眼祖庭来看，清凉文益、法灯泰钦、云居道齐活跃在金陵一隅，自云居道齐传法给弟子灵隐文胜后，掌门法眼宗的禅师大多在浙江、福建、江西等地，清凉寺缺失了有影响的法眼禅师。随着禅宗的衰微，清凉寺虽然还有禅宗道场和参禅之名，但已无参禅之实了。有人评论到：宋元时，金陵佛法浸衰，名僧亦少。江南开创禅道，然明代江南佛法，禅道决然无闻。

但是，清凉寺法眼祖庭的底蕴还在，历代清凉寺仍有坚守宣传法眼宗的住持。清雍乾年间，一场突发大火烧毁了清凉寺，住持中州禅师以重建寺院为己任，法眼殿阁雄姿得以再现。20 世纪三四十年代，战乱中的清凉寺僧在殿堂挂一副肖像，上题“法眼正宗清凉堂上第二代圆寂先法师”，这是指清凉法灯泰钦禅师。这说明当时清凉寺僧在日寇占领的险恶环境下，依然有着传承法眼宗的坚定心愿。

“文化大革命”中，清凉寺被毁。20 世纪 80 年代以来，改革开放，国泰民安，佛法开始昌隆，海内外佛教界人士常到清凉寺礼拜祖庭，寻根问祖。清凉寺的恢复牵动着海内外佛教徒的心。

2004 年起担任中国佛学院栖霞山分院副院长兼教务长的理海法师，2007 年游走到尚未恢复的清凉寺，见到一片破败景象，不免伤感，但他与此结缘，欲于此担负起振兴清凉寺的重任。经南京市佛教协会、南京市宗教局与清凉山公园管理处、南京市园林局多次协商，本着循序渐进原则，先将原有一座殿堂及五间瓦房交给佛教界作为佛教活动场所。2009 年在理海法师住持下，清凉寺恢复开放，也启动了重振、中兴法眼祖庭。

（一）中兴祖庭要有法眼法脉的传承

20 世纪虚云禅师遥嗣法眼宗，至今又过去八十多年。虚云传嗣的法眼宗第九世、第十世禅师大都相继圆寂或老去。虚云禅师当年代本湛青持传嗣的法眼宗第十代传人灵意长老（寂照宏如），今年已 89 岁。

灵意从 1949 年起随虚云禅师在广东韶关云门寺，1953 年随虚云禅师到江西云居山真如寺。他先后在虚云禅师身边生活学法达 11 年之久，深得虚云的禅学思想。虚云将法眼宗法脉代传给灵意，作传法偈语：

> 寂静精真透心光，照澈法界万象新。宏演法眼上乘义，如实了证性相通。

灵意法脉号为“寂照”，字号“宏如”，成为虚云禅师嫡传的第十代法眼宗传人。灵意长老先后在山西五台山碧云寺、江西云居山和宝峰寺任首座，在内蒙古杭锦后旗宝莲禅寺住持，现驻锡内蒙古五原县四大股普济寺。

佛学精深、正值壮年的理海法师，经中国佛教协会会长传印长老的指引，于2010年赴内蒙古接法于灵意长老。灵意长老承虚云禅师当年传法的方式，将法眼宗法脉传给理海，作传法偈语：

体悟圣贤法如是，空引无为觉有情。
理事无碍慧通达，海量睿智兴吾宗。

偈语表达了灵意长老对理海精进努力中兴祖庭、振兴法眼“兴吾宗”的殷切期望。

理海接续法眼法脉，在法眼宗传承上有突出意义。清凉寺法眼祖庭，缺失传人多年，理海接法后，祖庭的法脉得以灯灯相传，慧焰不熄，对弘扬法眼，重振清凉宗风，有莫大功德；也保证了有带头人引领僧众，力挽颓波，完成中兴祖庭大业。

（二）中兴祖庭要有清净庄严殿宇的法眼气象

刚刚恢复的清凉寺，仅以一幢五开间、三进深的古建筑作为天王殿，另五间瓦房作为僧寮。流连于此，已完全找不到宋代诗人写的“塔庙当年甲一方，千层金碧万缁郎”那种辉煌的景象。人们对历史的印记是深刻的，曾经被世人景仰的祖庭，如今又会是何种景象呢？人们期盼的是有庄严肃穆气势，又能给人带来莫大温馨，与法眼祖庭地位相称的寺院。

清凉寺历史底蕴深厚，这里处处有历史，每个地方都有故事。新建清凉寺必须要保护好文物。经国家文物部门批准，2013、2014年考古人员对明清清凉寺遗址发掘，出土了一些精美的寺庙建筑构件，弄清了明代、清代清凉寺的建筑布局及其建筑风格，为新建清凉寺的设计以及制定古遗址的保护开发与利用方案，提供了科学的资料和决策依据。

清凉寺整体设计方案考虑了文物的保护，特别是与法眼宗密切相关的文物。对现存的南唐僧人所建、李煜后主使用过的南唐义井（还阳泉）

筑亭加以保护。新发现的刻有420多字墓志铭的、法眼宗第二代祖师法灯泰钦的墓碑将复制树立。明清清凉寺遗址将作为法眼宗博物馆（清凉寺新地宫）陈列展示。

清凉寺整体设计方案以生态文明作为理念，不破坏花草树木，新建大雄宝殿并不一味追求高大奢华，而是与周边山体相协调，寺院与园林相融入，信众与游人共分享，佛教传统与现代相结合。

南京市重大文化建设项目“南京石头城遗址公园规划”近日已获政府批准，作为其中重要组成部分的清凉寺复建工程，2016年正式启动。待新建清凉寺工程完工，沿山势由低向高，山门的六朝文化，还阳泉为中心的佛事广场南唐文化，法眼宗博物馆的法眼宗文化及明清佛教文化，新大雄宝殿的现代佛教文化，山头清凉台（翠微亭）的清凉旅游文化，形成历史、人文景观、佛教综合展示的特色，法眼祖庭更显生辉，清净庄严的法眼气象将得以再现。

（三）中兴祖庭要打造弘传法眼宗的文化高地

作为中华传统文化的重要守护者和传承者，当代佛教承担起积极弘扬中华优秀传统文化的历史责任。法眼祖庭地，重辉正当时。作为法眼祖庭的南京清凉寺，可谓因缘具足，责无旁贷，要根据新的实践和时代要求，阐发法眼宗中应时益世的思想及其人文精神，使之与当代文化相融相通，发挥其积极作用。

在弘法活动中，清凉寺僧秉承一条理念：“物化的道场固然重要，建设每个人心中无形的道场更为重要。”他们以恭敬心做好日常法务。诸如初一、十五及佛菩萨圣诞的祈福、放生、拜忏、荐亡等定期活动，以及传灯皈依等结缘摄众法务，道场管理井然有序，佛事活动规范庄严。他们以责任心加强闻思修学。寺僧中的青年僧人，大都积极报考佛学院，学习深造。他们组织信众进行佛教教理定期培训。每年确定一个修行重点，从2010年起的正信正行、2011年的广结善缘、2012年的自净其意、2013年的直下承担、2014年的凝心聚力，到2015年的和合共进，寺僧和信众都不同程度地增进了佛教教理素养，更加坚定了佛教信仰。

禅宗仅仅由出家众为中心而传承，难免会产生脱离生活等偏弊。在家众在生活中参修，在社会上弘扬应用，更为符合“佛法在世间”的旨意。

清凉寺把长期较稳定的居士、义工，分成念佛、缘簿、斋堂、流通、医疗、国学、禅茶、接待等十多个小组，为信众提供念佛参禅、健康饮食、医疗咨询、国学宣讲、茶道普及等服务。寺僧和义工积极参加“甘霖润清凉，慈光送温暖”的各项慈善活动。

良好的修学氛围带来的是整体素质和精神面貌不断优化的居士群体。缘簿义工负责大殿环境的庄严和护持，在做好保障各项佛事活动的同时，耐心周到地向信众介绍敬香礼佛的基本礼仪，认真通俗地向信众阐发佛教义理的基本知识。斋堂义工，每天由值班的义工自己出资购回米面菜蔬、调味品，精心烹调，供养信众，自清凉寺恢复开放至今，始终坚持从未中断。穿着印有“清凉古寺”红马甲的清凉寺义工，在南京佛教界有很高的声誉。佛顶舍利供奉法会、佛顶舍利安放盛典以及重大佛事活动的洒净仪式，都少不了清凉寺义工这支懂佛教礼仪、纪律严格、精神焕发的随喜队伍。

法眼宗风的兴盛，离不开对法眼宗的研究。无论是法眼宗传承的历史、法眼宗自身博大精深的理论，还是法眼宗思想对社会、传统文化的影响，都是应研究探索的对象。清凉寺密切加强与南京大学、东南大学佛学研究机构及栖霞山佛学院的联系，在其指导帮助下，深入学习研讨法眼宗思想。

法师在弘法中，总结、编著的《佛教课诵要义辑》一书，受到学僧、信众的欢迎，已印行了三版。法师联系法眼宗思想及信众对佛理的认识，向信众开示，其成果于2012、2013、2014年每年汇总印行一本《清凉菩提路》，引导信众学好法眼宗禅学思想，走好清凉菩提路。

清凉寺组织学者编写禅的知识短文，每天一则发表在网络上，已连续一年多时间，第一集《清凉日日禅》已编辑完成，待正式出版。清凉寺还系统收集了历代清凉寺的史料、法眼宗传承资料、法眼宗思想研究情况及历代名人抒写清凉寺的诗文等，在此基础上编写了《清凉禅韵》书稿。

清凉寺依托厚重的清凉文化，与书画、音乐艺术家结善缘、结佛缘，不断提升文化品位。义工自发组织成立“清凉之声合唱团”，请艺术院校老师指导教学，每周日合唱团成员坚持学习练唱，演出水平不断提高，先后举办了“慈爱人间”梵呗晚会、“燃灯之歌”梵呗晚会、“为青奥祈福”梵呗晚会等。每场演出近两个小时，一个个节目全都是由义工演出完成，没有任何专业演员参加。但演出水准，出乎人们意料，佛教界人士称赞有准专业演出水平。清凉寺经常组织艺术大家以书画会友，创绘书画作品，举办书画展览，组织书画义卖活动。书画大家也为法眼祖庭留下了珍贵的墨宝。清凉寺还计划邀请著名画家、书家、诗人及历史学者研究讨论、集体创作一幅《清凉问佛图》，展现昔日金陵繁华市井、禅院佛塔及士农工商风土民情，僧人、儒士、信众参禅问佛的场景，努力把这幅画打造成新建清凉寺的镇寺之宝。

清凉寺法眼祖庭的中兴，正在积极推进。这不仅是香火的重燃，法脉的延续，更重要的是为信众增加福田，为众生回向功德，为文化注入灵魂，为社会带来祥和。

当今，佛教文化日益被人们重视，法眼宗也展现了振兴之势。但对法眼宗文化资源的发掘、保护、利用，任重而道远。需要各地、各佛教寺院共同努力，推动法眼宗的传承弘扬，服务社会，教育四众，启迪智慧，净化人心，让法眼宗得以薪火相传，慧灯常明。

浅述法眼宗在闽西衍传的派字

周书荣

（福建省佛教学会原副秘书长）

法眼宗是中国佛教中禅宗五家之一。此宗的开创者文益禅师（885—958），是唐末五代时人。他圆寂后，南唐中主李璟赐谥“大法眼禅师”的称号，后世遂称此宗为法眼宗。此宗提出“理事不二，贵在圆融”和“不著他求，尽由心造”的主张。其宗风可概括为“对病施药，相身裁缝，随其器量，扫除情解”。

法眼宗在南唐、吴越发展迅速，成为五代十国末期影响最大的宗系。门庭兴盛，法嗣上千人。其知名弟子入闽，弘法于泉州、漳州、福州等地。当时高丽国王慕名派遣僧人60多人前来求学。因此，法眼一宗又盛行于海外。令人惋惜的是，宋朝之后，法眼宗与沩仰宗、云门宗先后落寞。

近代禅门泰斗虚云老和尚兼祧临济宗第四十三代、曹洞宗第四十七代。为了恢复禅宗五家，重现“一花开五叶”之盛况，他于民国二十二年（1933）应长汀八宝山明湛禅师之请，起衰兴废，重兴法眼宗，新立五十六字派字，成为法眼宗第八代祖。民国二十三年（1934）虚云老和尚在广东南华寺时，又应长沙郭涵斋宽慧居士、南岳宝生长老与九成了照首座等之请，为大沩山恢复沩仰一脉，继振沩仰宗，新立五十六字派字，并成为沩仰宗第八代祖。还是在南华寺，虚云老和尚不忍云门祖庭香灯冷落，断续无定，决志兴复。同样为立五十六字派字，同样使之后继有人，虚云老和尚又成为云门宗第十二代祖。至此，禅宗五家得以恢复齐全，堪称中国佛教史上的盛事。

法眼宗近代在福建复兴的缘起，虚云老和尚曾详细记载道：“癸酉春，有明湛禅者，由长汀到南华，谓在长汀创建八宝山，志愿欲绍法眼一宗，不知所由，恳授其法眼源流。因嘉其志，乃告之曰：‘此宗发源在金陵清凉山，早废，兹时不易恢复。从宋元来，绍化乏后。查诸典籍，自文益祖师七传至祥符良庆禅师止，其后无考。旧派益祖六世祖光禅师立二十字，后不知何人立四十字。虽有二派，子孙停流，鲜有继起。又查益祖出天台德韶国师，与清凉泰钦禅师，传载韶钦二公下五世良庆禅师。其中秉承，有继韶公者，有嗣钦公者，纷纭不一。有记益韶寿胜元慧良为七世，有记益钦齐照元慧良为七世。今欲继起，艰于考证，唯有秉承韶公，续从良庆禅师与余各摘上一字，继演五十六字，以待后贤继续，传之永久。’偈曰：良虚本寂体无量，法界通融广含藏。遍印森罗圆自在，塞空情器总真常。惟斯胜德昭日月，慧灯普照洞阴阳。传宗法眼六相义，光辉地久固天长。虚云古岩谨识。”①

这段记述十分重要，文中的“癸酉”（按：当为癸未，指的是民国三十二年，即 1943 年），虚云老和尚重兴法眼宗，福建闽西法眼宗的崛起应以这一年为标志。

关于法眼宗的派字，虚云老和尚指出历史上“旧派益祖六世祖光禅师立二十字，后不知何人立四十字”。这在文献中可以查到。如《法眼源流诀》载：“法眼下第六世翠岩嗣元祖光禅师演派二十字：祖智悟本真，法性常兴胜。定慧广圆明，觉海玄清印。后未知何人续演二十字：佛天通至宝，万圣承斯命。同登般若船，誓度众生尽。”② 也有称：“后人续演四十字为：佛天通至宝，万圣承斯命。同登般若船，誓度众生尽。衍传蟠际久，茂育见天根。洞悉三藏训，云岸自我登。”③

这后者便是虚云老和尚所称的“后不知何人立四十字”。

虚云老和尚鉴于法眼宗“自文益祖师七传至祥符良庆禅师止，其后无考”，“虽有二派，子孙停流，鲜有继起”。“今欲继起，艰于考证，唯有秉承韶公（指天台德韶国师），续从良庆禅师与余各摘上一字，继演五

---

① 见岑学吕原编，乐崇辉增订《虚云老和尚年谱·法汇增订本》，台湾大乘精舍 1986 年再版本，第 736—737 页。

② 见（清）守一空成重编《宗教律诸家演派》中之《法眼源流诀》，收人《佛祖心灯诸家宗派》一书中，清光绪十六年金陵刻经处版，第 29—30 页。

③ 见《禅门日诵》，莆田广化寺印本，第 370 页。

十六字，以待后贤继续，传之永久。”这便是见于前的“良虚本寂体无量”那首派字偈。这样，重兴后的法眼宗便能灯灯相续，世系分明。如法眼宗第七代为祥符良庆禅师，第八代为虚云古岩禅师，第九代为本湛青持禅师，再往下推第十代为寂照慧瑛法师等，第十一代为体心光胜法师等。

但是，我们从慧瑛法师付给光胜法师的法卷中（此法卷于1998年农历八月十八日，由本焕和尚代慧瑛法师嘱咐与光胜法师），发现“续派眼宗派说”偈与虚云老和尚的偈略有不同。如首句原作“体无量”，法卷作“体难量”；第三句原作“遍印”，法卷作“偏印”；第五句原作“惟斯胜德”，法卷作“惟斯胜意”；第七句原作“大相义”，法卷作“六相义”。

光胜法师法卷中偈语当有所本，两者出现四处差异现象，可能是版本校对不精致讹，或是辗转抄写不慎致误。

这四处中，首句、第五句应该属都说得通的。但第三句“遍印”义似胜“偏印”，第七句“六相义”义似胜“大相义”。均有待于进一步确证。

此外，在本湛青持法师付与慧瑛法师的法卷中（此法卷由虚云老和尚代书于云门山大觉寺），附有“长汀八宝山峻峰寺法眼正宗字派”，句为：

> 本体圆明，觉心虚净。元惟真知，自无乾坤。
> 缘有迷悟，凡圣方生。修因证果，常行戒定。①

又有“小派”，句为：

> 慧光普照，谛理融通。法相全幻，尘念永空。教观勤学，度生愿宏。智灯远朗，大道昌隆。②

“小派”派字是慧瑛法师一派的外用派字，于今已枝繁叶茂，在闽西

---

① 见《正法眼藏佛祖源流》，龙岩天宫山圆通寺佛历3025年翻印本，第23—24页。

② 同上。

这块大地上茁壮生长，将“小派”派字与虚云老和尚所立派字对应，现在乃至将来，我们均可完整地了解法眼宗在闽西衍传的世系了。

兹列表如下：

良	虚	本	寂慧	体光	难普	量照	法谛	界理	通融	融通	广法	含相	藏全
遍幻	印尘	森念	罗永	圆空	自教	在观	塞勤	空学	情度	器生	总愿	真宏	常智
惟灯	斯远	胜朗	意大	昭道	日昌	月隆	慧	灯	普	照	洞	阴	阳
传	宗	法	眼	六	相	义	光	辉	地	久	固	天	长

每横行框中上为虚云老和尚所立派字，字句仍据光胜法师法卷；下为“小派”派字。查对起来，如法眼宗第十代寂照慧瑛法师，与“寂”对应的是“慧”；第十一代体心光胜法师，与“体”对应的是“光”。以下类推。

历史上，福建与禅宗五家的渊源极为密切，如沩仰宗开创者灵祐禅师与曹洞宗开创者之一本寂禅师均为福建人。临济宗开创者义玄禅师，为闽人黄檗希运禅师的高足。宋时名列五山十刹的雪峰崇圣禅寺更是云门、法眼两宗的祖庭。可以预见，与临济宗、曹洞宗一样，法眼宗将进一步在福建这块禅宗沃壤上发扬光大。

法眼宗文化的当代现实意义

叶全君

（福建省圆瑛大师研究会办公室副主任）

一　引　言

法眼宗创始于唐末五代，盛行于宋代，是中国禅宗史上创立的最后一个宗派。法眼宗的文益（885—958）、德韶（891—972）、延寿（904—975）等祖师所处的时代，历史风云变幻，王朝更迭，佛教也历经几次法难而禅宗独兴。禅门在"一花五叶"的"黄金时代"末期，法久生弊，内部出现了严重的门户之争，宗派林立，妄立禅旨，乱象纷呈：或"护宗党祖，不原真际"；或"用人我以争锋，取生灭为所得"；或"不通教典，乱有引证"……法眼宗的几位祖师以清醒的反思精神，对禅宗末流作了详细的梳理，剖析其危害弊端，导后学以正知正见，留下了大量珍贵的文献资料，是佛弟子辨别正邪的重要"法眼"。①

在内强经教、戒律，真修实证的同时，法眼宗的祖师们又以其博大的心胸，外融诸宗、诸善，护国利民，既捍卫了佛教的神圣性、崇高性、超越性，又顺应了时代的潮流，在不变中有融通变化，体现了佛教的智慧、慈悲与方便。

法眼宗祖师们可贵的反思批判精神和积极的融通建设精神，在今天仍然具有强烈的现实意义。

---

① 《宗门十规论》，《卍续藏》第 63 册，第 36 页下。

二 法眼宗的反省精神及其现实意义

法眼宗清醒的反思精神集中体现在文益大师的《宗门十规论》、延寿大师的《宗镜录》《唯心诀》《万善同归集》等著作中。

文益大师写《宗门十规论》的目的是："遇此真法渐衰，祖佛之洪范不能永传，数患浊世之秕糠相混扰。""斯论之作，盖欲药当时宗匠暗郁之病，亦不得已而为之尔。"故而"宗门指病，简辩十条，用诠诸妄之言，以救一时之弊"。

《宗门十规论》所指出的十种弊病是：第一，"自己心地未明，妄为人师"。第二，"党护门风，不通议论"。第三，"举令提纲，不知血脉"。第四，"对答不观时节，兼无宗眼"。第五，"理事相违，不分触净"。第六，"不经淘汰，臆断古今言句"。第七，"记持露布，临时不解妙用"。第八，"不通教典，乱有引证"。第九，"不关声律，不达理道，好作歌颂"。第十，"护己之短，好争胜负"。

文益大师还详细地分析解剖了这十大弊病，他指出："近代之人，多所慢易，丛林虽入，懒慕参求，纵成留心，不择宗匠，邪师过谬，同失指归，未了根尘，辄有邪解，入他魔界，全丧正因。""滥称知识，且贵虚名。"

因为"不知大道无方，法流同味"，后代的"相继子孙，护宗党祖，不原真际，竞出多岐，矛盾相攻""是非锋起，人我山高"。

因为缺乏宗眼和明眼良师，"近代宗师失据，学者无稽""棒喝乱施""诳谑群小，欺昧圣贤"。因为不解佛法妙用，近代的求道人尽皆困于见闻觉知，"承言滞句，便当宗风，鼓吻摇唇，以为妙解"。

他感叹正法时代已去，连一些寺院的住持都不再是为"续佛慧命"，而是"望风承嗣，窃位住持，便谓我已得最上乘超世间法"，"治激声名，贪婪利养"。"然当像季之时，魔强法弱，假如来之法服，盗国王之恩威，口谈解脱之因，心弄鬼神之事。"

文益大师细致勾画的这些末世佛门乱相，至今仍然具有振聋发聩的力量。这些苦口婆心的规劝和慈悲的叮嘱，今天读来依然非常亲切。"而今

而后，读斯论者，果能察己病，体禅师之心，肯服其良药，不亦善乎！”①

在《宗镜录》一书中，延寿大师列举了在法师、律师、禅师中各自存在的十种过患，比如，他指出禅师有10种常见的过失：一，经云假名阿练若，纳衣在空闲，自谓行真道，好说我等过。二，恃行陵他，不识戒取苦集烦恼。三，无慧修定，盲禅无目，宁出生死也。四，不遵遗嘱，不依念处修道，不依木叉而住，非佛弟子。五，无慧之禅，多发鬼定，生破坏佛法，死堕鬼道。六，名利坐禅，如扇提罗，死堕地狱。七，设证得禅，即堕长寿天难。八，如水乳，禅教授学徒，绍三涂种子。九，四众不沾真法之润，转就浇漓。十，非止不能光显三宝，亦乃破佛法也。

延寿大师在《唯心诀》中指出，众生因为不能悟一心之真理，圆通万法，而误入有无、一异、断常的邪见之林，这些倒错的知解、修行可以归结为120种。他用很大的篇幅详细地列举了佛法修行者在实践中常犯的毛病，其梳理之细密、解剖之精微，令人叹赏。延寿指出，这些邪宗见解，“并是迷宗背旨，失湛乖真，捏目生花，迷头认影”。今天看来，这些修行的歧途，古今皆然，《唯心诀》永远不会过时。

比如，他指出：修行者“或求静虑而伏捺妄心”：强抑妄念而求入定，如此只会增益烦恼。“或附影缘尘而抱相”：认感官摄入的“六尘缘影”为客观真实而着相。“或丧灵源之真照”：只知寂灭一切而丧失智慧心的观照。“或尚空见排善恶而作真修”：误解缘起性空，以不作恶亦不行善为道。“或沉机绝想，同有漏之天”：除去机心，断绝诸想，令心如婴儿无知，此乃有漏的色界天。“或敦圆理而起著心，饮醍醐而成毒”：执着众生即佛、烦恼即菩提等圆顿之理，从而认理为事，犹如饮醍醐而中毒……②

《唯心诀》对120种邪宗见解一一破斥，今天，对于佛弟子辨清邪正，修学正法，仍然具有十分重要的意义。

在《万善同归集》中，延寿大师以答问方式，对10种修行人容易犯的错误作了详细分析，并一一批驳。

第一，是“万法皆心，任之是佛，驱驰万行，岂不虚劳?”第二，是

① 《宗门十观论》，《卍续藏》第63册，第37页上—38页下经。

② 《永明智觉禅师唯心诀》，《大正藏》第48册，第996页。

“祖师云善恶都莫思量，自然得入心体，如何劝修，故违祖教?”第三，是“万善统唯无念，今见善见恶，愿离愿成，疲役身心，岂当是道?”第四，是“泯绝无寄，境智俱空，是祖师善归……若论有作，心境宛然，凭何教文广陈万善?”第五，是“拟心即失，不顺真如，动念即乖，违于法律，为何广说世间生灭缘起?”第六，是“若得理本，万行俱圆，何须事迹而兴造作?”第七，是“无心合道，岂须万行、动作关心?”第八，是“若以色见我，若以音声求我，是人行邪道，不能见如来；如何立相标形而称佛事?”第九，是“众生不得解脱者，皆为认其假名，逐妄轮回；云何徇斯假名，转增虚空?”第十，是“即心即佛，何须外求?”①

这些错误观念，是因为偏执一词，执着名言概念，割裂了“心体”与“万善”，“禅”与“教”等之间理事不二、圆融无碍的关系。有的以“一切唯心造”为由，以理废事，消极避世，则是庸俗、肤浅、错谬的。

当今时代，中国国运昌盛，法运兴隆，越来越多的有识之士认识到中华传统文化的重要价值，作为传统文化重要组成部分的佛教也呈现出良好的发展态势。然而，过分商业化、世俗化的苗头也俨然现前，各种邪知邪见大量存在，佛教的出世性、崇高性、真理性有被消解之忧。在今天，佛教特别需要法眼宗的反思精神和忧患意识，法眼宗祖师们留下的这些珍贵法语也值得我们不断重温。

三　法眼宗圆融万法的胸怀及其现实意义

法眼宗文化另外一个值得关注的特点，是法眼宗几位祖师圆融、融通的宏大见识、格局和胸怀。

法眼禅法与圆教华严有密切联系，文益大师倾心《华严经》，曾作《华严六相义颂》，延寿大师继承了这一传统，在《宗镜录》等中多处引用《华严经》及华严宗的思想来阐述禅意，故法眼禅法有“华严禅”之称。华严以事事无碍为法界缘起，即一切诸法都在相即相入的缘起关系之中，在华严海印三昧中，一切法都相摄相容、圆融无碍，泯除一切差异、对立和矛盾。

---

① 《万善同归集》，《大正藏》第48册，第960页。

法眼宗“一切现成”“圆融无碍”的“华严禅”，融合万法，其多层次、全方位的融通，涉及禅宗内部几大宗派的融通，禅宗与经教的融通，禅宗与华严、天台、净土等佛教其他宗派的融通，佛教与儒家、道家及护国利民等诸善的融通等。

（一）禅宗内部几大宗派的融通

文益大师对禅宗内部几大宗派的形成及门庭施设，态度是十分圆融的。他指出几大“宗风”的形成，是各流派宗师根据弟子的不同根机、特点而采取的灵活引导方式。他说：“曹洞则敲唱为用，临济则互换为机，韶阳则涵盖截流，沩仰则方圆默契，如谷应韵，似关合符。虽差别于规仪，且无碍于融会。”①

文益大师指出，曹洞、临济、云门、沩仰四家是运用不同的方式和方法来启悟不同根机的弟子，但最终的宗旨都是“直指人心，见性成佛”，是一致的，是可以融会贯通的。那些互相攻击、执己为是的弟子，是偏执的。

（二）禅宗与经教及华严、天台、净土等佛教其他宗派的融通

禅宗“不立文字，教外别传”，是指悟道要突破语言文字的概念之障，而绝非轻视语言文字，相反，众多禅宗的高僧大德都是通经通教的大学问家。比如临济禅师在《临济录》中语重心长地说：“道流，出家儿，且要学道。须如山僧往日，曾向毗尼中留心，亦曾于经论寻讨……不是娘生下便会，还是体究练磨，一朝自省。”永嘉玄觉禅师在《证道歌》中也说：“吾早年来积学问，亦曾讨疏寻经论。”他们都是深入经藏，而又能跳脱出来。

唐末五代时期，禅宗末流荒疏经教，流于盲禅暗证，为了矫正轻视、荒疏经教的流弊，法眼宗特别强调对经典的重视。

文益《因僧看经》偈云：“今人看古教，不免心中闹。欲免心中闹，但知看古教。”② 十分强调经教的作用。

---

① 《宗门十规论》，《卍续藏》第63册，第38页中。

② 《景德传灯录》卷二十九，《大正藏》第51册，第454页中。

文益大师在《宗门十规论》中，对禅法与经教的关系做了说明。他说："凡欲举扬宗乘，援引教法，须是先明佛意，次契祖心，然后可举而行，校量疏密。"①

文益指出，禅宗学人只有通达教典以后，才能"明佛意""契祖心"，否则，就会"如辄妄有引证，自取讥诮"②。

延寿大师在《宗镜录》卷一指出："经是佛语，禅是佛意，诸佛心口，必不相违。"在其著作中，他充分运用唯识宗、华严宗、天台宗、三论宗等理论，所引资料约 300 种，继承发扬了文益禅教一致的主张。

如《宗镜录》广泛征引大乘经论 60 部，贤圣之言三百家，指出禅宗末流"发狂慧而守痴禅，迷方便而违宗旨"，因不通经典而"暗于各相，一句不识"。③

延寿大师还曾住国清寺修学《法华忏》，学习天台教法，至天台山智者岩修定。在佛教历史上主张禅净合一的高僧中，延寿大师也是非常突出的一位。

太虚大师对法眼宗几位祖师融贯禅教、和会宗门与教下的精神十分赞赏，他说："分宗之极再和会教义者，则从法眼开始。法眼颂六相，既近华严；德韶禅师住天台山国清寺，传是智者大师的后身，而天台教义之能重兴，尤赖德韶之力。至于永明延寿，更是把宗下教下大为和会。他之《宗镜录》，会台、贤、慈恩三家经论教法，宗归一心，遂成禅宗以来未有之巨著。他又精通唯识义，如云：'夫禅宗者，真唯识量，但入信心，便登祖位。'故能融贯禅教者，尤以永明为最。"④

当代学者对此点也都有充分关注和共识。吴言生教授指出："法眼宗广泛汲取教乘菁华，对楞严三昧、金刚般若、楞伽妙谛、圆觉了义、维摩不二、华严法界的精髓广撷博采，熔铸成自己的法眼。"⑤

杜继文、魏道儒先生认为："延寿以禅宗命家，属法眼血脉，但其弘扬范围之广、内容之杂，为此前禅宗诸家所未有。禅教合一，禅诵无碍，

---

① 《宗门十规论》，《卍续藏》第 63 册，第 38 页中。

② 同上。

③ 《宗镜录》，《大正藏》第 48 册，第 685 页上。

④ 见太虚大师《中国佛学》第二章第六节"宗教之和会"。

⑤ 吴言生：《论法眼宗对佛教经典的汲取》，《宗教学研究》2000 年第 2 期。

禅净并修，禅戒均重，内省与外求兼行，是他所宗禅法的特点，为后来禅宗向佛教全体整合提供了完整的理论资料，并作了成功的示范。”①

（三）佛教与儒家、道家及护国利民等诸善的融通

文益大师不仅融通大乘佛教各宗派，还广涉儒家经籍，被视为佛门的子游、子夏。

德韶大师是深受吴越国敬重的国师，他融通出世与入世不二的思想，在讲法时常劝勉徒众“国王恩难报，诸佛恩难报，父母师长恩难报，十方施主恩难报”，要共“令法久住，国土安乐”。②

延寿大师在《万善同归集》中指出：“儒道仙家，皆是菩萨，示助扬化，同赞佛乘。”认为儒家、道家都是佛菩萨应众生根机产生的方便施教，都是助众生成佛，以此开三教融合之先声。他还指出一切善行都不能被轻慢，微细的善行都将为成佛之因，因此大力倡导行善。他还指出万善之中的“第一福田者”，是“尽忠立孝，济国治家；行谦让之风，履温恭之道”③。

延寿是一位言行合一的大师。他精进务道，为自己一生的修行确定了一百零八件佛事，其中包含了持咒、念佛、礼佛、忏悔、诵经、坐禅、说法、六度万行等。对于延寿大师的这种融通万善、精进万善的行持，后人无不叹服。

法眼宗的融通精神，连一贯批评佛教的宋代理学家朱熹也赞叹不已。《朱子语类·释氏卷》中说：“因举佛氏之学与吾儒有甚相似处，如云：‘有物先天地，无形本寂寥，能为万象主，不逐四时凋。’又曰：‘朴落非他物，纵横不是尘，山河及大地，全露法王身。’又曰：‘若人识得心，大地无寸土。’看他是什么样见识！今区区小儒，怎生出得他手？宜其为他挥下去也。此是法眼禅师下一派宗旨如此。”

当今世界，交通工具日益发达，信息技术日新月异，全球宗教已由民族宗教的历史时期，进入了世界宗教的历史时期。这个“地球村”的时

① 杜继文、魏道儒：《中国禅宗通史》，江苏人民出版社 2007 年版，第 390 页。

② 参见可祥《天台德韶及其禅法》，《中国佛学》总第 34 册。

③ 《万善同归集》，《大正藏》第 48 册，第 982 页中。

代，是各种宗教、各种文明、各种文化对话交流的时代。2010 年 10 月洛桑世界福音宣教大会第三届大会发表《开普敦承诺》，呼吁教会要“在多元化、全球化的世界中见证基督的真理”，佛教徒也同样无法回避多元化、全球化时代佛教的未来发展的问题。

佛教徒要担负其时代的使命和历史的重任，需要有像法眼宗祖师们这样反省自律、圆融万法的见识和胸怀，需要继承发扬法眼宗文化的精神，赋予其新的时代内涵。

五代北宋法眼宗在闽传法寺院略考

孙源智

（福建省开元佛教文化研究所研究室主任）

前　言

福建是法眼宗思想的策源地。法眼宗源出福州雪峰一脉，其发展的历史可上承至玄沙师备，经师备、桂琛、文益三代传承而初步定型。法眼宗初祖文益在闽参学并开悟，后至抚州、金陵等地弘法，法眼宗大行于江南吴越之地，成为当时禅宗最为兴盛的一支。在法眼宗二、三、四代弟子的大力弘扬之下，法眼宗也回传至福建，于五代末及宋初在福、泉、漳三州盛行，至北宋中叶才逐渐衰落。

目前对法眼宗的研究，多着眼于法眼宗的宗风和禅法特色，以及其代表僧人文益、德韶、延寿的生平和思想研究，对法眼宗区域分布、思想流布的研究相对较少。黄诚在《法眼宗研究》[①] 一书第二章“法眼宗传播发展与区域分布”中，以文益—德韶—延寿的传承为主线，着重探讨了法眼宗在南唐、吴越两国传播的情况，但对法眼宗在福建的发展则少有提及。

王荣国的《福建佛教史》[②] 一书是研究法眼宗在福建传播的重要著作。书中采取分派别支阐述其师资承传并考据其传法地点和大致年代的方式，疏理佛教——尤其是禅宗在福建发展的情况。在该书的第三章和第四章中，均设章节探讨法眼宗在闽中传播情况，共整理出 11 位在闽传法的

---

① 黄诚：《法眼宗研究》，巴蜀书社 2012 年版。

② 王荣国：《福建佛教史》，厦门大学出版社 1997 年版。

法眼宗僧人并简单考据其传法地点。该作成书较早，对法眼宗在闽法脉的整理仅以成书于宋真宗时期的《景德传灯录》为主要依据，遗漏了稍晚出现的一批法眼宗僧人，以致其部分结论有待商榷；对寺院考据所依据的方志也偏重《三山志》《八闽通志》等书，对福州寺院考据较详，漳、泉二州寺院则较为疏略。

本文即在王荣国先生研究的基础上，辅以《天圣广灯录》等禅门灯录的记载，整理出一共18位法眼宗僧人在闽传法的情况，以期更加完整地展现法眼宗在福建发展的区域分布情况；并结合明清时期成书的府志、县志的记载，进一步考据其传法地点，尽可能呈现五代北宋时期法眼宗在闽活动的整体面貌。五代北宋时期，福建行政区划多次变更。为便于阐述，本文所说的福州、泉州、漳州均以唐代设置的福、建、泉、漳、汀五州建置为准。文中关于诸禅师的行历以《景德传灯录》[①] 与《天圣广灯录》[②] 为主要参考，出自其他书籍者另列出处。

一 法眼宗僧人入闽情况

据《景德传灯录》卷二十五、卷二十六以及《天圣广灯录》卷二十八的记载来看，五代至北宋时期来闽传法的法眼宗僧人至少有18位，囊括法眼宗第二、三、四世传人。如图一所示。

文益弟子来闽弘法者有漳州罗汉智依大师、漳州罗汉守仁禅师、杭州灵隐清耸禅师、洪州云居清锡禅师、泉州上方慧英禅师等5人。其中智依大师较为知名。

智依，生平不详，嗣法于法眼文益，住漳州罗汉院传法，号“宣法大师”。《宋高僧传·文益传》后列文益弟子六人，其中即有“漳州智依”的名字。[③] 在《景德传灯录》记载的机缘语录中，有学人以“如何是宝寿家风”一句向智依发问。这类问句在禅宗语录中极为常见，智依当时应在一处名叫宝寿院的寺院开法。以宝寿为名的寺院颇多，该宝寿院在何处

① （宋）道原纂：《景德传灯录》，《大正藏》第51册。

② （宋）李遵勖敕编：《天圣广灯录》卷二十八，《卍续藏》第78册。

③ （宋）赞宁等：《宋高僧传》，《大正藏》第50册，第788页。

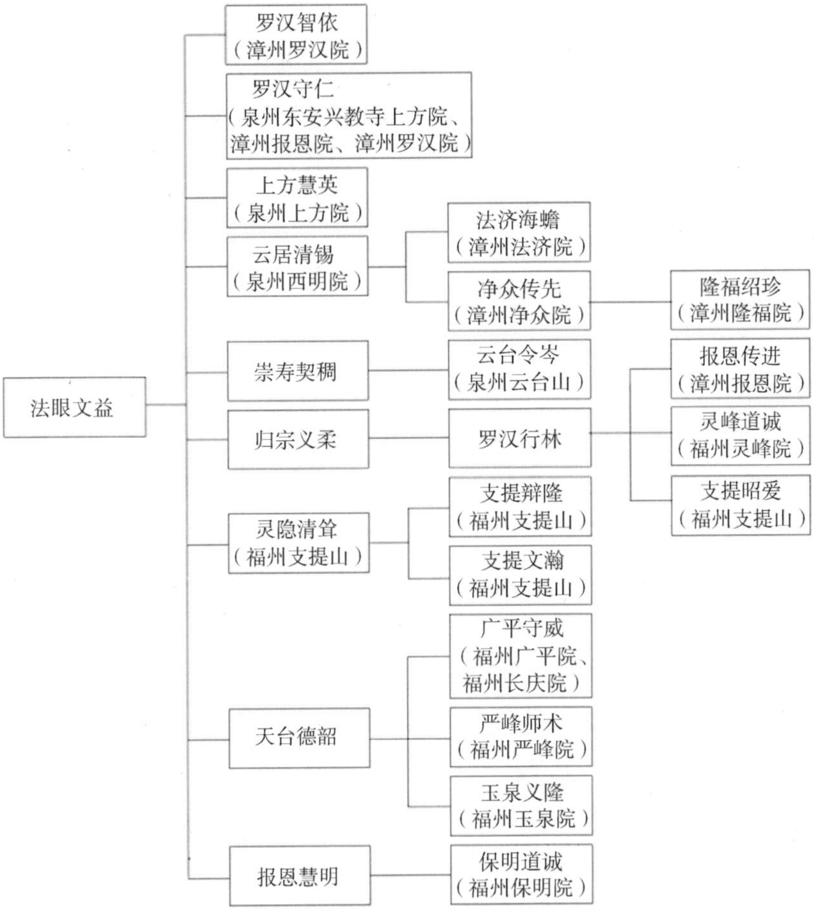

- 法眼文益
  - 罗汉智依（漳州罗汉院）
  - 罗汉守仁（泉州东安兴教寺上方院、漳州报恩院、漳州罗汉院）
  - 上方慧英（泉州上方院）
  - 云居清锡（泉州西明院）
    - 法济海蟾（漳州法济院）
    - 净众传先（漳州净众院）
      - 隆福绍珍（漳州隆福院）
  - 崇寿契稠
    - 云台令岑（泉州云台山）
  - 归宗义柔
    - 罗汉行林
      - 报恩传进（漳州报恩院）
      - 灵峰道诚（福州灵峰院）
      - 支提昭爱（福州支提山）
  - 灵隐清耸（福州支提山）
    - 支提辩隆（福州支提山）
    - 支提文瀚（福州支提山）
  - 天台德韶
    - 广平守威（福州广平院、福州长庆院）
    - 严峰师术（福州严峰院）
    - 玉泉义隆（福州玉泉院）
  - 报恩慧明
    - 保明道诚（福州保明院）

图一　法眼宗在闽传承世系

备注：

1. 此图为笔者依据《景德传灯录》《天圣广灯录》及相关资料自制而成，收录18位在闽传法的法眼宗僧人，并注明其在闽传法寺院。《天圣广灯录》编撰于北宋天圣七年（1029），此后法眼宗在闽传承不详。

2. 隆福绍珍，《五灯全书》作“绍修”。

3. 支提文瀚，《续传灯录》列为辩隆弟子，以《续传灯录》晚出，今依《天圣广灯录》。

已无从考证。推测智依很可能主要在福建活动，灯录中记载有他与彦端长老的交往。彦端是义存弟子安国弘瑫的法嗣，住福州永隆院传法。

文益另一位曾住罗汉院开法的弟子守仁，也是主要活动于闽南漳、泉一带。守仁为泉州永春人，从文益处嗣法后，先后住于泉州东安兴教寺上方院、漳州报恩院、漳州罗汉院三处开法，世称“罗汉守仁”。

文益在福建弘法的弟子中，以清锡禅师一脉传承最远。清锡，泉州人，嗣法于法眼文益。他在推动法眼宗思想传播方面的贡献很大，是将法眼宗思想传入江南云居山和福建漳、泉地区的重要人物。他最初在江西活动，先住龙须山广平院，后住洪州云居山阐法，使云居山成为法眼宗在江西的重要道场。后来清锡回到福建，住泉州西明院传法，吸引了众多学人前来。清锡有嗣法弟子四人，其中海蟾、传先两人日后在漳州一带传法。海蟾，泉州人，俗姓陈，住漳州法济禅院传法。传先，署号“智然禅师”，住漳州净众禅院传法。传先之后，又有其弟子绍珍，住漳州隆福院传法。清锡禅师一脉三代相替，至北宋中期依然传承不绝。

此外，在泉州传法的法眼宗僧人还有文益弟子崇寿契稠的法嗣令岑。令岑，泉州人，俗姓蔡，[①] 嗣法于崇寿契稠，为法眼宗第三世，住泉州云台山传法，世称“云台令岑”，后于云台山示寂。

在福州闽东地区活动的法眼宗僧人，主要来自文益弟子天台德韶、报恩慧明、灵隐清耸三支，这三人都是在吴越地区很受吴越王礼遇的禅师，是五代时期吴越佛教的代表人物，其中以清耸对福建佛教影响最大。

清耸，福州福清人，阅《华严经》而开悟，于文益处得法。初住明州四明山卓庵，后受忠懿王钱弘俶之请至杭州两处寺院开法，又主灵隐寺法席。宋开宝四年（971）寺成，清耸在福州宁德县兴建支提山华严寺，为开山祖，开宝九年（976）复归灵隐。此后，支提山成为法眼宗在闽地的重要道场。清耸弟子明州人辩隆继主法席，后受到宋太宗的召见，得赐号、赐紫，备受尊崇。辩隆之后，又由清耸另一弟子文瀚住山说法。自创寺伊始，支提山作为法眼宗在闽地的重要道场，代代传承数十年之久，为支提山日后的发展奠定了基础。

天台德韶有弟子福州广平守威禅师、福州玉泉义隆禅师、福州严峰师术禅师三人在福州传法。守威，福州侯官人，得法后先住福州广平院阐法，次迁怡山长庆院，署号“宗一禅师”，后于长庆院示寂。义隆和师术生平不详，仅有机缘语录数则传世，分别住福州玉泉院和严峰院开法。

---

① （明）居顶纂：《续传灯录》，《大正藏》第51册，第492页。

报恩慧明弟子中来福州传法的为福州保明道诚大师。道诚，生平不详，嗣法于报恩慧明，为法眼宗第三世，住福州长溪保明院传法，号“通法大师”。

较晚入闽的还有来自江西的罗汉行林一脉。罗汉行林嗣法于文益的弟子归宗义柔，是法眼宗第三世传人中法脉较为兴盛的一支。其弟子福州支提昭爱禅师、福州灵峰道诚禅师、漳州报恩传进禅师三人入闽传法。传进住漳州报恩院，昭爱住福州支提山，道诚住福州古田灵峰院。

二　法眼宗在泉州传法寺院

（一）西明院

泉州西明院是法眼宗僧人清锡开法的寺院。《天圣广灯录》目次中作“漳州西明山锡禅师”，但正文中提到时仍书“泉州西明”。漳州未见有西明山的记载，且同时期的保福从展也有弟子琛禅师在泉州西明院传法，该西明院应是在泉州无疑。

依《八闽通志》所载，当时泉州境内仅仙游县有西明院。[①] 王荣国在《福建佛教史》中也提到该西明院，因未载其建造年代，提出存疑。[②] 据乾隆《仙游县志》所载：“西明寺在县南五十里，宋嘉祐二年（1057）蔡襄建。”[③] 两书所载为同一地，该仙游县西明院即今仙游县枫亭西明寺前身，建筑时间晚于清锡的生活年代。那么，琛禅师和清锡所住的泉州西明院应是另有其址。

（二）上方院与东安兴教寺上方院

泉州上方院是文益弟子慧英传法之地，所在不详。文益另一位法嗣泉州人守仁得法后也在泉州东安兴教寺上方院传法。依《八闽通志》所载，泉州未见有东安兴教寺，仅有泉州开元寺曾在唐初以“兴教”为名。而泉州开元寺确实有上方院，为义存弟子睡龙道溥的法嗣清豁于南唐保大

① （明）黄仲昭修纂：《八闽通志》（下册），福建人民出版社2006年版，第198页。

② （清）胡启植、（清）王椿修，（清）叶和侃等纂：《仙游县志》，《中国地方志集成·福建府县志辑》第18册，上海书店出版社2000年版，第211页。

③ 同上。

(943—957) 末年所创。[①] 这几处位于泉州的上方院所指是否为同一地，尚待考证。

(三) 云台山

泉州云台山是法眼宗僧人令岑开法之地。云台山位于泉州南安县(今福建省南安市)，与王延彬颇有渊源。依《闽书》所载："云台山，在(南安) 县西，王延彬别馆也。延彬旧为云台侍中，故以名山。……彬没后，葬山左。"[②] 云台山是泉州在五代及北宋时期的一处重要道场。在令岑前，有师备弟子仙宗契符的法嗣福清行钦住于此，令岑之后又有法眼宗僧省因、临济宗僧已亲来此开法。

三　法眼宗在漳州传法寺院

(一) 罗汉院

漳州罗汉院作为罗汉桂琛开法的寺院，对于法眼宗僧人来说有着较为重要的意义，文益弟子智依、守仁均在此传法。

依《八闽通志》所载，漳州有两处罗汉院，均在龙溪县。其中一处废弃较早。《八闽通志》载："坚牢院、法华院……罗汉院、福生院……通上凡一百五十院，俱见淳祐郡志，俱久废。"[③] 又依万历《漳州府志》载："东湖所管院四所，瑞明院、罗汉院、福生院、白莲院。"[④] 该"久废"的罗汉院当时应是位于漳州东湖附近，即漳州城外东隅。

另一处罗汉院位于城西。该罗汉院建于后唐天成年间 (926—930)，北宋大中祥符年间改名"净慧院"。《八闽通志》载："罗汉山，五代唐天成中，王延休憩此，忽闻异香馥郁，得一龟，背有罗汉像，遂建寺，山因以名。"[⑤] 又载："净慧院，在府城西，五代唐天成中建，名'罗汉院'，

① (明) 释元贤纂修:《温陵开元寺志》，民国十六年重刻本，第 44 页。

② (明) 何乔远编纂:《闽书》，福建人民出版社 1994 年版，第 209 页。

③ (明) 黄仲昭修纂:《八闽通志》(下册)，福建人民出版社 2006 年版，第 1174 页。

④ (明) 罗青霄修，(明) 谢彬纂:《漳州府志》，《明代方志选》第 3 册，台湾学生书局 1965 年版，第 220 页。

⑤ (明) 黄仲昭修纂:《八闽通志》(上册)，福建人民出版社 2006 年版，第 202 页。

祥符间改今名。”[①] 王延休为王潮之子。净慧院后来又改为寺，元元贞年间（1295—1297）与漳州开元寺合并，名为开元净慧万岁禅寺。万历《漳州府志》载：“元元贞间重建开元寺，而以西湖净慧院并入之，总赐额曰‘开元净慧万岁禅寺’。”[②] 漳州开元寺为漳州宋代五大禅刹之一，清末毁于战火，今已不存。这两处罗汉院均有可能是智依等人所开法的寺院。

另有一说，认为罗汉院应在漳浦县，其依据主要是《宋高僧传·文益传》中“（桂琛）曾住漳浦罗汉”[③] 的记载。光绪《漳浦县志》载：“废罗汉寺，在威惠庙之东，治平乙巳有牧童于寺侧沉睡，既觉识诗一首云：‘殿前古木分青翠，日出林峦照梵宫。访主不逢童子睡，且回龙马寄诗踪。’乃王谒佛而留作也。”[④] 该记载承袭自万历《漳州府志》，[⑤] 故事中的“王”指的是威惠庙所祀的开漳圣王陈元光。这样一则托梦赋诗的故事并不能说明该寺院的历史，万历《漳州府志》将之录于“异闻”条目，而在“寺观”条目中并不载此罗汉寺，也可以说明这一点。万历《漳州府志》另载：“西林院，在西林城安民坊之北，即罗汉院。”[⑥] 西林城位于今漳浦县六都（今福建省云霄县），该罗汉院显然并非前文中的罗汉寺。笔者以为，《宋高僧传》中的“漳浦”应是以漳州的古称“漳浦郡”代指漳州，以“漳浦”代指“漳州”的用法也多次出现于编撰于五代时期的《祖堂集》中。

（二）报恩院

漳州报恩院是法眼宗僧人守仁与传进开法的寺院。该寺院是五代时期雪峰派僧人在漳州活动的主要道场之一，雪峰义存弟子从弇、怀岳，保福

---

① （明）黄仲昭修纂：《八闽通志》（下册），福建人民出版社 2006 年版，第 1174 页。

② （明）罗青霄修，（明）谢彬纂：《漳州府志》，《明代方志选》第 3 册，台湾学生书局 1965 年版，第 219 页。

③ （宋）赞宁等撰：《宋高僧传》，《大正藏》第 50 册，第 788 页。

④ （清）陈汝咸修，（清）施锡卫续修：《漳浦县志》，《中国地方志集成·福建府县志辑》第 31 册，上海书店出版社 2000 年版，第 212 页。

⑤ （明）罗青霄修，（明）谢彬纂：《漳州府志》，《明代方志选》第 3 册，台湾学生书局 1965 年版，第 416 页。

⑥ 同上书，第 415 页。

从展弟子道熙、行崇等人均曾在此阐法。

据《景德传灯录》所载，报恩怀岳“罢参雪峰，止龙溪，玄侣奔凑”[①]，可知漳州报恩院应位于漳州龙溪县。报恩院废弃较早，创建时间已不详。《八闽通志》载：“坚牢院、法华院……报恩院、永兴院……通上凡一百五十院，俱见淳祐郡志，俱久废。”[②] 又依万历《漳州府志》：“东路乡村所管院二十九所，内有考院十三所，曰报恩院、永兴院……铜盘院，无考院十六所。”[③] 可知，漳州报恩院应大致位于漳州龙溪县东部。

（三）法济院

漳州法济院是法眼宗僧人海蟾开法的寺院。该寺院前身为普利隆寿院，为漳州刺史林侁所建。[④] 法济院的建造时间，《八闽通志》记为后周广顺二年（952）[⑤]，万历《漳州府志》记为南唐保大十一年（953）。[⑥] 依《景德传灯录》所载，雪峰义存弟子绍卿应请来此开山，保福从展再传弟子无逸继席为第二世，后无逸弟子法骞应漳州刺史陈洪铦之请继为第三世。陈洪铦即陈洪进弟，《八闽通志》作“陈铦”，授漳州刺史为宋开宝四年（971）。[⑦] 隆寿院于宋大中祥符八年（1015）改名“法济”[⑧]，海蟾应是这一时间前后来此主法。

法济院在宋代时成为漳州五大禅刹之一，南宋时还有临济宗僧大慧宗杲法嗣僧鹗来此开法。宋末寺废，“元元贞（1295—1297）间重建，以隆寿、法济兼称。至正二十七年（1367），陈友定筑城截寺于城外，寺废。僧觉聪等请右丞罗氏故宅改建。明洪武十五年（1382），以寺为

① （宋）道原纂：《景德传灯录》，《大正藏》第51册，第350页。

② （明）黄仲昭修纂：《八闽通志》（下册），福建人民出版社2006年版，第1174页。

③ （明）罗青霄修，（明）谢彬纂：《漳州府志》，《明代方志选》第3册，台湾学生书局1965年版，第220页。

④ （清）吴宜燮修，（清）黄惠、（清）李畴纂：《龙溪县志》，《中国地方志集成·福建府县志辑》第30册，上海书店出版社2000年版，第103页。

⑤ （明）黄仲昭修纂：《八闽通志》（下册），福建人民出版社2006年版，第1173页。

⑥ （明）罗青霄修，（明）谢彬纂：《漳州府志》，《明代方志选》第3册，台湾学生书局1965年版，第219页。

⑦ （明）黄仲昭修纂：《八闽通志》（上册），福建人民出版社2006年版，第789页。

⑧ （明）罗青霄修，（明）谢彬纂：《漳州府志》，《明代方志选》第3册，台湾学生书局1965年版，第219页。

军储仓，改靖安、水陆二院为之。嘉靖四十一年（1562）复以为参将署”[①]，寺改建于漳州开元寺西侧。法济寺在清末毁于战火，今已不存。

（四）净众院

漳州净众院是法眼宗僧人传先开法的寺院。净众院前身为五代时期的保福院。据万历《漳州府志》载：“净众院，在城西北隅。五代梁贞明二年（916），本州刺史王延钰创保福禅院为祝圣道场。”[②] 王延钰为王审知子侄辈，光绪《漳州府志》载：“（净众院）又有王审知祠，其子姓时修而致祠焉。”[③] 义存弟子从展应请为保福院开山祖师，《景德传灯录》载：“梁贞明四年丁丑岁，漳州刺史王公钦承道誉，创保福禅苑迎请居之。”[④] 梁贞明四年岁戊寅，丁丑岁应为贞明三年，其中必然有误。当时闽国各州刺史基本均为王审知一族，所谓“王公钦”，或许就是王延钰。在保福从展之后，五代时期又先后有雪峰义存弟子超悟，保福从展弟子可俦，睡龙道溥弟子清豁于此传法。清豁于宋建隆三年（962）辞众归山。[⑤] 传先应是在这之后来此。保福院改名“净众”（或“保福净众”）的具体时间未见于史料记载，很可能是陈洪进纳土归宋之后的事情。

净众院在宋代时成为漳州五大禅刹之一，曾得太宗、仁宗赐御书，后又有临济宗僧了灿于此开法。“至宋端平间（1234—1236）加院额‘万寿’二字”，宋末毁于战火，“元至正二十年（1360）重建”。[⑥] 净众院于宋明间改院为寺，清代时称“万寿保福净众禅寺”[⑦]，位于城中开元寺东

① （清）吴宜燮修，（清）黄惠、（清）李畴纂：《龙溪县志》，《中国地方志集成·福建府县志辑》第 30 册，上海书店出版社 2000 年版，第 107 页。

② （明）罗青霄修，（明）谢彬纂：《漳州府志》，《明代方志选》第 3 册，台湾学生书局 1965 年版，第 219 页。

③ （清）李维钰修，（清）沈定均续修，（清）吴联薰增纂：《漳州府志》，《中国地方志集成·福建府县志辑》第 29 册，上海书店出版社 2000 年版，第 956 页。

④ （宋）道原纂：《景德传灯录》，《大正藏》第 51 册，第 354 页。

⑤ （明）释元贤纂修：《温陵开元寺志》，民国十六年重刻本，第 77 页。

⑥ （明）罗青霄修，（明）谢彬纂：《漳州府志》，《明代方志选》第 3 册，台湾学生书局 1965 年版，第 219 页。

⑦ （清）吴宜燮修，（清）黄惠，（清）李畴纂：《龙溪县志》，《中国地方志集成·福建府县志辑》第 30 册，上海书店出版社 2000 年版，第 107 页。

侧。净众寺在清末毁于战火，今已不存。

（五）隆福院

漳州隆福院是法眼宗僧人绍珍开法的寺院。漳州隆福院位于龙溪县，废弃较早。《八闽通志》载："坚牢院、法华院……隆福院……通上凡一百五十院，俱见淳祐郡志，俱久废。"[①] 又依万历《漳州府志》载："西湖所管院七十所，内有考院三十一所，曰普贤院、北清凉院……隆福院、洪福院……"[②] 可知，当时隆福院应是位于漳州城外西隅。

四 法眼宗在福州传法寺院

（一）支提山

支提山华严寺是文益弟子灵隐清耸开山的寺院，是闽东佛教圣地。"支提山"一名出自《华严经》："东南方有处，名支提山，从昔已来，诸菩萨众于中止住；现有菩萨，名曰天冠，与其眷属、诸菩萨众一千人俱，常在其中而演说法。"[③] 在武周时期，就有高丽僧人元表赴经来寻支提山所在。吴越王钱弘俶听闻此事后，令研习《华严经》的清耸入闽寻访天冠菩萨道场。宋开宝四年（971），支提山华严寺在钱弘俶的支持下落成，清耸被奉为开山祖师。[④] 后有清耸弟子辩隆、文瀚，行林弟子昭爱等相继住山。辩隆住持时，受到宋太宗的尊崇，寺以年号雍熙敕额"雍熙寺"。[⑤] 明代又曾敕赐"华藏禅寺""万寿禅寺"之名，历代皆有名僧住持。

（二）广平院

福州广平院为法眼宗僧人守威开法的寺院。依《三山志》记载，福

---

① （明）黄仲昭修纂：《八闽通志》（下册），福建人民出版社2006年第2版，第1174页。

② （明）罗青霄修，（明）谢彬纂：《漳州府志》，《明代方志选》第3册，台湾学生书局1965年版，第220页。

③ （唐）实叉难陀译：《大方广佛华严经》，《大正藏》第10册，第241页。

④ （明）谢肇淛等修，（清）释照微增补：《支提寺志》，同治重刊本，第160页。

⑤ （明）谢肇淛等修，（清）释照微增补：《支提寺志》，同治重刊本，第160页。

州广平院有两处。其一是怀安县施化里，建于后唐天祐四年（907）[①]，五代时曾有师备再传弟子玄旨在广平院传法，应即该处广平院；其二位于福清县永西里，建于宋开宝三年（970），[②] 后改为寺[③]。这两处寺院均可见于明弘治时成书的《八闽通志》，但明万历《福州府志》以及此后的地方志中对这两处广平院都没有了记载，两寺很可能都是毁于明中叶。守威所开法的广平院是玄旨曾住持的广平院，还是宋开宝三年所建的福清县广平院，已不得而知。

（三）长庆院

福州长庆院为法眼宗僧人守威开法及圆寂的寺院。长庆院即今福州五大丛林之一的怡山西禅寺前身，建于唐咸通八年（867），由长庆大安开山。后梁开平三年（909），义存五大弟子之一的慧棱受闽王王审知之请来此传法，住山二十余载，法席大盛。慧棱圆寂后，其弟子常慧、弘辩相继出任住持。南唐灭闽时，长庆院遭“淮兵焚毁，独佛殿、经藏、法堂西僧堂仅存。皇朝天圣间（1023—1032），营葺始就”[④]。守威来长庆院弘法的时间应该就是在寺遭兵灾之后，重建之前的艰难时期。

（四）玉泉院

福州玉泉院为法眼宗僧人义隆开法的寺院。王荣国先生考《三山志》记载，认为有三处寺院可能是义隆传法之地。[⑤] 其一是位于连江县光化里的大中玉泉寺，建于隋大业元年（605），即今连江玉泉寺的前身；其二是位于古田县崇礼里的玉泉院，建于宋开宝三年（970）；其三是位于闽县时昇里的玉泉院，建于宋景祐二年（1035），后改为寺，约毁于明代。

记载义隆事迹的《景德传灯录》成书于宋景德元年（1004），闽县玉泉院可以排除。当时禅宗寺院多以“院”为名，《大宋僧史略》介绍

---

① （宋）梁克家修纂：《三山寺》，海风出版社2000年版，第617页。

② 同上。

③ （明）黄仲昭修纂：《八闽通志》（下册），福建人民出版社2006年版，第1112页。

④ （宋）梁克家修纂：《三山寺》，海风出版社2000年版，第564页。

⑤ 王荣国：《福建佛教史》，厦门大学出版社1997年版，第218页。

寺院名称时，称“今义如六种”，“二名院，今禅宗住持多用此名也”[1]。因此笔者认为，和大中玉泉寺相比，古田县玉泉院是义隆传法寺院的可能性更大，义隆很可能就是于宋开宝年间入闽传法。该玉泉院今已不存，明弘治时成书的《八闽通志》中就已没有该寺院的记载。

（五）严峰院

福州严峰院是法眼宗僧人师术开法的寺院。“严峰”在福州什么地方，失于史料记载，尚待考证。

（六）保明院

福州长溪保明院是法眼宗僧人道诚开法的寺院。王荣国先生考其即长溪资寿院。[2]《三山志》载：“资寿院，擢秀里，显德二年（955）置，初为保明院，大中祥符六年（1013）敕改今额。”[3] 明洪武二十年，正德十年，清康熙四年数次改建[4]，为闽东一处重要寺院，至近代废弃。

（七）灵峰院

福州古田灵峰院是法眼宗僧人道诚开法的寺院。依成书于宋淳熙之《三山志》所载，古田县灵峰院有两处，道诚所在的灵峰院是哪一处已难于考证。其一，位于安民里，唐咸通十年（869）建。[5] 安民里在今古田县东部，安民里灵峰院在明弘治《八闽通志》中也有所记载，内容与《三山志》基本相同，至明万历《福州府志》中，不载该灵峰院，可能在明弘治至万历间毁弃。

其二，位于横溪里，宋太平兴国三年（978）建。[6]《八闽通志》中作“灵峰寺”，则该灵峰院可能是在宋明间改院为寺。依万历《福州府

---

① （宋）赞宁纂：《大宋僧史略》，《大正藏》第54册，第237经。

② 王荣国：《福建佛教史》，厦门大学出版社1997年版，第219—220页。

③ （宋）梁克家修纂：《三山寺》，海风出版社2000年版，第562页。

④ （清）李拔等纂修：《福宁府志》，《中国地方志集成·福建府县志辑》第12册，上海书店出版社2000年版，第514页。

⑤ （宋）梁克家修纂：《三山寺》，海风出版社2000年版，第588页。

⑥ 同上书，第591页。

志》和乾隆《福州府志》的记载，该寺曾于明万历、成化年间两次重修。清雍正时，析古田横溪等三里置屏南县，灵峰寺归属屏南。民国《屏南县志》中记载该灵峰寺已废，今屏南县尚有灵峰地名。

五　法眼宗在福建分布的特点

整体而言，法眼宗在福建地区的表现较为活跃，但与位于法眼宗传播中心的江南、吴越之地相比，依然逊色不少。法眼宗入闽时，闽国统治已经土崩瓦解，一方面原来受闽国王室倚重的雪峰派渐趋没落，为法眼宗在福建的发展提供了一个很好的契机；另一方面，五代前期福建佛教鼎盛的发展局势不再，福建再次成为边地，限制了法眼宗的进一步发展。但即便如此，法眼宗高僧大德在五代北宋时期汇集在泉州、漳州、福州等地，有力推进了闽南及闽东佛教的发展，为宋代福建禅宗的兴盛拉开了序幕。

表一　　法眼宗在福建传法寺院分布

旧属	今属	传法寺院	传法僧人
福州	福州市	广平院	广平守威
		长庆院	广平守威
	宁德市	支提山	灵隐清耸、支提辩隆、支提文瀚、支提昭爱
		玉泉院	玉泉义隆
		灵峰院	灵峰道诚
		保明院	保明道诚
	不详	严峰院	严峰师术
泉州	泉州市	云台山	云台令岑
	不详	西明院	云居清锡
		上方院	上方慧英
		东安兴教寺上方院	罗汉守仁

续表

旧属	今属	传法寺院	传法僧人
漳州	漳州市	罗汉院	罗汉智依、罗汉守仁
		报恩院	罗汉守仁、报恩传进
		法济院	法济海蟾
		净众院	净众传先
		隆福院	隆福绍珍

由于福建各地佛教发展水平不同，法眼宗在泉、漳、福三地的发展也各有特点。泉州历来是福建佛教重镇，在法眼宗在漳、泉一带的传播中也发挥着非常重要的作用。据上文的统计来看，文益弟子入闽的 5 人中，守仁、清锡、慧英 3 人都曾到泉州弘化；漳、泉一带弘法的 9 位法眼宗僧人中，除 5 人籍贯未详外，其余 4 人均为泉州籍。同时，漳、泉两地僧人之间关系密切，也体现出闽南区域文化的整体性。

漳州作为罗汉桂琛开法之地，对于法眼宗僧人来说有着较为重要的意义，文益弟子智依、守仁均在此传法。据上文的统计来看，来漳州传法的法眼宗僧人有 6 位，囊括了法眼宗第二、三、四代弟子。从五代末至北宋中期，法眼宗在漳州的传播都相当活跃，所传法的寺院也大多成为宋代时期漳州主要禅刹，有力推动了当时相对滞后的漳州佛教的发展。

福州作为当时福建政治文化中心，本身就是佛教昌盛之地。法眼宗在福州的传播相比漳、泉两地可能稍迟一些，主要是在福州被纳入吴越后，受到吴越佛教发展影响的结果。其最明显的表现就是法眼宗道场多集中于福州东部，即临近浙江的今宁德地区。这一时期，法眼宗在闽东地区传法的寺院，如支提山华严寺、长溪保明院（即霞浦资寿院）等，均发展成为闽东地区的重要道场，支提山还有“不到支提枉为僧”的说法。

另一方面，闽国自王审知死后，内乱不绝，王位频繁更替。闽国灭亡后，南唐与吴越更是曾在福州交战数月之久。怡山长庆院这样的重要寺院尚且在战乱中被毁，福州佛教所受的影响可见一斑。法眼宗僧人入闽，对福州佛教的恢复与发展也起到了一定的作用。

北宋中叶之后，法眼宗逐渐衰落。《天圣广灯录》编撰于宋仁宗天圣

七年（1029），所录僧人应均不晚于这一年份。此后法眼宗在闽地应依然有所传承，但法脉不详，影响可能也相对有限。但从《景德传灯录》《天圣广灯录》记载的数十年间活跃于福建的法眼宗法脉上，我们也可领略到历史上法眼宗一脉在福建发展的繁荣景象。

法眼宗禅教圆融思想述评

许　颖

（福建省开元佛教文化研究所研究员）

一　真理性缺失的危机

“不立文字，教外别传，直指人心，见性成佛”是慧能南宗禅的标志。南禅把一切外在的权威悉数推倒，全部销归自性——不立文字、不读经、不礼佛、不说破。中唐以后的禅宗更注重心性悟解、提倡超佛越祖的自尊自信，否定了三学兼修的传统修行方法。禅宗的全部修行都被浓缩为一种体证，“如人饮水，冷暖自知”，他人无法参与，无法代替，禅师的自信心、原创性得到了最大限度鼓励的同时，却也不可避免地失去了统一性。没有一个外在统一的、人人可行可证的真理标准，成了禅宗自身固有的内在矛盾。晚唐，佛门各宗派由于见解不同，分歧也日益突出，“讲华严者唯尊我佛，读唯识者不许他经，至于教外别传，但任胸臆”[①]。当时禅分五家，门派林立，绝对权威不再存在，只要有相当的机缘，任何禅师都可以开宗立派。这时，统一性失落的问题，终于表现为教理、宗旨、宗风的危机。在不立文字上搬弄手脚，所谓“发狂慧而守痴禅，迷方便而违宗旨”，以及后来惠洪说的“天下禅学之弊极矣，以饱食熟睡，游谈无根为事”。

最早意识到并尝试解决禅宗真理性缺失问题的是宗密（780—841）禅师。宗密即是华严五祖，又是禅宗荷泽嫡传。从历史上看，禅宗之所以能自居教外，实得益于义学的兴盛，而教下诸宗的衰落，对于禅宗的

---

① （宋）志磐：《佛祖统纪》卷七，《大正藏》第49册，第189页上。

发展无异于釜底抽薪。佛教义理从社会生活和日常语言中的撤出，使一般的佛教与民众发生了隔膜，轻视经教的传统在真正没有经教的时代里不可避免地走上狂禅末流。禅宗由不可一世、否定一切的“教外别传”，回归持戒礼佛、坐禅读经之传统，其转折始于宗密。只有重立经典的权威，才能清除种种时弊，为了统一禅教，宗密提出他的著名观点——“师说符于佛意，顿悟资于渐修”。晚唐至北宋之初的禅宗高僧深惩其弊，开始自觉、主动、积极地取益于经教，以保证本宗不脱离佛教发展的轨道。法眼初祖清凉文益对此保持了清醒认识，因而把其所著《宗门十规论》的写作目的定为“宗门指病，简辩十条，用诠诸妄之言，以救一时之弊”①。

禅宗后之五家七宗的共同特色是强调教外别传，但实际上，任何一宗都不可能真正独立于教外。其实学教与参禅本身并不互相违背，非教无以显禅之深，非禅无以臻教之妙。之所以有差异者，可谓在人不在法，学教观者由文义趣入，研学日久，也能入佛之间，如玄沙读《愣严》而开悟是也；宗门如未彻悟心源，落入业识光影，并不一定比学教的悟入更为深刻。因此，对禅宗来说，若要解决真理性缺失的危机，唯有回归经教，达成禅教圆融。

法眼宗是禅宗内最后立宗的一个宗派。其三代祖师法眼文益（885—958）、天台德韶（891—972）、永明延寿（904—975）均是学修并重的一代高僧。从法眼宗的禅修实践来看，法眼宗在五家七宗中对经典最为看重，并以熔铸经典义理，特别是华严宗义而形成自己独有的宗风特色。五家七宗中，其他诸宗多是以开创者弘法之地来作为该宗的名称，唯独法眼宗用文益的谥号“大法眼”来命名，显示了法眼宗与其他宗派不同的注重佛法眼目的特色。

二　以法眼归经教

以创始人清凉文益禅师为代表的法眼宗对经典的基本态度是既不迷信经典，又不废弃经典。三乘十二分教浩如烟海，名相繁复，研读这浩如烟

---

① （五代）文益：《宗门十规论》，《卍续藏》第63册，第36页上。

海的佛经，往往陷在支离名相的沼泽中，难以通晓其义，佛经反而成了悟道的“理障”，使修行难以圆满。但是，如果不研读佛经，没有理论的指导，修行又会成为盲人摸象，误入歧途。因此，要想获得正法眼，又必须研读古教。

针对禅宗内忽视经教的风气，文益曾予以严厉的批评。“苟或未经教论，难破识情。驱正见于邪途，汩异端于大义，误斯后进，枉入轮回。”[①] 文益《因僧看经》诗谓：“今人看古教，不免心中闹。欲免心中闹，但知看古教。”如何对待经教才不会被经教所误呢？文益在《宗门十规论》中讲：“凡欲举扬宗乘，援引教法，须是先明佛意，次契祖心，然后可举而行，校量疏密。”[②] “明佛意”“契祖心”就是对待经教的关键之处，经教也罢，禅也罢，都不能脱离此关键之处。关键是能够透过语言文字，领略经文真正的内涵，即具有一双慧眼、法眼。

文益擅长引导学人从佛教经论义理中翻出而臻于无相无为之境。[③] 金陵报慈寺文遂禅师是文益的著名弟子之一，在成为文益弟子之前，他曾经用心研究《楞严经》，很有心得，注疏科判，玄义文句，对此经之本末纲要了然于心。文遂礼谒文益，颇为得意地讲到自己的注疏，深以得《楞严》玄旨为傲。文益问道：“《楞严》岂不是有八还义[④]？”文遂答：“是。”文益又提问：“明还什么？”文遂回答：“明还日轮。”文益接着追问：“日还什么？”文遂懵然无以对。于是文益劝他将所写的注解付之一炬。从此之后，文遂对法眼文益服膺有加，执侍左右，晨昏请益不倦。经过法眼不断的解粘去缚，文遂终于“始放知解”，直探心源。与前面劝人“看古教”相反，这里文益劝文遂烧掉注疏，抛弃知解，显然文益所主张的学习经典是必须与参禅的实修相结合的。

---

① （五代）文益：《宗门十规论》，《卍续藏》第63册，第36页下。

② 同上书，第38页中。

③ 张云江：《法眼文益禅师》，《福建历代高僧评传》，厦门大学出版社2010年版，第171页。

④ “八还义”见《首楞严经》卷二，是从八个方面推究、还原事理的生起因缘。“八还”即所见之明还日轮，暗还黑月，通还户牖，壅还墙宇，缘还分别，顽虚还空，郁勃还尘，清明还霁。一切有为法，均由因缘而起，一一事物皆可推其生因，唯有能现生一切万法的妙明真心本身是找不到生因的，它法尔如是，属于无为法的范畴。文益问“日还什么”，文遂懵然无以对，说明他尚未真正明了妙明真心。

二祖天台德韶禅师对法眼宗对经教的认识有一个集中的说明："只如诸方老宿，言教在世，如恒河沙，如来一大藏经，卷卷皆说佛理，句句尽言佛心，因甚么得不会去！……若一向织络言教，意识解，饶上座经尘沙劫，亦不能得彻。……诸佛时常出世，时常说法度人，未曾间歇。乃至猿啼鸟叫，草木丛林，常助上座发机。"从这段话中，可以清晰地看出法眼宗对待佛经的态度："首先，佛经句句皆传达佛心，参禅者须解悟研读。其次，读佛经不可用意识解会。复次，猿啼鸟叫即是佛心，佛经佛法一切现成。"①

法眼宗对经教的汲取是相当广泛的，比如依经教阐述唯识，圆融性相。在佛教当中，唯识宗被称为相宗，华严天台等称性宗，禅宗则高标空宗。不论性宗还是相宗，都认为一切诸法皆由一心所现，故万法唯识。但对"心"的含义，性、相两家说法有所不同。相宗指阿赖耶等心识，以此证成阿赖耶缘起乃唯识所变之义；性宗则指如来藏之自性清净心，即真如随缘生起诸法之义。从法眼宗的实际情况看，法眼宗在论述三界唯心、万法唯识时，更偏重于唯识宗的立场。文益颂《三界唯心》曰："三界唯心，万法唯识。唯识唯心，眼声耳色。色不到耳，声何触眼。眼色耳声，万法成办。万法匪缘，岂观如幻。山河大地，谁坚谁变？"② 唯心唯识，并不意味着眼色耳声式的观物，而是强调万物有其原本的秩序，自然天然，眼触色成形，耳应声为响。眼色耳声，就是一切现成。德韶曾作偈曰："通玄峰顶，不是人间。心外无法，满目青山。"诗中，德韶以通玄峰顶作为学禅达到的境界，超脱了人间万象，万法唯识，境是心现，因而心外无法，随处都可以看到禅境。法眼赞为"即此一偈，可起吾宗"。

法眼宗广撷博采楞严三昧、金刚般若、楞伽妙谛、圆觉了义、维摩不二、华严法界的精髓，来熔铸成自己的法眼。其中最为突出的当属对华严义理的援引。

三　援华严入禅理

华严与禅的交涉交融早在唐中期就已经开始了。它的表现是双向的：

① 吴言生：《论法眼宗对佛教经典的汲取》，《宗教学研究》2002 年第 2 期。

② （宋）普济集：《五灯会元》卷十，《卍续藏》第 80 册，第 199 页上。

华严学僧一方面继续在诠解《华严经》的形式下发挥本宗学说的特色，另一方面，又更多地接受禅学的影响，使华严学不断地禅化。同时，禅宗也在吸收华严学说，成为自身的一个组成部分。[①] 这一倾向早在神秀立“五方便门”，倡导要依据《华严经》实现“自在无碍解脱”就已开始，且一直贯穿于禅宗思想发展的始终。反映在传法谱系上，就是被华严宗奉为祖师的高僧，同时也被禅宗奉为祖师，例如宗密与延寿。延寿著《宗镜录》一百卷，大量引用了华严典籍。延寿自述编撰此书的宗旨在于倡导教禅融合，他所说的“教”，主要就是指《华严》。《华严》系经中王者，文辞优美，境界高妙，“《华严》万偈，祖颂千篇，俱烂漫而有文，悉精纯而靡杂”[②]，因此，禅宗将华严学说作为构造禅法体系的理论基础、参禅实践的指导原则和辨别迷悟是非的标准。

华严宗所给予禅宗最大的理论启发是其关于理事范畴及其关系的运用。文益《宗门十规论》把华严宗理事关系作为禅门宗旨：“大凡祖佛之宗，具理具事。”[③] 具理具事不仅是教门之宗，也是禅门之宗，华严宗的理事关系说成了文益的“宗眼”。法眼认为：“事依理立，理假事明。理事相资，还同目足。……欲其不二，贵在圆融。”又说：“海性无边，摄在一毫之上；须弥至大，藏归一芥之中。”从这种思想出发，法眼宗重视用理事关系来分析一切。文益云：“无边刹境，自他不隔于毫端；十世古今，始终不离于当念。”空间无限无阻隔，时间无限无前后，这是时空一体、当下现成的禅悟图景。二祖德韶禅师也有诗云：“暂下高峰已显扬，般若圆通遍十方。人天浩浩无差别，法界纵横处处彰。”[④] 悟者所证的实相之理，即般若智所体证的真如，圆满周遍，作用自在，融通无碍，周行一切。一切事物，从理事不二、一多相即、大小相融的立场看，都了无差别，纵横无碍，处处彰显着法界。受华严宗影响，法眼学人发挥法界缘起和理事圆融的思想，强调世界万有与自己的心性融会一体，世间法与佛法、众生与佛没有根本差异。同时，又依般若空理，提倡“仍旧”“无事”，因循自然，保持禅宗本色。在禅悟境界中，万象、理事都沉于其中

---

① 许颖：《近现代禅净合流研究》，巴蜀书社2010年版，第102页。

② （五代）文益：《宗门十规论》，《卍续藏》第63册，第38页下。

③ 同上书，第37页下。

④ （宋）道原：《景德传灯录》卷二十五，《大正藏》第51册，第408页中。

融为一体。在法眼宗看来，佛法一切现成，宇宙法性与个体自性圆融一体，不能于无同异中强生同异。文益开悟后，也着力于否定于无同异之中强分同异。他问研习《华严经》的道潜："总别、同异、成坏六相，是何门摄属?"道潜根据经文说"世出世间一切法皆具六相[①]"，文益遂问他"空"是否具备六相。道潜默然无对，法眼于是说："空。"文益用空来统摄六相，提示学人山河大地、人我等并无六相之分、同异之别。法眼与道潜论《华严》六相的结论，是一个"空"字。在空的体性当中是无体用之分的。"澄心万虑忘"是空的景象，在空的景象中，无法分别何为体，何为用。空是对六相的扫除，同时，扫除六相后，法眼宗对扫除六相的空仍然予以扫除，于是，六相归空，空又归于一切现成，这就是法眼之禅境。文益将华严宗理事圆融根本思想运用到成佛解脱的具体实践当中，认为："大凡祖佛之宗，具理具事。事依理立，理假事明，理事相资，还同目足。若有事而无理，则滞泥不通；若有理而无事，则汗漫无归。欲其不二，贵在圆融。"[②] 禅僧传法也应当抓住理与事两个方面，理是主导，是事的本体与依据，两者互相依存，"贵在圆融"。最终引导人们将禅悟修行与最终的成佛联结在一起。

法眼禅与华严教的融合在永明延寿时达到了顶峰。延寿的禅教一致思想远承宗密。吕澂先生认为："延寿关于禅教一致思想来自宗密，因而他就从'顿悟''圆修'上立论。顿为南宗所特别提倡，圆则指《华严》教而言，以南宗的顿悟和《华严》的圆修结合起来，就成了延寿全部议论的基础。"[③] 在纂集《宗镜录》前，延寿曾著有《唯心诀》一文，《唯心诀》的主旨是"唯心"，这一思想在《宗镜录》中得到了全面的继承和发展。"唯心"主张不但是《宗镜录》的核心内容，还是延寿"禅教一致"思想的圭臬。他认为"禅""教"之所以一致，因二者都以"真心为本"，这是他对宗密"禅教一致"思想的继承。"祖佛言教"是延寿经常使用的概念，他曾强调《宗镜录》"唯集祖佛菩萨言教"。那么"祖佛

---

① 六相：华严宗术语，一总相，二别相，三同相，四异相，五成相，六坏相也。就凡夫所见之事相上言之，事相各各隔碍，不具六相，若就圣眼所见之诸法体性言之，则于一一事相中，见此六相圆融，以六相圆融之故，诸法即一真法界无尽缘起也。

② （五代）文益：《宗门十规论》，《卍续藏》第63册，第37页下。

③ 吕澂：《中国佛学源流略讲》，中华书局1979年版，第253页。

言教”对禅宗有什么意义？延寿说：“以圣言为定量，邪伪难移；用至教为指南，依凭有据。”[①]《宗镜录》对“一心为宗”进行了具体阐述，所谓“一心为宗”指的是“以真心为宗”。“一心为宗”不仅是《宗镜录》的核心思想，同时也是延寿“禅教一致”思想的最主要内容。

延寿圆融禅贤的努力近接法眼。延寿通过天台德韶继承了法眼文益的思想，并加以拓展与深化。文益说“三界唯心，万法唯识”，延寿则说“此识此心，唯尊唯胜”[②]；文益主张“理事不二”，认为“理无事而不显，事无理而不消，事理不二，不事不理，不理不事”，而延寿则说“理是心之性，事是心之相，性相俱心，所以一切无碍”[③]；文益主张“理在顿明，事须渐证”，认为“理事相资，还同目足”，延寿则说：“若有目而无足，岂到清凉之池？”[④] 在延寿“禅教一致”的整个思想体系中，“华严”始终居于首位。他把自己的思想主旨归结为：“若依教是华严，即示一心广大之文；若依宗即达摩，直显众生心性之旨。”[⑤] 延寿的“禅教一致”思想可谓两条腿走路，一条腿是禅宗南宗，另一条腿是华严宗。延寿“禅教一致”思想的内核主要讲的是南宗与华严宗之间的融合。[⑥]

延寿“禅教一致”主张的特点在于广泛融会禅、华严、天台、唯识等宗的“唯心”思想，其中尤以“禅”与“华严”二宗的融合最为突出，并以其全部议论构建于“性宗圆教”基础上。“性宗圆教”融合性、空、相三宗，以“无相真心不变随缘，与一切法不一不异”为最根本含义。尽管延寿强调其立场是“性宗”，并主张“性宗”对空、相二宗的兼容，但其骨子里仍然是“空宗”，这一点从他最终将“性宗”归结为“无性之宗”可以看出。延寿说：“以无性故，诸缘并立。”[⑦] 就其在中国佛教史上的意义而言，延寿“禅教一致”思想既是唐宋禅宗宗风转变的结果

---

① （宋）延寿：《宗镜录》，《大正藏》第48册，第418页。

② 同上书，第416页。

③ 同上书，第482页。

④ 同上书，第448页。

⑤ 同上书，第614页。

⑥ 伊雷：《禅尊达摩教尊贤首——永明延寿“华严禅”思想研究》，《人文宗教研究》（第三辑），宗教文化出版社2013年版。

⑦ （宋）延寿：《宗镜录》，《永明延寿禅师全书》，宗教文化出版社2008年版，第137页。

之一，又是这种转变的典型代表。[①] 兼具禅宗与贤首二家祖师的延寿强调以心为体，万法唯心，并以心摄事理，以心统禅、教、净和性、相之学，为宋以后禅教一致、禅净双修、性相融合的佛教大趋势做了系统的理论准备。

① 伊雷：《永明延寿“禅教一致”思想研究》，《北京化工大学学报》（社会科学版）2015年第1期。

从临济到法眼

——闽西禅宗法脉之初探

邹文清

（闽西戏剧研究所副所长）

一　唐宋闽西禅宗法脉之探佚

隋唐时期佛教禅宗在华南流布大兴，与六朝以后此地得到进一步开发有密切关系。唐代福建已置“福、建、泉、漳、汀”五州，汀州置于开元二十四年（736），初辖长汀、宁化、龙岩三县，至清代演进为汀州府、龙岩州。本文所论闽西之地域，即此一府一州之辖区，主体为今日龙岩市境。

吾人今欲知唐宋（含五代，下同）闽西佛教史，南宋末《临汀志》是重要典籍。其《寺观》开篇即言汀州佛教之盛：“僧庐十百，道宫才一二，宇内所同也。邦人信佛笃，于是自创庵尤不可殚记！”[①] 而据该志可知，唐宋汀州寺院主体是禅院，寺僧主体是禅僧。谢重光先生据《临汀志》论及闽西客家正统佛教时有论：

> 隋唐五代时期，江西和福建都是佛教的重镇，尤其是禅宗的重镇。作为江西一隅的赣南，作为福建一隅的闽西，正统佛教特别是禅宗也有相当的影响。……闽西客家的正统佛教也有一定的地位。如宋代汀州郡城的开元禅寺、报恩光孝禅寺，长汀县的东禅院、南山同庆禅院，宁化县的宝池禅院、中兴禅院，上杭县的禅林院，武平县的太

① （宋）胡太初修，（宋）赵与沐等纂：《临汀志》，福建人民出版社 1990 年版，第 69 页。

平兴国禅院，清流县的灵山禅院等，应该都是比较正规的禅宗寺院。闽西客家出身的禅僧也不少，如庐山罗汉院小南禅师，“名系南，张姓，长汀县人。初住云居，继嗣法罗汉，诸方以‘小南’呼之，有语录行于世”。与好佛的文人有交往，尤其受到大文豪黄庭坚的推重，圆寂后黄庭坚为之作颂、铭塔，应是一位佛学修养很深的禅僧。又如僧了证，武平县人，俗姓钟，“年十九，礼禅果院僧道松寿，且亟游诸方。一日，遇崇首座者，相缘相契，以黄龙三关语勘之”。两人用机锋一问一答，终于得到僧崇的印可。“一坐十年，后崇驻锡常之东禅，证与之分座说法，学者宗仰”。这位了证显然是一位修养很深的临济宗黄龙派禅师。①

唐宋汀州寺院主体是禅院。《临汀志·寺观》记汀州郡城及所辖长汀、宁化、上杭、武平、清流、莲城（今连城）六县145座寺院。②可明确创建朝代者约93座。创于唐代者15座，最早为初创于贞观初（约627—631）的宁化县灵峰禅院、清流县灵山禅院。创于五代十国者34座，两宋者44座。《临汀志·寺观》唯寺名带“禅”字者可明确为禅院，上引谢先生著作所列之外，它们还有长汀县禅果院，宁化县光严禅院、灵峰禅院，上杭县禅林庵，武平县南安岩均庆禅院、东山禅果院、禅隆庵，清流县淳化禅院，莲城宝寿院（原名东山九峰禅院）。其中武平县南安岩均庆禅院，则是自严大师（《临汀志·仙佛》之“敕赐定光圆应普慈通圣大师”③，后世谓“定光古佛”者）道场，即今武平县岩前镇狮岩均庆院。实际上，因禅宗大兴，《临汀志·寺观》所载寺院应多属禅院，如清流县“灵山禅院……唐正（贞）观间创，宋朝绍兴间改律为禅”④，其由奉持律宗改为禅宗，正是禅宗在汀州大兴的隐喻。

唐宋汀州寺僧主体是禅僧。北宋《景德传灯录》所载唐代汀州水塘

① 谢重光：《客家文化述论》，中国社会科学出版社2008年版，第325—327页。

② （宋）胡太初修，（宋）赵与沐等纂：《临汀志》，福建人民出版社1990年版，第69—81页。

③ 同上书，第164页。

④ 同上书，第79页。

和尚，其为南岳怀让弟子马祖道一（709—788）法嗣，即是禅僧。而《临汀志》则记唐、五代、两宋间在汀州弘法或汀籍外出弘法而有法号的39位僧人，[①] 唐代1人，五代2人，宋代大致为北宋15人、两宋间4人、南宋16人，不明朝代者一人。这些僧人应多属禅僧，据《临汀志》可明确属禅僧者有19人。

宋代汀州禅僧多属临济禅师。宋代禅宗五宗之沩仰、法眼衰微，临济、曹洞、云门为盛。据《临汀志》等，上述汀州禅僧可确定宗属者有自严、系南（小南）、慧昌、契证、从密、了证等禅师。所列六位禅僧一属云门宗，五属临济宗，他们均曾“走江湖”即入禅宗重镇江西、湖南游方参法，驻锡演法。自严禅师（934—1015）系云门宗第四代传人，据《临汀志·仙佛》[②]，北宋惠洪《禅林僧宝传·南安岩严尊者》《林间录·南安岩俨和尚传》《石门文字禅》等记载，可知其云门宗法脉是：（韶州）云门文偃—（金陵）奉先深、清凉智明—（庐陵）西峰云豁—（汀州）南安岩严。小南禅师（？—1094）系临济宗黄龙派第三代传人，据《临汀志·道释》、[③] 北宋释惟白《建中靖国续灯录》、南宋释晓莹《罗湖野录·小南禅师》等记载，可知其临济宗黄龙派法脉是：（隆兴）黄龙慧南（老南）—（南康）云居元祐—（庐山）罗汉系南（小南）。慧昌禅师系临济宗黄龙派第四代传人，因《临汀志·道释》载其“卒业小南禅师席下”。契证禅师应为临济宗传人，因《临汀志·道释》载其“住赣之天宁、洪之翠岩、上蓝”[④]，所住洪州（今南昌）翠岩寺，据禅宗史记载，北宋临济高僧云峰文悦、翠岩可真均曾住此寺。从密禅师应系临济宗传人，《临汀志·道释》载其初住石霜山（在今湖南长沙市浏阳），潭州（今长沙）石霜寺为临济祖庭，以临济高僧石霜楚圆著名。了证禅师系临济宗黄龙派传人，上引谢先生之文已作阐述。

北宋《建中靖国续灯录·对机门》亦记载了一批汀州禅师，计有云

---

① （宋）胡太初修，（宋）赵与沐等纂：《临汀志》，福建人民出版社1990年版，第16—19、37—56、69—81、113—115、162—174页。

② 同上书，第164—167页。

③ 同上书，第170页。

④ 同上书，第171页。

门宗禅师8人，临济宗禅师2人。[①] 其中智孜、自鉴、宗祐、道诚（成）、系南诸禅师亦载于《临汀志》。因该灯录特别偏重云门宗禅者语录之记载，故所载汀州禅师亦以云门宗禅者为主。

而唐宋间漳州龙岩县佛教情况，可查文献甚少，法脉无从知悉。龙岩县现存最早之县志明嘉靖《龙岩县志》，其《外志·寺观》仅载两座寺院，一为报恩寺（南宋绍兴二年即1132年建），一为永兴庵（元皇庆二年即1313年建）。其《外志·古迹》载资政院、地藏院、泗洲院、灵山院等7座寺院古迹。[②]

今人对唐宋闽西佛教宗派情形，据上述探佚可推知其以禅宗尤以临济宗为主。但全貌无从窥知，其因大略有二：一者系文献搜集研究有待时日，二者系因其时僧谱制度尚未创立。

二　明清闽西临济宗法脉之探实

张雪松先生论佛教史有言："明代中叶以后，法派以及各法派的派辈诗大量涌现，这是中国佛教史上一件引人注目的大事件。""明代以前，无论佛教内外似都无派辈诗。""中国佛教谱学，逐渐成熟于晚明，最终定型于清中叶，是明清以来中国佛教新'发明'的一项重要'传统'，是晚明佛教宗派复兴的一大成果。"[③] 而派辈诗的运用，将为今人探实明清闽西禅宗法脉提供利器。

"临天下，曹一角。"明清禅宗仍是临济宗独大，闽西禅宗亦当如是。但因近现代佛教界的特殊经历，寺院传承一度中断，文献资料严重流失，而方志载寺院僧人又不言其法派，故欲明鉴法脉殊为不易。唯清康熙《上杭县志·寺观》载：圆通庵"国朝顺治七年，临济宗僧九一

---

① 《建中靖国续灯录》卷10、卷15—16、卷21，厦门"南普陀在线·太虚图书馆"，http://www.nanputuo.com。

② （明）汤相修：《龙岩县志》，明嘉靖三十七年（1558）木刻版，龙岩市新罗区方志委影印。

③ 张雪松：《被发明的传统——晚明佛教宗派的复兴与佛教谱学的成立》，《哲学门》第26辑。

重修，开建丛林”；法云禅院“国朝康熙十七年，临济宗僧匪石创建”。[①] 而据民国《上杭县志》可较详实地梳理上杭县北圆通山寺（在今珊瑚乡）之临济法脉：清顺治七年（1650），临济宗僧九一和尚为明遗民逃禅自江南来上杭开创圆通山寺，该寺“宝殿层楹，禅堂楼阁，宏阔壮丽，饭僧数百众，固一大丛林也”。康熙中（1662—1722），圆通山僧幻庵同僧常映募修县城南之南泉寺；圆通山僧丹一等募建庐丰香泉寺，其寺联云：“卓锡香泉，百老同游绵德水；传衣临济，千秋为派敞慈云。”九一和尚法嗣还有幻机、半石堂头等。但后人仍无从知晓多方，故宿儒丘荷公感叹：“圆通自九一后实繁有徒，惜当清代忌讳，载籍无稽耳！”[②]

而在中国佛教谱系始创的明中叶，临济宗第二十五世突空智板禅师（1381—1449）“派辈诗”的出现是一影响宏远之事。该“派辈诗”人称“临济正宗僧谱”，其文为：

> 智慧清净，道德圆明。真如性海，寂照普通。
> 心源广续，本觉昌隆。能仁圣果，常演宽宏。
> 惟传法印，正悟会融。坚持戒定，永继祖宗。

笔者在田野调查中，据此谱证实了明清临济宗在长汀县朝斗岩寺院、广福院、波罗寺中的一脉传承。广福院、波罗寺都是千年古刹。广福院即五代惠宽（伏虎禅师）驻锡开创寺院，位于今长汀县童坊镇葛坪村平原山下。《临汀志·仙佛》载（伏虎禅师）“南唐保大三年，憩于平原山麓，见左右有龟峰狮石，遂卓锡于此”[③]。即该寺创建于公元945年。波罗寺原名翠峰院，位于今长汀县大同镇翠峰村八宝山南麓。《临汀志·寺观》载：“翠峰院，在长汀县东北三十里，后唐天成间创。”[④] 即该寺创建于公元926—930年间，故人称“未有汀州府，先有波罗寺”。朝斗岩位于长

---

① （清）蒋廷铨修：《康熙上杭县志》，鹭江出版社2014年版，第56—58页。

② 丘复总纂：《上杭县志》，上杭县方志委重印本2004年版，第639—649、1088页。

③ （宋）胡太初修，（宋）赵与沐等纂：《临汀志》，福建人民出版社1990年版，第167页。

④ 同上书，第73页。

汀县城南二里许南屏山中，有朝斗岩寺、水云庵。据南宋《临汀志·山川》“朝斗岩”[①] 载，宋代其地尚无寺院。民国《长汀县志·古迹志》载：朝斗岩水云庵于明代“嘉靖间僧太虚辟一新岩，结庵名‘水云’”[②]。即该寺创建于公元 1522—1566 年间。朝斗岩两寺虽创建较晚，但因其居汀州城郊名胜区，可谓闽西名刹。这四座寺院呈三角形位于长汀县北部，直线距离在 15—20 公里内。

2014 年 6 月 21 日，笔者考察广福院。寺中一碑为清咸丰六年（1856）住持宏修所立，笔者辨其文为：

> 平原山之广福院祀伏虎祖师，自南唐迄今千有余年。佛之灵迹，山之名胜，历久如新。顾非传灯有人，何以法轮永驻乎？
>
> 溯我鼻祖常恭、常闻、永铎、宗寿老和尚，大衍禅宗。一世道冈、二世德显、三世圆极住持朝斗岩，逮四世明本于前朝万历年间住持此山，分房迭传，至二十二世仁德和尚颇恢先绪，二十五世常尼亦承先志。
>
> 今我承先人基业，蒙各乡爱护，恪守清规。山院苦遭回禄，屡加修葺，乃于咸丰丙辰八月间又受祝融之灾，拆及殿廊，仅留土库。我思千年香火，何忍付之灰烬？爰择九月十七起工修复，由观音堂以至横屋，焕然一新。兹冀世世僧徒念前人构造之艰，传衣钵而续禅灯，衍功德于不敝也。因志而勒诸石。
>
> 大清咸丰六年丙辰岁腊月吉旦宏修自记

正是这通碑刻蕴藏着临济宗明清在长汀县连续不辍传播的秘密。比对碑文中僧人与“临济正宗僧谱”，证实了明清朝斗岩寺院、广福院所传是临济宗，广福院法脉系晚明万历间（1573—1620）从朝斗岩寺院分脉而来。列表如下：

---

① （宋）胡太初修，（宋）赵与沐等纂：《临汀志》，福建人民出版社 1990 年版，第 40 页。

② 丘复、邓光瀛总纂：《长汀县志》第一册，长汀县博物馆、长汀县政协文史资料编辑室 1983 年重刊本第一册，第 49 页。

表一　广福院《宏修自记》碑中的临济宗僧人表

临济正宗谱系	字辈	长汀世系	法号	驻锡地	年代
五世	道	一世	道冈	朝斗岩寺	约明中后叶
六世	德	二世	德显	朝斗岩寺	约明中后叶
七世	圆	三世	圆极	朝斗岩寺	约明中后叶
八世	明	四世	明本	广福院	明万历间（1573—1620）
二十六世	仁	二十二世	仁德	广福院	清雍正间（1723—1735）①
二十九世	常	二十五世	常尼	广福院	约清乾隆间（1736—1796）
三十二世	宏	二十八世	宏修	广福院	约 1791—1859 年（清嘉庆、道光、咸丰间）②

2015 年 10 月 16 日，笔者考察波罗寺。该寺立有 2009 年 4 月由汀州波罗寺理事会所立《汀州波罗寺记》碑，记录了该寺清代以来的历代住持：

> 本寺清后住持：清乾隆授皇恩都纲司僧仁心官人，照楷，普涛，通澄，心常，源量，广昙，续祇，本雷，圆寂，能通，圣祖，果发，常敏，贯裕，转传，能福，读全，本槐，觉性，昌梵，彩志。
>
> 一九二八年后住持：僧法生，僧瑞海，光众师，慧进师，丘德芳，释满成，胡定莲，吴普银。

比对“临济正宗僧谱”，可确定波罗寺清代至 1928 年前之 22 位住持有 17 位为临济宗传人，为“临济正宗”第十四世至第二十九世。比对结果如下：

照楷，普涛，通澄，对应“寂照普通”。心常，源量，广昙，续祇，对应“心源广续”。本雷，本槐，觉性，昌梵，对应“本觉昌隆”。能通，

① 2015 年第 3 期（龙岩）《客家纵横》杂志刊宋客《广福院里寻碑记》，该文所记长汀广福院一碑，云碑文中有“今仁日、仁佛二子孙”“清雍正十二年十月吉日重修”等句（第 21 页）。此“仁佛”似应为笔者本文所辨广福院咸丰碑中之“仁德”。若此，可知仁德居广福院在清雍正间。

② 广福院有清咸丰九年（1859）《“宏修老禅师”跋》碑，中有“迄今年将古稀而归真返璞”之句。据此推测宏修禅师生卒年约为 1791—1859 年。

能福，仁心，圣祖，果发，对应“能仁圣果”。常敏，对应“常演宽宏”。圆寂，可能对应“道德圆明”。

波罗寺北倚八宝山，山巅有民国明湛（本湛）禅师所创峻峰寺。而1928年后该寺住持中的光众、慧进、吴普银之“慧光普（照）”派辈，正是本湛所绍法眼宗在近现代闽西复兴的象征了。

三　近现代法眼宗在闽西之复兴

虚云老和尚（1840—1959）《禅宗五派源流》记载：

> 癸酉春，有明湛禅者，由长汀到南华，谓在长汀创建八宝山，志欲绍法眼一宗，不知所由，恳授其法眼源流。因嘉其志，乃告之曰：此宗发源在金陵清凉山，早废，兹时不易恢复。从宋元来，绍化乏后。查诸典籍，自文益祖师七传至祥符良庆禅师止，其后无考。旧派益祖六世祖光禅师立二十字，后不知何人立四十字。虽有二派，子孙停流，鲜有继起。又查益祖出天台德韶国师与清凉泰钦禅师，传韶、钦二公下五世良庆禅师。其中秉承，有继韶公者，有嗣钦公者，纷纭不一。有记益、韶、寿、胜、元、慧、良为七世；有记益、钦、齐、照、元、慧、良为七世。今欲继起，艰于考证。惟有秉承韶公，续从良庆禅师与余摘上一字，继演五十六字，以待后贤继续，传之永久。偈曰：
>
> 良虚本寂体无量，法界通融广含藏。
> 遍印森罗圆自在，塞空情器总真常。
> 惟斯胜德昭日月，慧灯普照洞阴阳。
> 传宗法眼六相义，光辉地久固天长。
>
> 虚云古岩谨识[①]

虚云老和尚一身兼祧中国禅宗五家法脉，这则记录载明其遥嗣法眼宗脉系因福建长汀明湛（本湛青持）之请而为的缘起经过。虚云老和尚确

① 净慧主编：《虚云和尚全集·杂录》第8册，中州古籍出版社2009年版，第169—170页。

定法眼宗一至八世为：法眼文益—天台德韶、清凉泰钦—永明延寿、云居道齐—灵隐文胜、保福居煦（照）—智者嗣如—宝林文慧—祥符良庆（度）—虚云古岩。本湛即为法眼宗第九代。虚云老和尚付法本湛青持的诗偈云："本自如来圆明体，湛寂真常凡圣同。青虚妙义无变异，持传万古度迷人。"① 岑学吕居士附记云："此即长汀八宝山峻峰寺明湛，1943 癸未年四月初八日佛旦传付于南华丈室。"查虚云年谱，1933 年（癸酉）其还在福州鼓山任涌泉寺方丈。结合岑学吕居士附记，可知上引虚云老和尚所记付法本湛之年"癸酉"（1933）当为"癸未"（1943）之误记。1943 癸未年四月初八日佛旦，即公元 1943 年 5 月 11 日。

本湛（明湛）俗姓陈，俗家在八宝山下的今长汀县大同镇翠峰村。1992 年版《龙岩地区志·宗教》载：

> 明湛（1906—1946 年），长汀人，姓卜，13 岁时皈依能透和尚，参与罗祖教活动，学做经忏、放焰口，被称"香花和尚"。1931 年到泉州承天寺受戒，次年带弟子慧观到江苏宝华山受戒，并朝拜普陀山、九华山、庐山，深感佛理和戒律的重要，乃创建长汀八宝山峻峰寺。1937 年在宁化法轮寺再受见镛法师教示，遂偕见镛为振兴长汀佛教，在八宝山诵念《地藏经》3 年，成为著名的苦行僧。1942 年赴广东曲江南华寺，拜虚云和尚为师，接受虚云法眼宗的宗统，成了苦修的"参禅和尚"。1946 年，带一个徒孙光升从南华寺步行入川，朝拜峨眉山，后抵成都近慈寺，不久圆寂。一生剃度了 40 多名僧尼，收在家弟子 500 多人，现遍布闽西各县。②

虚云传法眼宗脉非一脉单传，而是一脉多传。首传本湛之外，由虚云亲自付法者，"本"字辈还有本禅、本性净慧（1952 年传于广东乳源云门寺）、本智信清（1957 年传于江西永修云居寺）、本宽慧果；"寂"字辈有寂本慧青（代本湛传付）、寂照慧瑛（代本湛传付）、寂照宏如；"体"

---

① 净慧主编：《虚云和尚全集·诗偈》第 3 册，中州古籍出版社 2009 年版，第 208—209 页。

② 龙岩地区地方志编委会：《龙岩地区志》，上海人民出版社 1992 年版，第 1452—1453 页。

字辈有体华光升。[①]

慧瑛为法眼宗第十代传人，本湛之徒。1946 年四月初八日（1946 年 5 月 8 日）佛旦，虚云老和尚于广东乳源云门寺代本湛付法慧瑛时作有诗偈："寂然灵光能显露，照破凡情圣智成。慧心得悟无生理，瑛莹无瑕示迷人。"[②] 2005 年版《连城县志 1988—2000》有传，略云：

> 释慧瑛（1924—1996 年），俗名杨新，新泉镇人。14 岁出家，拜长汀县八宝山本湛为师。15 岁剃度为沙弥。同年冬到广东南华寺受大戒，学佛 3 年，于 19 岁归中华山。尔后辗转于南岳、八宝山、冠豸山、玉麟山、华岳山、仙高岽、新泉念佛堂、香林寺等处。曾先后主持中华山、华岳山、留田庵、香林寺等寺庙的修建重建工作。1956 年，到北京佛学院深造，毕业后派往福州鼓山任监院。"文化大革命"期间被迫回乡当油漆工。1977 年，重披僧衣，在中华山广收弟子并建性海寺，实行"以寺养寺，农禅并举"方针，得到中国佛协主席赵朴初的赞扬。释慧瑛德高望重，不仅对佛学经典钻研很深，对隶书也有相当造诣。先后当选为中国佛协理事、省佛协常务理事、副会长等。[③]

本湛、慧瑛所嗣法眼宗是民国以来闽西佛教最重要宗派，闽西遂成为近现代法眼宗的复兴之地。据 1992 年版《龙岩地区志》载，民国时该区佛教活动以长汀为中心，连城次之。全区佛教有法眼、临济、曹洞、净土等四宗，而长汀以本湛和尚为师的法眼宗僧团则是最盛一派。[④] 据载，见镛与本湛为八宝山徒嗣制定了法派 32 字辈：

> 慧光普照，谛理融通。法相全幻，尘念永空。教规勤学，度生愿

① 净慧主编：《虚云和尚全集 · 诗偈》第 3 册，中州古籍出版社 2009 年版，第 208—209 页。

② 同上书，第 208—209 页。

③ 连城县地方志编委会：《连城县志 1988—2000》，北京方志出版社 2005 年版，第 1620 页。

④ 龙岩地区地方志编委会：《龙岩地区志》，上海人民出版社 1992 年版，第 1452 页。

宏。智灯远朗，大道昌隆。[①]

法眼宗徒嗣遍布闽西各县。长汀县八宝山峻峰寺、朝斗岩寺、水云寺，连城县中华山性海寺，龙岩新罗区（原龙岩县）天宫山圆通寺、城南莲花山莲山寺、天马山净慈寺、雁石镇海印寺等寺院，是近现代传承法眼宗的重要丛林寺院。其中八宝山峻峰寺由本湛开辟，是法眼宗在龙岩的中兴祖庭。中华山性海寺为慧瑛道场，天宫山圆通寺、莲花山莲山寺、天马山净慈寺现分别由光胜、光炳、光良住持。

笔者于2015年10月16日、11月8日，分别着重考察了法眼宗在长汀县八宝山峻峰寺和朝斗岩寺、水云寺的传承情况。

据2006年6月峻峰寺《大雄宝殿碑记》载，该寺大雄宝殿系于民国二十六年（1937）由本湛倡首肇建，20世纪60年代中期起“十年动乱”，大殿及所有建筑全被拆除夷为平地，佛事活动中断十余年，1984年由光耀与普赞师徒发动各地信士募捐化缘重建。现任住持释普赞，系法眼宗第十二代传人，本湛系第三代传人。普赞师原名范维旺，1947年生，1981年出家，俗家长汀县宣成乡泮溪村，笔者与其同乡。普赞师安详慈悲，言其已五年未下山入城，并言出家修行旨在解脱生死轮回。朝斗岩寺现任住持比丘尼释普聪，原名王三秀，俗家长汀县濯田镇。笔者对峻峰寺、水云寺、朝斗岩寺所奉《往生莲位》的统计，确证了法眼宗在长汀县蔚为大兴的情形。统计列表如下：

表二　　峻峰寺《本寺开山上本下湛老和尚及四众弟子暨护法檀越往生之莲位》中的法眼宗僧俗弟子表[②]

法眼宗世系	字辈	八宝山世系	字辈		合计（人）
九世	本			本湛	1

① 长汀县地方志编委会：《长汀县志》，生活·读书·新知三联书店1993年版，第857页。

② 该表制作参考了黄诚先生《法眼宗法脉传承与闽西禅宗发展》，该文刊2015年11月由中国社会科学院世界宗教研究所杨曾文主编《法眼宗思想传承与当代文化建设学术研究讨会论文集》，所参考内容见本书清样第99—100页。

续表

法眼宗世系	字辈	八宝山世系	字辈		合计（人）
十世	寂	一世	慧	慧瑛、慧炬、慧贞、慧灿、慧明、慧亮、慧真、慧全、慧空、慧辉、慧珍、慧文、慧极、慧观、慧峻、慧行、慧兰、慧诚、慧岩、慧达、慧隐、慧端、慧氤、慧宣、慧如、慧乘、慧琳、慧杨、慧月、慧庆、慧宽、慧定、慧新、慧念、慧保、慧同、慧应、慧华、慧菊、慧常等	40
十一世	体	二世	光	光胜、光跃、光通、光顾、光行、光顺、光航、光仁、光喜、光国、光裕、光朝、光乘、光慧、光净、光念、光礼、光敬、光招、光月、光贤、光达、光理、光善、光和、光自、光物、光中、光民、光常、光清等	31
十二世	无	三世	普		若干

表三　水云寺《本寺开山、中兴、历代老和尚、前亡后化僧行觉灵，各人父母师长、历代护法檀越往生之莲位》中的法眼宗僧人

法眼宗世系	字辈	八宝山世系	字辈		合计（人）
八世	虚			虚云	1
九世	本			本湛、本达	2
十世	寂	一世	慧	比丘：慧宽、慧禅、慧炉、慧文、慧檀、慧学、慧性、慧觉 比丘尼：慧如、慧愿、慧乘、慧扬、慧宣、慧达	14

续表

法眼宗世系	字辈	八宝山世系	字辈		合计（人）
十一世	体	二世	光	比丘：光祥、光庆、光文、光辉、光华 比丘尼：光金、光固	7
十二世	无	三世	普		
十三世	量	四世	照	照德	1

注：该往生莲位所奉“各人父母师长、历代护法檀越”即俗家弟子，有“慧”辈15人以上，“光”辈24人以上，“普”辈16人以上，“照”辈2人以上。

表四　朝斗岩寺供案所奉的法眼宗僧人

法眼宗世系	字辈	八宝山世系	字辈		合计（人）
八世	虚			虚云	1
九世	本			本赞（应为本湛）	1
十世	寂	一世	慧	慧宣、慧观、慧炉、慧文、慧合、慧檀	6
十一世	体	二世	光	光济、光海、光定、光亮、光良、光法、光心	7
十二世	无	三世	普	普永、普亮、普兰、普英	4

佛法本一，各宗修持法门不同而已，其旨殊途同归，皆为成佛度众生。本湛禅净双修，同时亦为临济宗四十四代传人。又前文已述，虚云传法眼宗脉是一脉多传。本湛法脉之外，本性净慧（1933—2013）、寂照宏如（灵意，1926—　）等法脉流布于江西、河北、山西、内蒙古等地。但本湛的首请之功、法嗣之盛、传承不绝，于近现代法眼宗中兴功莫大焉，这是闽西佛教界在中国佛教史上获得的荣光。失嗣近千年的法眼宗在近现代闽西丛林的复兴，亦是中国禅宗史上的一道殊胜风景。故谓：从临济到法眼，是为闽西佛教千五百年法脉沿革史的一帧写意。

碑　志

法眼宗是佛教禅宗五家中极具影响之宗派，为唐季五代金陵清凉文益禅师创立，曾在江南盛极一时。宋代以降，逐渐式微。直至近现代，著名高僧、禅门泰斗虚云大师遙嗣、中继法眼宗，并将法脉传授福建长汀本湛青持法师，本湛传连城慧瑛法师，慧瑛传新罗光胜法师，薪传统绪，丕振宗风，门庭兴盛，志切中兴。法眼宗结缘龙岩山水，走上重光之路，龙岩遂为当代法眼宗传承重镇，龙岩天宫山圆通寺遂为法眼宗中兴道场。

2015 年 11 月 28 日，龙岩市委统战部与中国社科院世界宗教研究所主办的“法眼宗思想传承与当代文化建设学术研讨会”在龙岩市新罗区举行。中国佛教学会会长学诚法师及全国各地高僧大德、专家学者海会云集，说佛谈禅。对法眼宗历史演变、思想精髓、宗风特色、发展现状及与当代文化的圆融契合，作了深入研讨，形成诸多共识，诚为中国佛学界一大盛事。为此，中国社会科学院荣誉学部委员、世界宗教研究所原所长杨曾文先生欣然命笔：“龙岩灵秀胜境，法眼中兴圣地。”

时逢盛世，象教重兴，法眼宏开，慧灯普照，承先启后，不负因缘。特此镌诸贞珉、以铭斯盛！

福建省法眼宗文化交流促进会
郭义山执笔
公元 2016 年 10 月
佛历 2560 年 9 月